Paul Brand & Philip Yancey
Alfred Salomon (Hrsg.)

NACH SEINEM BILD

Paul Brand & Philip Yancey

Nach seinem Bild

Herausgegeben und ins Deutsche übertragen
von Alfred Salomon

Illustrationen von
Charles Shaw

BURG VERLAG · 7123 Sachsenheim 3
Stuttgart · Bonn

Ursprünglich in den USA erschienen unter dem Titel:
IN HIS IMAGE
Copyright © 1985 by Paul Brand, M.D., and Philip Yancey

ISBN 3-922801-72-2

© Copyright 1988 by BURG VERLAG Stuttgart · Bonn
Verlagsauslieferung: BURG VERLAG, Untere Au 41,
7123 Sachsenheim 3
Umschlaggestaltung: Heiko Beerbaum
Gesamtherstellung: H. Mühlberger, Gersthofen

Inhalt

Zur deutschen Übersetzung 7
Vorwort 9

Gottes Ebenbild?
  1 Ganz der Vater 17
  2 Wenn ich sein Spiegel wär'............. 25
  3 Das restaurierte Bild 35

Blut ist ein besonderer Saft
  4 Ein Ozean voll Lebenskraft 51
  5 Im Blut ist das Leben 59
  6 Reiner als der Weiße Riese 67
  7 Wenn's ums Überleben geht............. 75
  8 Geborgtes Blut 89

Der Kopf: die Schaltzentrale
  9 Unsere fünf Sinne................... 101
10 An der Quelle der Erkenntnis 115
11 Wenn Gott sich ganz klein macht 127
12 Die Verbindung nach unten 137
13 Der Draht nach oben 149

Wo der Geist weht
14 Mehr als nur Luft 167
15 Was mein Zuhause ist 181
16 Der Gott-mit-uns 191
17 Hinhören können 203
18 Auf richtigem Kurs 217

Und wenn es wehtut?
19 Wozu der Schmerz gut ist 231
20 Im Schmerz vereint 243
21 Man kann damit fertigwerden 257
22 Chronischer Schmerz, der wahnsinnig macht ... 275
23 Und Gott fühlt immer mit 287

Zur deutschen Übersetzung

Dem deutschsprachigen Leser liegt bereits die Übersetzung des Bandes *Fearfully and wonderfully made* vor: *Du hast mich wunderbar gemacht*. In einem Vorspann habe ich da gesagt, was ich als meine Aufgabe ansehe: das Buch so ins Deutsche zu übersetzen, daß man ihm beim Lesen seine amerikanische Herkunft nicht anmerkt. Ich habe dabei bewußt in Kauf genommen, daß die deutsche Ausgabe unverkennbar meinen persönlichen Stil trägt. Ich bin halt Schriftsteller und nicht schulmäßiger Übersetzer.

Es war mir eine wirkliche Freude, daß Philip Yancey meiner Übersetzung zugestimmt und mir sogleich auch die Übertragung des Folgebandes *In his Image* anvertraut hat, die hier nun vorliegt.

Wie schon in *Fearfully and wonderfully made* habe ich auch hier theologisch einiges anders akzentuiert als Brand und Yancey. Es bestehen nun einmal historisch gewachsene Unterschiede, die man sehen muß. Das gilt auch für die Bibelzitate. Nicht immer stimmen die englischen Übersetzungen aus dem hebräischen oder griechischen Urtext mit der deutschen Übersetzung überein. Ich mußte daher gelegentlich andere Bibelstellen zitieren als Yancey, um den Sinn zu treffen. Zitiert habe ich dabei durchweg aus *Die Bibel im heutigen Deutsch* – Die Gute Nachricht des Alten und Neuen Testaments, 2. Auflage 1982, Deutsche Bibelgesellschaft Stuttgart.

Bei der Übertragung dieses Bandes ergab sich aber noch ein weiteres Problem. *In his Image* ist weit umfangreicher als *Wonderfully made*, dessen deutsche Ausgabe *Du hast mich wunderbar gemacht* 278 Seiten umfaßt. Über diesen damit gesteckten Rahmen hinauszugehen, scheint aber aus verschiedenen Gründen nicht angebracht. Das heißt: Ich werde beim Übertragen straffen und gelegentlich auch kürzen müssen.

Genau an dieser Stelle liegt das Problem. Was kann gestrafft, was darf gestrichen werden? Hier ist der Übersetzer als Herausgeber stets in der Gefahr, seinen eigenen Maßstab anzulegen. Er ist versucht, das zu streichen, was ihm – ihm! – unwichtig scheint. Damit aber schwänge er sich zum Redaktor oder Rezensenten auf. Diese Gefahr muß ich mir immer vor Augen halten.

Ich will es ganz klar sagen: Autoren sind Paul Brand und Philip Yancey. Ich habe bei jedem Satz, den ich ins Deutsche übertrage, auf sie zu hören: Was wollen die Autoren sagen? Was meinen sie? Wenn der Übersetzer strafft oder streicht, muß er sich fragen: Wären die Autoren damit einverstanden? Gebe ich auch jetzt – nach erfolgter Kürzung – genau das wieder, was Brand und Yancey sagen wollen?

Yancey hat mir auch die Übersetzung dieses Bandes anvertraut. Sein Vertrauen verpflichtet mich, das Zeugnis, das Paul Brand und er in diesem Buch abgeben, sinngetreu und sachgerecht dem deutschsprachigen Leser weiterzugeben.

Alfred Salomon

Vorwort

Als der Band *Fearfully and wonderfully made* im Jahre 1980 herauskam, sahen Dr. Brand und ich der Reaktion der Leser mit einiger Sorge entgegen. Wir hatten uns da in eine schwierige Sache eingelassen. Es gab bis dahin kaum Bücher ähnlicher Art; es ließ sich daher nicht voraussehen, wie die Öffentlichkeit auf dieses Buch reagieren würde.

Als ich jenes Buch schrieb, da hatte ich manchmal den Eindruck, im Grund an drei Büchern zugleich zu arbeiten. Da wollte ich zunächst einmal das Leben Dr. Brands und seine eindrucksvollen Erlebnisse in England und Indien schildern. Außerdem hoffte ich aber auch, Verständnis für das Wunder des menschlichen Körpers zu wecken. Und schließlich verfolgte ich das Ziel, einen ganz bestimmten geistlichen Aspekt aufzuzeigen: die wundersame Entsprechung zwischen dem Menschenleib und dem Leibe Christi.

Dieses zweite Buch nun, *In his Image,* führt in derselben Richtung weiter. Doch während ,,Wunderbar gemacht" das Augenmerk auf die einzelnen Zellen des Körpers richtete, geht es jetzt mehr um die großen Zusammenhänge: Wie läuft das alles zusammen? Und inwiefern ist Gott da unmittelbar am Werke?

Schon Sophokles hat gesagt, daß des Menschen Leib der Wunder größtes sei. Seither hat alles, was die Wissenschaft entdeckte, herhalten müssen, die Worte des Sophokles zu bestätigen. Doch der Menschenleib ist noch viel wunderbarer, als Sophokles es sich erträumen konnte.

Ich bin sicher, das Studium des menschlichen Körpers – an sich schon ein großartiges Unterfangen – beschert uns am Ende ein Ergebnis, das wir wohl kaum erwartet hatten. Es wirft nämlich Licht auf einen Begriff, dem wir im Neuen Testament mehr als dreißigmal begegnen: ‚Leib Christi'. Wir Christen sind Glieder des einen Leibes, dessen Haupt Christus ist (1. Kor. 12,12 ff.; Epheser 1,22–23; Kolosser 1,18). Wir wollen keinesfalls behaupten, Gott habe die Zellen des Menschenleibes geschaffen, um damit etwas Geistliches auszudrücken; wir versteigen uns auch nicht zu der Behauptung, biologische Tatsachen seien so etwas wie ein Spiegelbild des Ewigen. Und dennoch: Eine gewisse Ähnlichkeit zwischen dem Menschenleib und dem ‚Leib Christi' besteht. Sie ist schon darin begründet, daß es ein und derselbe Herr ist, der beide geschaffen hat.

Ein großer Künstler mag über eine Fülle verschiedener Ausdrucksmöglichkeiten verfügen, und doch wird sich sein eigener Stil, eine einheitliche Thematik und auch eine bestimmte Zielrichtung durch all seine Werke ziehen. Es kann uns darum nicht überraschen, daß auch Gottes Handschrift in all den verschiedenen Formen seiner Schöpfung erkennbar ist. Richte ein Teleskop auf die Milchstraßensysteme und ihre Abermillionen Sonnen, blicke danach durch ein extrem vergrößerndes Elektronenmikroskop; du wirst erkennen, daß es zwischen dem Kreisen der Gestirne und dem der Elektronen eine unleugbare Ähnlichkeit gibt. Kein Wunder, denn diese beiden so verschiedenen Ebenen unserer Wirklichkeit verdanken ihre Existenz demselben Schöpfer. Er war es, der den menschlichen Körper bildete, er war es auch, der den Autoren des Neuen Testamentes den Gedanken eingab, hier im Vergänglichen ein Abbild des Ewigen zu erahnen.

Philip Yancey

Die ersten Entwürfe zu diesem Buch entstanden, als ich als Chirurg und Biologe in Indien meine Erfahrungen sammelte. Es ging mir darum, daß meine Studenten die rechte Verbindung zwischen ihrem medizinischen Wissen und dem Christenglauben fänden. Ich trug diese Gedanken in den Andachten im Christian Medical College in Vellore vor. Danach schmorten sie Jahre hindurch in einer Schublade. Schließlich hielt ich es nun doch für angebracht, diese Gedanken auch einer breiteren Öffentlichkeit vorzulegen. Und genau an diesem Punkt fanden Philip Yancey und ich zusammen.

Ich hegte die Hoffnung, daß Philip seine schriftstellerische Erfahrung werde nutzen können, um das, was ich da so für mich aufgezeichnet hatte, in eine gut lesbare Fassung zu bringen. Und das hat er dann ja auch getan. Aber nein, er hat weit mehr getan. Schon lange bevor wir uns begegneten, hatte Philip darüber nachgedacht und auch geschrieben, welchen Einfluß Schmerz und Leid auf den Menschen und seine Glaubensbereitschaft ausüben. Jetzt – versehen mit meinen indischen Aufzeichnungen und den Tonbändern unserer Gespräche – vertiefte er sich weiter in die einschlägige Literatur, die Anatomie des menschlichen Körpers und dessen verschiedene Funktionen. Als er sich dann ans Schreiben machte, war er schon so etwas wie ein Experte auf diesem Gebiet.

Sehr bald wurde so aus ‚meinem' Buch ‚unser' Buch. Er polierte nicht nur meine rasch hingeworfenen Aufzeichnungen stilistisch auf, er stellte auch manches in Frage. Als seine ersten Entwürfe auf meinen Schreibtisch flatterten, verschlug es mir zunächst die Sprache. Ich entdeckte, daß ich über so manche biologische Frage und auch manche theologische Aussage erneut nachzudenken hätte. Mancher Gedanke Yanceys war mir völlig neu und zwang uns, weiter darüber zu diskutieren; eine wahrhaft schöpferische Phase in unserer Zusammenarbeit.

Es hat mich oft peinlich berührt, daß Leserzuschriften meist davon ausgingen, die eigentlichen Ideen zu *Fearfully and Wonderfully Made* seien von mir ausgegangen und Philip Yancey habe sie lediglich in gut lesbare Form gegossen. Das aber ist weit gefehlt. Die Wahrheit sieht so aus: Einiges stammt von mir, so wie ich es aufgezeichnet hatte;

anderes, was ich niederschrieb, hat er überarbeitet und umgeschrieben; wieder anderes ist aus Philips ganz eigenem Gedankengut dazugekommen.

Das Ganze ist also eine gute ‚Mischung' von zwei Autoren. Und selbst wenn wir den Ich-Stil beibehalten haben, so steht dahinter doch eine echte Co-Autorschaft. Mehr noch: Wir beide haben stets das sichere Gefühl gehabt, nicht allein zu sein. Dieses Buch ist ja zur Ehre Gottes geschrieben. Der Heilige Geist hat uns bei unserer Arbeit still begleitet. Ich kann darum nur bitten, daß dieser Heilige Geist auch meinen Lesern zur Seite steht. Dann werden die Worte dieses Buches lebendiges Gotteswort sein, Brücke zwischen lebenden Gliedern an dem Leibe, dessen Haupt Christus ist.

Paul Brand

BILD

1   Ganz der Vater

Die Gruppe meiner etwa zehn Assistenzärzte und Studenten wurde durch Vorhänge gegen den übrigen Raum, der vierzig Betten enthielt, abgeschirmt. Von außen betrachtet sah das Christian Medical College Hospital ganz wie eine moderne westliche Einrichtung aus; doch innen war alles echt indisch. Außerhalb des Vorhangs ging es recht lebhaft zu. Familienangehörige brachten den Patienten das daheim zubereitete Essen. Schwestern hatten alle Hände voll zu tun, Straßenkehrer, Krähen und gelegentlich auch Affen fortzuscheuchen.

Unsere Gruppe innerhalb des Vorhangs konzentrierte sich voll auf den jungen Kollegen, der eben dabei war, seine Diagnose zu stellen. Er kniete, wie ich es ihm beigebracht hatte, vor dem Bett und hatte seine warme Hand unter der Bettdecke auf dem Leib der Patientin liegen. Seine Finger forschten vorsichtig nach verräterischen Anzeichen von Verspannung und Schmerz. Aus der Art, wie er die Patientin befragte, ging hervor, daß er die Möglichkeit einer Blinddarmentzündung gegen die einer Eierstockinfektion abwog.

Ganz plötzlich zog etwas meine Aufmerksamkeit auf sich, ein gewisses leichtes Zucken im Gesicht des untersuchenden Internisten. War es die Art, wie er die Augenbrauen hochzog? Eine vage Erinnerung schoß mir durch den Sinn, doch ich vermochte sie nicht sogleich richtig unterzubringen. Die Fragen des jungen Internisten bewegten sich gerade auf ein Gebiet zu, das besonders für die prüden Hindus als heikel gilt. Hatte die junge Inderin schon einmal eine Geschlechtskrankheit gehabt? Das Gesicht des Arztes zeigte eine seltsame Mischung von Mitgefühl, Beharrlichkeit und entwaffnender Wärme, als er seine Fragen stellte und dabei der Patientin offen in die Augen sah. Sein beherrschter Gesichtsausdruck brachte die Patientin dazu, sich zu entspannen, alle Verärgerung beiseite zu schieben und wahrheitsgemäß zu antworten.

In diesem Augenblick rastete mein Erinnerungsvermögen ein. Natürlich, dieses Hochziehen der linken Augenbraue, während die rechte sich senkte, dieses verschmitzte Lächeln, das Schiefhalten des Kopfes und das Augenzwinkern – das war unverkennbar die typische Verhaltensweise meines alten Chefs in London, des Professors Robin Pilcher. Überrascht atmete ich tief durch. Erschrocken starrten mich meine Studenten an. Wirklich, ich konnte mir nicht helfen, mir war, als habe der junge Internist das Gesicht meines guten alten Professors Pilcher genau beobachtet und dann geübt, um mich ausgerechnet jetzt mit seiner Mimik zu verblüffen.

Gleichsam als Antwort auf die fragenden Blicke ringsum gab ich mir selbst die Antwort. ,,Sie machen jetzt genau das Gesicht, das mein früherer Chef in einer solchen Situation zeigte. Haargenau derselbe Ausdruck! Und dabei sind Sie nie in England gewesen, dem alten Pilcher bestimmt auch nie in Indien begegnet."

Zunächst starrten mich die Studenten in verwirrtem Schweigen an, dann grinsten zwei oder drei. ,,Nein, wir kennen keinen Professor Pilcher, aber –" Einer faßte Mut und brachte es heraus: ,,Der Gesichtsausdruck, den der Kommilitone da zeigte, war genau der Ihre, Dr. Brand!" Etwas später an jenem Abend, allein in meiner Praxis, dachte ich zurück an die Zeit bei Professor Pilcher. Da hatte ich nun gemeint, ich hätte bei ihm das richtige Diagnostizieren und die chirurgische Technik gelernt. Doch er hatte mir weit mehr mit auf den Weg gegeben: seine Gefühle, seine Verhaltensweise, sogar sein Lächeln. So, nun konnten sie in ununterbrochener Folge weitergegeben werden, von einer Generation zur nächsten. Besonders jenes gütige Lächeln, das den Nebel der Sorge durchdringt und dem Patienten neuen Mut einflößt.

Jetzt war ich, Pilchers ehemaliger Student, ein Glied in dieser Kette. Der junge indische Arzt, braunhäutig, tamilischer Zunge, hatte sonst wenig gemeinsam mit Pilcher oder mir. Doch auf geheimnisvolle Weise hatte er das Bild meines alten Lehrers angenommen, und zwar so genau, daß ich mich unwillkürlich zurückversetzt fühlte in meine Studentenzeit.

Und jäh durchzuckte es mich: Jetzt weißt du, was es heißt, wenn man vom ‚Ebenbild' spricht.

Ein Ebenbild? Was ist das eigentlich? Ein Photograph nennt das, was nach allem Entwickeln, Fixieren und Wässern herauskommt, ein Bild. Da haben wir einen himmelragenden Wald von Mammutbäumen, verkleinert und auf eine Fläche von wenigen Quadratzentimetern eingeebnet. Natürlich kann dieses winzige Schwarzweißbild nicht die ganze, großartige Wirklichkeit wiedergeben. Und doch, von einem Meister seines Fachs entwickelt und kunstvoll retuschiert, kann es uns einen überwältigenden Eindruck der Wirklichkeit vermitteln.

Ein anderes Beispiel: Da krümmt sich vor uns auf einer Wolldecke ein quengelndes Bündel von zehn Pfund Lebendgewicht. Der Vater dieses Babys wiegt fünfzehnmal so viel und ist, was Können und Persönlichkeit angeht, überhaupt nicht mit diesem kleinen Strampler zu vergleichen. Und doch verkündet die Mutter stolz: ,,Ganz der Papa!" Jawohl: ,,Wie aus dem Gesicht geschnitten, genau sein Ebenbild!" Der Besuch beugt sich herunter, den Sprößling aus der Nähe zu betrachten. Nun ja, eine gewisse Ähnlichkeit besteht schon, so ein bestimmter Zug um die Nase herum, und diese eigenartige Form der Ohrläppchen. Und später werden Sprechweise, Haltung und viele andere Eigenheiten unmißverständlich an den Vater erinnern. Das Ebenbild seines Vaters –

Doch wie steht es mit jener großartig geheimnisvollen Redewendung der Schöpfungsgeschichte: ,,Gott schuf den Menschen nach seinem Bilde, er schuf Mann und Frau" (1. Mose 1,27). Das Bild Gottes – der erste Mensch auf Erden trug es in sich, und jeder von uns besitzt es – so oder so – auf wundersame Weise.

Natürlich erhebt sich sogleich die Frage: Wie ist das möglich? Wie können irdische Menschen das Bild Gottes in sich tragen? Wir sehen ihm doch bestimmt nicht äußerlich ähnlich, etwa im Schwung unserer Augenbrauen oder in der Form unserer Ohrläppchen. Das sind äußere, sichtbare Merkmale.

Gott aber ist unsichtbar, Gott ist Geist. Verständlich, daß sich Philosophen wie Theologen schon immer den Kopf zerbrochen haben, was sich hinter dieser geheimnisvollen Redewendung vom Ebenbild Gottes verbirgt. Verständlich auch, daß jeder in seine Vorstellungen das Denken seiner Zeit einbrachte. So plädierte die Aufklärung dafür, es sei die Fähigkeit vernünftigen Denkens, die den Menschen Gott ähnlich mache. Der Pietismus dagegen wies auf die geistliche Begabung des Menschen hin, seine Fähigkeit, an Gott zu glauben. In der victorianischen Ära betonte man, der Mensch sei Gott dadurch ähnlich, daß er nach moralischen Kriterien entscheiden könne. Und in der Renaissance meinte man, die künstlerische Begabung, die Kreativität, sei das Entscheidende. Und was gilt für unsere, von psychologischem Denken bestimmte Zeit? Nun ja, man weist auf die Mitmenschlichkeit hin und auf unsere Fähigkeit, mit Menschen und mit Gott in eine personale Beziehung zu treten.

In der Schöpfungsgeschichte erscheint dieses ‚nach seinem Bilde‘ auf dem Höhepunkt der Schöpfung. Nach jedem einzelnen Schöpfungsakt vermerkt die Bibel: ,,So geschah es, und Gott hatte Freude daran, denn es war gut." Und doch fehlte bis dahin ein Geschöpf, das Gottes eigenes Bild trug. Alles andere, was bis dahin geschah, war sozusagen Vorspiel, Vorbereitung. Jetzt aber kündigt Gott den Höhepunkt seines Schöpfungswerkes an: ,,Nun wollen wir den Menschen machen, ein Wesen, das uns ähnlich ist! Er soll Macht haben über die Fische im Meer, über die Vögel in der Luft und über alle Tiere auf der Erde. Gott schuf den Menschen nach seinem Bilde, er schuf Mann und Frau."

Unter all den Lebewesen, die Gott schuf, empfängt allein der Mensch das Bild Gottes. Und das unterscheidet ihn von allen anderen Kreaturen.

Michelangelo, einer der größten Künstler aller Zeiten, hat die Schöpfung am Deckengewölbe der Sixtinischen Kapelle dargestellt. Als Kernstück wählte er genau den Augenblick, da Gott den Menschen ‚nach seinem Bilde‘ ins Leben ruft.

Mir fiel beim Besuch der Sixtinischen Kapelle auf, daß sie

heute von einer Welt umgeben ist, die Michelangelo völlig fremd wäre. In Gruppen von Hunderten werden Touristen durchgeschleust. Viele von ihnen tragen Knopfhörer in die Ohren geklemmt und lauschen dem Recorder, der sie durch die Kapelle geleitet. Statt in die Höhe zu blicken, starren sie auf den Boden, um ja nicht von dem roten Strich abzukommen, der die Zone kennzeichnet, in der sie die Erklärungen aus dem Recorder empfangen können. Völlig überrascht heben sie dann, am Ende angekommen, ihre Gesichter und erblicken nun endlich die herrlichen Malereien, die den ganzen Raum bedecken. Die Erschaffung der Welt: Gott trennt das Licht von der Finsternis, schafft Sonne und Planeten; der Bund, den Gott mit Noah schloß, am Ende dann das Jüngste Gericht. Und genau im Mittelpunkt des Ganzen, als Ruhepunkt im Taumel der Farben: die Erschaffung des Menschen.

In klassischer Pose hingestreckt ruht Adams kräftiger Körper auf dem Boden. Wie aus einem Traum erwachend hebt er seine Hand empor, der Hand Gottes entgegen, die sich vom Himmel herab zu ihm herniederstreckt. Adams und Gottes Hände berühren sich nicht ganz, es bleibt ein winziger Zwischenraum, den Gottes Kraft wie ein zündender Funke überspringt.

Michelangelo hat die Erschaffung des Menschen tiefer verstanden als je ein anderer Künstler. Das Wort ‚Adam' bedeutet im Hebräischen ‚Erde'. Der Mensch ist ‚von Erde genommen'. Doch Michelangelo ist es gelungen, die Doppelnatur des Menschen auszudrücken: Michelangelo hält genau den Augenblick fest, in dem Gott – über das leere All hinweg – dem Menschen seinen Geist verleiht. Ganz wie es in Genesis 2,7 heißt: „Da nahm Gott Erde, formte daraus den Menschen und blies ihm den Lebenshauch in die Nase. So wurde der Mensch lebendig."

Wenn ich als Kind diesen Bibelvers hörte, dann stellte ich mir das so vor: Da liegt Adam am Boden, schon völlig fertig, aber noch ohne Leben. Und dann beugt sich Gott zu ihm nieder und vollzieht so etwas wie eine Mund-zu-Mund-Beatmung. Heute sehe ich dieselbe Szene ein wenig anders: Ich denke, daß Adam biologisch durchaus schon am Leben war. Schließlich hatten ja auch die anderen Lebewesen nicht einen

Extraschuß Sauerstoff nötig gehabt. Wozu also der Mensch? Der ‚Lebenshauch Gottes' bedeutet heute für mich die geistliche Wirklichkeit des Menschen. Da liegt also Adam, er lebt schon, doch das ist nur animalische Vitalität. Dann bläst Gott ihm seinen Geist ein und macht ihn so zu seinem ‚Bilde'. Nun hat der Mensch nicht nur einen lebenden Leib, er wird jetzt eine lebende Seele. Wir sind nicht nur ein Klumpen Materie. Wir sind mehr: Gottes Odem ist in uns.

Das unterscheidet uns von allen anderen Kreaturen. Wir sind wie alle anderen Geschöpfe Wesen von Fleisch und Blut, bestehen aus Knochen, Organen, Muskeln, Fett und Haut. Und genau besehen kommen wir bei einem solchen Vergleich gegenüber anderen Lebewesen sogar schlecht weg. Wer von uns wollte mit einer im Wind flüsternden Fiederpalme wetteifern? Oder mit dem zarten Geäder eines Libellenflügels? Jedes Pferd läuft uns um Längen davon, das Auge eines Habichts übertrifft das unsere weit, und jeder Straßenköter nimmt Düfte und Geräusche wahr, die uns verborgen bleiben. Wahrhaftig, rein physikalisch gesehen sind wir Gott nicht näher als jedes Kätzchen.

Und doch: Wir sind ‚nach seinem Bild' geschaffen. Ich, dies Gebilde von Fleisch, Haut und Knochen, diene ihm als Gefäß seines Geistes, bin der Rahmen für sein Bild. Nur wir Menschen sind in der Lage, wenigstens einen Hauch seines Geistes zu spüren. Unser aus Zellen und Proteinen erbauter Leib kann der Tempel des Heiligen Geistes werden. Wir sind mehr als nur zum Vergehen bestimmte Wesen. Wir alle sind – in diesem Sinne – unvergänglich.

Ich begann dieses Kapitel damit, daß ich mir das ‚Bild' meines alten Chefarztes Professor Pilcher in Erinnerung rief. Ich nahm als junger Student so viel von ihm in mich auf, trug es über Tausende von Meilen mit nach Indien und gab es an die Scharen meiner indischen Schüler weiter. Heute arbeiten diese in Hospitälern in aller Welt. So kann es kommen, daß Pilchers genaues Ebenbild unvermittelt in Borneo, auf den Philippinen oder irgendwo in Afrika erscheinen kann. Pilcher selbst ist seit vielen Jahren tot. Aber dieser oder jener bestimmte Zug von ihm – ein Muskelzucken oder ein Blinzeln – lebt weiter und nimmt auf meinem Gesicht oder dem eines meiner Studenten unversehens lebende Gestalt an.

Was Gott mit uns vorhat, ist weit großartiger – und doch ähnlich. Wir sollen als sein ‚Ebenbild' Ihn dieser Welt verkündigen. Gott ist Geist, unsichtbar auf dieser Erde. Er mutet es uns zu, seinem Geist hier Gestalt zu verleihen, sein ‚Bild' zu tragen in dieser Welt.

2 Wenn ich sein Spiegel wär'

In den vierzig Jahren meiner ärztlichen Tätigkeit bin ich wohl jeder Form menschlicher Tragik begegnet, doch am härtesten hat mich getroffen, was ich als Medizinstudent während der deutschen Luftangriffe in London erlebte. Tag für Tag verdunkelten Schwärme von giftgeschwollenen Bombern der Luftwaffe den Himmel. Ihr Motorengedröhn hing wie ununterbrochenes Donnergrollen über der Stadt, und ihre Bombenschächte spien unermüdlich ihre tödliche Ladung aus.

Einige Begebenheiten haben sich so fest in meine Erinnerung eingegraben, daß ich sie jetzt noch, vierzig Jahre später, lebendig vor mir sehe. Der Volltreffer damals in das Türkische Bad des Imperial-Hotels. Der Angriff erfolgte ohne lange Vorwarnung, die Bäder waren daher, als die Bombe einschlug, noch voller Menschen. Als ich den Ort der Katastrophe erreichte, sah ich vor mir eine Szene wie aus Dantes Höllenfahrt. Die Kuppel des Badehauses hatte ganz aus Glas bestanden, und so waren nun die Straßen buchstäblich mit Glassplittern bepflastert. Ein unglaublich fetter Mann, völlig nackt, kroch gerade aus dem rauchenden Trümmerhaufen und stolperte auf die splitterübersäte Straße. Überall Blut, hier aus Dutzenden kleiner Abschürfungen, dort aus klaffend tiefen Wunden. Und über allem das Heulen der Luftwarnsirenen mit ihrem jammernden Auf und Ab. Überall zuckende Lichter: Blut, nackte bleiche Leiber, im Feuerschein aufglühende Straßen. Helfer und Ambulanzen mühten sich ab, die Verwundeten zu beruhigen, ihnen Splitter aus der Haut zu ziehen, die schwereren Wunden zu verbinden. Und wir Ärzte hasteten zu unserem Hospital, um uns zum sofortigen Einsatz klarzumachen.

Und ich denke an eine andere Nacht. Ich stand auf dem

Dach unseres Hospitals und beobachtete, wie eine Bombe in die Kinderabteilung des nahe gelegenen Royal Free Hospital einschlug. Die oberen Stockwerke sackten im Nu zu einem qualmenden Trümmerhaufen zusammen. Ich rannte hin, sah, wie freiwillige Helfer schon dabei waren, Neugeborene auszubuddeln. Hier zogen sie ein Unverletztes heraus, dort welche, die schwer verwundet und mit Blut, Ruß und Glas besudelt waren. Kaum eins, das älter als eine Woche war. Die Helfer hatten – wie früher die Feuerwehrleute – eine lebende Kette gebildet und reichten so die Babybündel von Hand zu Hand weiter, über den Schutt hinweg hinaus zu den dort wartenden Ambulanzwagen. Die dünnen Schreie der Babys standen in schaurigem Gegensatz zu dieser ganzen Horrorszene. Und überall die Mütter, in flatternden Bademänteln, Angst und Verzweiflung auf den Gesichtern. Hatte ihr Baby es überstanden? Lebte es noch? Ach, alle Kleinen sahen sich in Rauch und Dunkelheit so ähnlich!

Noch heute geht es mir so: Sobald ich das Auf- und Abschwellen einer Sirene höre, erlebe ich wieder jene Bombennächte in London. Mein Adrenalinspiegel schnellt hoch, Angst und Anspannung packen mich.

Einmal griff die Luftwaffe unsere Stadt siebenundfünfzig Nächte in ununterbrochener Folge an. Und jeder dieser Angriffe dauerte über volle acht Stunden. Fünfzehnhundert Maschinen kamen jede Nacht, jeweils in Wellen zu zweihundertfünfzig. In jenen finsteren Tagen wagten wir kaum zu hoffen, daß irgend etwas von dem, was uns lieb war – unsere Freiheit, unser Vaterland, unsere Familien, unsere ganze Zivilisation – diese grauenvolle Verwüstung überdauern könnte. Eins allein ließ uns hoffen: der ungebrochene Mut unserer Piloten, die Tag für Tag aufstiegen, um die Bomber zum Kampf zu stellen.

Wir konnten vom Boden aus die Luftkämpfe beobachten. Unsere Hurricanes und Spitfires umschwärmten wie spielende Mücken die massigen Bomber. Und obwohl ihre Sache aussichtslos schien und sie mehr als die Hälfte ihrer Maschinen verloren: die RAF-Piloten gaben niemals auf. Jeden Tag taumelten ein paar mehr der verhaßten Bomber brennend zur Erde nieder, und wir Zuschauer brüllten lauthals Beifall. Am Ende konnte die Luftwaffe diese Verluste, die ihr die unverzagt angreifenden Jäger der Airforce zufügten, nicht verkraften, und Hitler blies die Angriffe ab. London konnte endlich wieder schlafen.

Es ist fast unmöglich, die Verehrung zu beschreiben, die die Londoner ihren tapferen Airforce-Piloten entgegenbrachten. Sogar Winston Churchill scheint mir noch untertrieben zu haben, als er sagte: ,,Niemals in der Geschichte menschlicher Konflikte haben so viele eine solche Menge Dank so wenigen geschuldet." Ich glaube nicht, daß es je eine Gruppe junger Menschen gegeben hat, die höher verehrt worden ist. Sie waren die Elite Englands, strahlend, tüchtig, voller Hingabe und Vertrauen, oft auch die Ansehnlichsten im ganzen Land. Wenn sie in ihren ordensgeschmückten Uniformen durch die Straßen gingen, dann sah jeder ihnen nach. Die Jungen liefen herbei, sie von nah zu besehen und womöglich anzufassen. Und Mädchen, die das Glück hatten, Seite an Seite mit einem Mann im blauen Zeug der Airforce zu gehen, wurden von allen anderen beneidet.

Ich hatte – wenn auch unter weit weniger idyllischen Umständen – Gelegenheit, einige dieser jungen Männer kennenzulernen. Die Hurricane-Jagdmaschine wies bei aller Beweglichkeit und Kampfkraft einen fatalen Fehler auf. Der Motor lag nur knapp einen Fuß vor dem Cockpit, und Ölleitungen schlängelten sich seitlich im Cockpit nach vorn. Ein Treffer genügte, und das Cockpit verwandelte sich in ein Flammenmeer. Natürlich konnte der Pilot sich hinauskatapultieren, doch die ein oder zwei Sekunden, die er benötigte, um den entsprechenden Hebel zu bedienen, genügten, sein Gesicht total zu verbrennen: Nase, Augenlider, Lippen und Wangen. Immer wieder begegnete ich diesen RAF-Helden, die – in Bandagen gehüllt – eine qualvolle Reihe von Operationen über sich ergehen lassen mußten, um wenigstens einigermaßen das Gesicht wieder herzustellen. Ich behandelte die gebrochenen Hände und Füße abgeschossener Piloten, während nebenan ein Team von Fachleuten der plastischen Chirurgie dabei war, solchen verbrannten Gesichtern wieder menschliches Aussehen zu verleihen.

Sir Archibald McIndoe und seine plastischen Chirurgen vollbrachten wahre Wunder und erfanden immer neue Verfahren. Für die Gesichtschirurgie benötigten sie Hautstücke von der Bauchdecke oder vom Brustkasten. Bevor man die Feingefäßchirurgie beherrschte, war es nicht möglich, so einfach eine Haut- oder Fettschicht abzuheben, um sie dann dort wieder aufzunähen. Man konnte so ein Hautstück nur zum Teil abtrennen, mußte aber das eine Ende an dem Blutgefäß belassen, von dem es bisher versorgt worden war. Erst wenn es an der für die Transplantation vorgesehenen Stelle an eine dort angeschlossene Ader angewachsen war, konnte man es dort abtrennen, wo es vorher gewesen war. Das ging normalerweise in einem Zweischritteverfahren vor sich. Zunächst wurde das von der Bauchdecke abgehobene, aber von dort noch mit Blut versorgte Hautstück mit seinem anderen Ende an einen Arm genäht. War es dort angewachsen und mit Blut versorgt, so schnitt man die Verbindung zur Bauchdecke ab und heftete nun dieses freigewordene Ende dort an, wo es endgültig hingehören sollte, an Nase oder Wange. Erst wenn es dort angewachsen war, durfte man es von seiner Zwischenstation, dem Arm, abtrennen.

Als ein Resultat solcher komplizierten Verfahrenstechnik konnte man in den Kliniken groteske Erscheinungen beobachten: Arme, die scheinbar an den Kopf angewachsen waren, Hautschläuche, die – beinah wie Elefantenrüssel im Miniformat – an der Nase hingen, oder auch Augenlider aus Hautlappen, die so dick waren, daß der Patient die Augen überhaupt nicht aufmachen konnte. Es kam vor, daß ein Pilot zwanzig oder gar vierzig Operationen über sich ergehen lassen mußte, bis er endlich wieder wie ein Mensch aussah.

Trotz dieser ermüdenden Verfahren blieb die Stimmung der Piloten durchweg gut. Ausgesuchte Schwestern verbreiteten eine Atmosphäre von Güte und Warmherzigkeit. Die Piloten spielten ihre Schmerzen herunter und bekamen es sogar fertig, sich gegenseitig mit ihren elefantenähnlichen Auswüchsen aufzuziehen. Kurz und gut, sie waren ideale Patienten.

Und dann geschah es: In den letzten Wochen der Wiederherstellung vollzog sich langsam, aber sicher ein Wandel. Wir mußten feststellen, daß viele Piloten gewisse kleine Veränderungen wünschten: Eine Nase schien etwas zu sehr aufgestülpt; der Mund war in dem einen Winkel zu stark heraufgezogen;

oder das rechte Augenlid hing zu sehr herab. Bald spürten wir es alle: Sie lungerten nur noch herum und suchten Zeit zu schinden. Sie wagten es nicht, der Welt da draußen Auge in Auge gegenüberzutreten.

Was war der Grund? Trotz der Wunder, die McIndoe und sein Team vollbracht hatten: jedes dieser Gesichter war hoffnungslos verändert. Keine ärztliche Kunst war in der Lage gewesen, die frühere Ausdrucksfähigkeit, die nun einmal einem jugendlichen Gesicht eigen ist, wieder herzustellen. Mochte chirurgisch und handwerklich alles gelungen sein, tatsächlich war ein solches neues Gesicht doch nur eine einzige Narbe. Man kann eben nicht das hintergründige Zwinkern eines Augenlides auf ein Stück Bauchhaut übertragen. Gewiß, dies überpflanzte Stück Bauchhaut vermag das Auge ausreichend zu schützen, doch schön sieht es wahrhaftig nicht aus.

Ich denke da besonders an einen Piloten namens Peter Foster. Er schilderte mir, wie in ihm die Angst wuchs, je näher der Tag seiner Entlassung kam. Alle Ängste, sagte er, brechen über dich herein, sobald du in den Spiegel schaust. Ein paar Monate lang hast du täglich in den Spiegel gesehen, um dich davon zu überzeugen, welche Fortschritte die Chirurgen mit dir gemacht haben. Du hast beobachtet, wie die Narben sich schlossen, die Haut sich straffte, Lippen und Nase wieder Gestalt annahmen. Doch dann, wenn der Tag der Entlassung naht, siehst du mit anderen Augen in den Spiegel. Jetzt starrst du auf ein neues Bild da, auf ein Gesicht, das nicht das ist, mit dem du geboren wurdest; ein Gesicht, das so etwas wie eine billige Nachahmung des ursprünglichen ist. Und du versuchst, dieses neue Gesicht mit den Augen der anderen zu sehen. Im Lazarett, da wurdest du stolz herumgezeigt, die Kameraden und das Personal standen dir zur Seite. Doch draußen, dort in der anderen, der weiten Welt, da wirst du ein Monstrum sein!

Angst packt dich. Wird irgendein Mädchen den Mut haben, ein solches Monster zu heiraten? Wird dir jemand eine Arbeit anbieten?

In dieser kritischen Phase, so schloß Foster, wenn der abgeschossene und versengte Pilot sein neues Gesicht mit den Augen der anderen ansieht, wiegt nur noch eins: Wie stellt sich deine Familie zu dir? Und wie verhalten sich deine Freunde?

Hier, an diesem Punkt spaltete sich die Gruppe, und zwar auf eine Weise, wie ich es sonst nie wieder erlebt habe. Da war die Gruppe, deren Ehefrauen oder Freundinnen das neue Gesicht nicht akzeptieren konnten. Die Freundinnen stahlen sich still hinweg, die Ehefrauen strengten die Scheidung an. Das Ergebnis: Die so betroffenen Piloten erfuhren einen Bruch ihrer Persönlichkeit. Sie verschlossen sich hinter ihren vier Wänden, gingen allenfalls bei Dunkelheit auf die Straße, nahmen auch nur Arbeit an, die sie daheim erledigen konnten. Ganz anders die Gruppe, deren Frauen an ihnen festhielten. Sie brachten es zu geradezu erstaunlichen Erfolgen. Sie wurden – trotz all dem, was sie durchgemacht hatten – Englands Elite. Viele von ihnen gelangten in führende Positionen.

Peter Foster gehörte glücklicherweise zu dieser zweiten Gruppe. Seine Braut versicherte ihm, daß sich nichts geändert habe – „außer so ein paar Stückchen Haut". Sie liebte ihn und nicht sein Gesicht. Sie heirateten, noch bevor Peter das Lazarett verließ.

Natürlich gab es auch Leute, die Peter abwiesen. Manche seiner Altersgenossen sahen weg, wenn er sich näherte. Kinder – in ihrer Offenheit ja oft grausam – schnitten ihm Grimassen, lachten und höhnten.

Peter hätte dann am liebsten laut herausgeschrien: „Ich bin doch noch immer der, den ihr früher gekannt habt! Wollt ihr mich denn nicht wiedererkennen?" Doch dann lernte er es, seine Frau als seinen Spiegel zu begreifen. „Sie wurde mein Spiegel. Wenn ich sie ansehe, dann schenkt sie mir ihr strahlendes Lächeln. Das sagt mir: Du bist OK!"

Viele Jahre später las ich im „British Journal of Plastic Surgery" einen Artikel, der mich aufwühlte. Zwei Ärzte berichteten da über die Studien, die sie an 11 000 Häftlingen vorgenommen hatten, die wegen Mordes, Prostitution, Erpressung oder anderer schwerer Verbrechen einsaßen. Die beiden Kollegen waren dabei auf einen merkwürdigen Sachverhalt gestoßen. In unserer erwachsenen Bevölkerung leiden 20 Prozent an irgendwelchen sichtbaren Mißbildungen wie abstehenden Ohren, unförmiger Nase, fliehendem Kinn, Pickelnarben, Muttermalen oder Fehlstellung der Augen. Von den untersuchten 11 000 Häftlingen aber wiesen volle 60 Prozent solche Kennzeichen auf!

Am Schluß ihrer Untersuchung stellten die beiden Autoren ein paar Fragen, die mich doch sehr beunruhigten. Waren diese Straffälliggewordenen wegen ihrer Mißbildungen von ihren Schulkameraden zurückgestoßen worden? Hatten die grausamen Neckereien sie innerlich aus dem Gleichgewicht gebracht? Waren sie auf diese Weise letzten Endes auf die Verbrecherlaufbahn gedrängt worden?

Doch die Autoren blieben bei diesen Fragen nicht stehen; sie schlugen vielmehr vor, plastische Operationen an Strafgefangenen vorzunehmen, selbstverständlich auf freiwilliger Basis. Wenn es das äußere Erscheinungsbild gewesen war, das die Gesellschaft veranlaßt hatte, diese Menschen auszustoßen und so zu Außenseitern und Kriminellen zu machen, dann – so schlossen sie streng logisch – müsse es doch wohl zur Rehabilitation beitragen, wenn man ihr Aussehen durch plastische Chirurgie verändere. Sie würden dann nicht mehr zurückgestoßen, gewännen auch selber ein neues Selbstbewußtsein.

Ganz gleich, ob es sich um einen Mörder oder einen Toppiloten der Airforce handelt, ein Mensch gewinnt von sich selbst genau das Bild, das sich andere von ihm machen. In den Augen der anderen sehen wir uns selbst.

Und noch etwas: Wir alle neigen dazu, den Menschen nach seinem Äußeren zu beurteilen. Es gibt nur wenige, die – wie Peter Fosters Frau – in der Lage sind, durch die Schale hindurch den Kern, den wirklichen Menschen, zu erkennen. Ja, ich muß gestehen, daß auch ich selber meine Mitmenschen oft nach ihrem äußeren Erscheinungsbild beurteilt und sogar bewertet habe.

Ich denke da zurück an einen Brauch, der in unserer Familie üblich war, als die Kinder noch kleiner waren. Jedes Jahr in den Sommerferien mußte ich allabendlich eine Fortsetzungsgeschichte ersinnen, in der unsere Familienmitglieder mitspielten. Wenn ich da auf der Bettkante saß und mein Garn spann, suchte ich natürlich Begebenheiten einzuflechten, die den Kindern weiterhelfen konnten. Da sahen sie sich dann plötzlich vor Situationen gestellt, die eine mutige Entscheidung verlangten, oder es wurde ihnen Selbstlosigkeit abverlangt, so wie sie sie später einmal im Leben würden üben müssen.

Natürlich mußte es in diesen Geschichten auch ausgemachte Bösewichter geben. Von Tag zu Tage trieb ich die Spannung höher: Ha, da lauerten die Bösewichter nur darauf, wie sie die Kinder in verzweifelte Situationen bringen könnten! In Situationen, aus denen die Kinder sich nur aus eigener Kraft herauswinden konnten.

Wenn ich mir heute diese Bettgeschichten in Erinnerung rufe, stelle ich erschrocken fest, daß meine beiden Hauptschurken, die Jahr für Jahr da auftraten, Narbengesicht und Krummbuckel hießen. Der eine hatte eine scheußliche Narbe quer übers Gesicht, der andere war klein und bucklig. Warum, so frage ich mich heute, gab ich den Bösewichtern in meinen Bettgeschichten diese Namen und diese Mißgestalt? Zweifellos folgte ich damit dem weitverbreiteten Schema, das häßlich mit böse gleichsetzt und schön mit gut. Übertrug ich nicht damit dieses Schema auch in das Denken meiner eigenen Kinder? Machte ich es ihnen nicht damit unmöglich, Mißgestalteten Liebe zu zeigen?

Im Mittelalter liebten Fürsten es, sich mit Zwergen, Mißgestalteten und Buckligen zu umgeben. Sie hatten daran geradezu ein Vergnügen. Unser kultivierter Geschmack läßt so etwas nicht mehr zu. Doch wir verfügen über verfeinerte und darum nicht minder wirksame Verfahren. Welches sind unsere Maßstäbe für die Bewertung und Einschätzung der Menschen? Nach unseren Vorstellungen muß ein Mann dynamisch und sportlich wirken, vor allem aber Vertrauen einflößen; die ideale Frau aber ist ein schlankes, langbeiniges Geschöpf mit ewigem Lächeln. Die Trainingsanweisungen für Bodybuilding, Diätkuren, Make-up und Mode unterstreichen diesen allgemein gültigen Schönheitsbegriff unserer Zeit. Wer unsere Modeblätter und Herren-Magazine durchblättert, könnte zu dem Schluß kommen, wir lebten unter lauter Schönheitsgöttinnen und Heroen.

Die Kehrseite davon ist, daß wir kein Herz haben für Kinder, die plump, scheu oder häßlich sind. Sie stoßen überall auf Ablehnung. Dieser ‚Spiegel', den wir ihnen unentwegt vorhalten, prägt das Bild, das sie nun von sich selber haben. Und darum geht es mit ihnen immer nur abwärts. Wieviele Beethovens oder Einsteins mögen der Menschheit auf diese Weise verlorengegangen sein!

Ich habe mein Lebtag damit verbracht, das Äußere von Menschen wieder herzustellen. Ich mühte mich, die Hände, Füße und Gesichter meiner Leprakranken wieder so hinzukriegen, wie sie ursprünglich ausgesehen hatten. Wie glücklich war ich, wenn ich es erlebte, daß diese Patienten wieder zu gehen und ihre Finger zu gebrauchen lernten. Nun konnten sie doch wieder in ihre Familien zurückkehren und ein normales Leben führen.

Doch mehr und mehr mußte ich erkennen, daß diese leibliche Hülle des Menschen, um die ich so bemüht war, nicht den ganzen Menschen ausmacht. Meine Patienten waren eben nicht nur bloße Ansammlungen von Muskeln und Sehnen, Haut und Haaren sowie Nervenzellen. In jedem von ihnen, mochten sie durch ihre Krankheit auch noch so sehr entstellt sein, lebte Gottes Geist. Auf diese Weise war ein jeder ein Geschöpf ‚nach dem Bilde Gottes'. Jede Zelle ihres natürlichen Leibes wird eines Tages wieder werden, was sie war: Erde. Der Leib ist der ‚irdische' Teil des Menschen. Darum wird das, was ich für ihr geistliches Leben tue, weit wichtiger sein als das, was ich zu ihrem leiblichen Wohl leiste.

Gewiß, wir leben in einer Welt, in der das Starke, Gesunde und Schöne gilt. Doch Gott hat mich zu den Leprakranken geschickt, zu diesen schwachen, armen und abstoßend häßlichen Menschen. Und bei ihnen habe ich gelernt: Wir alle sind – genau wie Peter Fosters Frau – Spiegel für die anderen. Jeder von uns hat die Fähigkeit, den Menschen, denen wir begegnen, dabei zu helfen, das ‚Bild Gottes' zu entwickeln, diesen Funken von Gottähnlichkeit, den Gott unserem Geiste eingebrannt hat. Ich bete darum, daß ich in jedem Menschen, mit dem ich es zu tun bekomme, das Bild Gottes sehe und so seinen wahren Wert erkenne.

Mutter Theresa hat einmal gesagt, wenn sie in das Gesicht eines sterbenden Bettlers in den Gassen von Kalkutta blicke, dann bete sie, es möge das Gesicht Jesu sein. Dann sei sie in der Lage, diesem Bettler so zu dienen, wie sie Christus gern gedient hätte.

3 Das restaurierte Bild

Und wieder stehe ich in der Sixtinischen Kapelle. Der Strom der Touristen hat sich verlaufen. Draußen beginnt es zu dämmern, Licht liegt über den Dächern wie reifes Ährengold. Mein Nacken ist vom langen Hochstarren steif. Wie muß es Michelangelo zumute gewesen sein, wenn er da Stunde um Stunde mit den Händen über seinem Kopf das Deckengewölbe malte.

Meine Augen wandern hin zu der Zentralszene, die darstellt, wie Gott dem Menschen das Leben gibt. Geschaffen ‚nach dem Bilde Gottes‘: Das gibt jedem Menschen, Mann wie Frau, Würde und Wert. Und ringsum all die anderen Bilder, sie malen aus, was das an wunderbarer Kraft bedeutet. Und dennoch, irgendetwas stört mich, wenn ich da die Schöpfungsszene betrachte. Es ist Michelangelo wunderbar gelungen, das doppelte Wesen des Menschen sowie die Dramatik des Schöpfungsaktes darzustellen. Doch Gott im Bilde darzustellen, das ist ihm – wie allen anderen Malern – völlig mißlungen. Michelangelos Gott ist nicht Geist. Er ist ein Gott, gemacht nach dem Bilde des Menschen!

Schon sechs Jahrhunderte vor Christus hat der griechische Philosoph Xenophanes bemerkt: ,,Wenn Ochsen, Pferde oder Löwen Hände hätten, malen und Kunstwerke schaffen könnten, so wie Menschen es können, dann würden die Pferde ihre Götter wie Pferde darstellen, und Ochsen würden Ochsengötter malen. So stellen sich Äthiopier ihre Götter mit platten Nasen und schwarzem Kraushaar dar, und die Thraker haben ihrem eigenen Aussehen entsprechend Götter mit grauen Augen und rotem Haar." Auch Michelangelos Gott hat menschliches Aussehen, sogar die typische Römernase; genau wie auch Adam. Der Künstler portraitierte die Ähnlichkeit zwischen Gott und Mensch ganz buchstäblich und völlig natürlich; nicht aber geistlich! Die leibliche Ähnlichkeit geht so weit, daß man die Gesichter Gottes und Adams austauschen könnte. Denk dir Adams Gesicht mit wallenden weißen Locken und langem Bart umkränzt, und du hast das Gesicht Gottes vor dir, grade so, wie Michelangelo es dort gemalt hat.

In der Tat: Wie könnte ein Künstler Gott darstellen, der doch Geist ist? Und wenn wir Gott nicht sehen können, wie sollen wir uns dann über sein Aussehen, über sein ‚Bild' Gedanken machen? Unser Wortschatz verfügt über eine Fülle von klaren und eindeutigen Bezeichnungen, wenn es darum geht, unsere materielle Welt zu beschreiben. Aber wenn wir versuchen, die unsichtbaren Vorgänge des Geistes zu beschreiben, dann fehlen uns die Worte. In vielen Sprachen bedeutet das Wort Geist so viel wie Hauch, Atem, Wind. Doch das ganze Alte Testament bezeugt eindeutig: Gott ist Geist. Und kein ‚Bild' kann ihn und sein Wesen fassen.

Im Zweiten Gebot wird gesagt, du sollst dir kein Bild von Gott machen. Ich habe lange in Indien gelebt, wo es Götzenbilder in Unmenge gibt; ich kann darum gut verstehen, was dieses Zweite Gebot bedeutet.

Die Hinduisten haben über tausend verschiedene Götzenbilder. An jeder Straßenecke stehen sie. Ich suchte herauszubekommen, welchen Einfluß diese Bilder auf die einfachen Inder ausüben. Ich kam zu einem doppelten Ergebnis: Ganz allgemein wird die Gottheit dadurch entgöttlicht. Sie verliert jegliche Heiligkeit, hat nichts geheimnisvoll Wunderbares mehr. Die Götzen sinken zu Maskottchen und Glücksbringern herab. Der Taxifahrer pinnt so ein Götterbild an seine Frontscheibe, opfert ihm Blumen und betet dann um Schutz vor Unfällen. Für andere Inder werden diese Götzenbilder Symbole der Furcht und Angst. Kalkuttas grausame Göttin Kali etwa hat eine feuerflammende Zunge und trägt eine Girlande blutiger Menschenköpfe um den Leib geschlungen. Schlangen und Rattenbilder werden angebetet, Phallussymbole oder gar Pockengötter. In den Tempeln wimmelt es von solchen ‚Bildern'.

Aus gutem Grund warnt uns die Bibel, Gott nicht in die

Niederungen unserer materiellen Welt herabzuziehen. Jeder solcher Versuch nimmt uns die Fähigkeit, Gottes wahres Wesen zu erkennen. Wir mögen ihn uns vielleicht vorstellen als bärtigen Alten irgendwo da oben im Himmel, so wie Michelangelo ihn in der Sixtinischen Kapelle malte. Aber wir müssen uns dabei klar sein: Gott ist Geist, Gott ist überall, Gott hat nicht Aussehen und Gestalt wie unsereiner. Darum fragt Jesaja (40,18): ,,Mit wem wollt ihr Gott vergleichen? Gibt es irgendetwas, das einen Vergleich mit ihm aushält?"

Jesaja fährt dann (44,10; 20) fort: ,,Wie kann man so töricht sein, sich einen Gott machen, sich ein Götzenbild gießen zu lassen – ein Bild, das doch nicht helfen kann! Auf diesem Wege rettet er nicht sein Leben. Er müßte zur Einsicht kommen und sagen: Das ist doch Lug und Trug, was ich da in der Hand halte." Und weiter (Vers 21): ,,Der Herr sagt: Ihr steht unter meinem Schutz. Ich habe euch geschaffen, damit ihr mir dient. Und ich vergesse euch nicht!"

Ja, wir haben einen Gott, den man nicht in einem sichtbaren Bild einfangen kann. Aber was könnte Gott gleichen? Wie kann ich ihn finden? Auf geheimnisvolle Weise ist Gottes ‚Bild' in die ersten geschaffenen Menschen eingegangen. Und darum sollten wir Menschen Gottes ‚Bild' hier auf dieser Erde tragen. Eine Zeitlang waren diese beiden Seinsweisen des Menschen – seine leibliche in Fleisch und Blut und seine geistliche – eine Gemeinschaft mit Gott eingegangen; Gott und Mensch in Harmonie. Schade, daß dieser paradiesische Zustand so bald ein Ende fand.

In Genesis 3 wird berichtet, auf welche Weise diese Harmonie zerbrach. Adam und Eva begehrten auf gegen Gott, und das verdarb ein für alle Mal das Bild Gottes im Menschen. Die Einheit von Gott und seinem Menschenkind zerbrach, eine tiefe Kluft tat sich auf, es war aus mit der Harmonie. Von nun an finden wir, wohin wir auch blicken, so finstere Gestalten wie Dschingis Khan, Stalin oder Hitler. Doch das sind keine Ausnahmen. Entsetzliche Folge des Sündenfalls: Jeder von uns trägt nun das zerbrochene Bild Gottes in sich herum. Die Geschichte der Menschheit beweist es auf furchtbare Weise: Wir sind ihm nicht mehr ähnlich!

Der ‚nach dem Bilde Gottes' geschaffene Mensch ist dahin. Wir brauchen jetzt ein neues ‚Bild' von Gott, ein Bild, an dem wir erkennen können: Seht, so ist Gott! Wir haben es in Jesus Christus, dem zweiten Adam. Der Gott, der Geist ist, entschloß sich, ein Mensch zu werden. ,,Das Wort ward Fleisch" (Joh. 1,14). ,,Er, das Wort, wurde ein Mensch, ein wirklicher Mensch von Fleisch und Blut, und nahm Wohnung unter uns." So, wie die Sonne in einem Regentropfen aufblitzt, so nahm Gott Wohnung in einem Menschen.

An drei Stellen verbindet das Neue Testament den Begriff ‚Bild' mit Jesus Christus. ,,In Christus wird Gott selbst sichtbar" (2. Kor. 4,4); ,,Er ist das Bild des unsichtbaren Gottes" (Kolosser 1,15); ,,In dem Sohn Gottes leuchtet die Herrlichkeit Gottes auf, denn er entspricht dem Wesen Gottes vollkommen" (Hebräer 1,3).

Christus kam, um uns im wahrsten Sinne des Wortes ein Ebenbild Gottes zu sein, er spiegelt das Wesen des Vaters wider, hier auf Erden in menschlicher Gestalt.

Wir alle haben das Leben Jesu so oft gelesen, von ihm gehört, ihn gar im Film gesehen, daß wir uns ganz feste Vorstellungen über ihn gebildet haben. Wir sind darum kaum mehr in der Lage, über dieses unerwartete Erscheinen Gottes in Menschengestalt zu erschrecken. Für sein Auftreten erwählte er nicht Rom, nicht einmal Jerusalem, vielmehr ein gottverlassenes Nest in Judäa. Er hatte nichts von dem an sich, was die Leute nun einmal von einem Gott erwarten. Ungläubig schüttelten sie die Köpfe: ,,Das ist doch der Sohn des Zimmermanns!" (Mark. 6,3) Und dann wuchs er auch noch in einer alles andere als feinen Umgebung auf: ,,Nazareth! Was kann von da schon Gutes kommen!" (Joh. 1,56) Nicht einmal seine leiblichen Brüder glaubten an ihn (Joh. 7,5); sie hielten ihn eher für krank. Auch Johannes der Täufer, der ihn doch angekündigt und getauft hatte, geriet am Ende in Zweifel: ,,Bist du der Retter, der kommen soll?" (Matth. 11,2)

Jesus erhob den Anspruch, ein König größer noch als David zu sein. Doch wenig Königliches war an ihm zu sehen. Da war kein Waffengeklirr und kein Fahnenschwenken. Und als es wirklich einmal zu einem feierlichen Auftritt kam, da ritt er auf einem Esel, und seine Füße schleiften im Staub. Nichts

Königliches und erst recht nichts Göttliches war an diesem Mann Jesus zu erkennen.

Wir stellen ihn uns immer in wahrer Idealgestalt vor. Die Künstler malen ihn als hochgewachsenen Mann, mit wallendem Haar und feinen Zügen; eben so, wie sie sich ihr Schönheitsideal vorstellen. Doch worauf gründen sie diese Vorstellung? Im Neuen Testament steht nichts davon, da wird er nirgendwo als ‚Superstar' gezeichnet.

Ich war noch ein Kind, als meine liebe Tante Eunice wutschnaubend von einer Bibelstunde heimkam. Irgendjemand hatte da eine Beschreibung Jesu vorgelesen, die wohl von Flavius Josephus oder einem anderen heidnischen oder jüdischen Historiker stammte. Und da war Jesus als Buckliger beschrieben! Tante Eunice zitterte vor Entrüstung. ,,Das ist pure Gotteslästerung!" tobte sie. ,,Eine Karikatur meines Herrn und Heilandes!"

Damals ging mir das durch und durch. Heute könnte es mich nicht mehr aus dem Gleichgewicht bringen. Ich habe inzwischen entdeckt, daß Jesus kein Champ im Bodybuilding war, kein Modellathlet oder Superman. In der Bibel ist zwar nicht beschrieben, wie Jesus aussah, doch stimmt mich nachdenklich, was Jesaja über den leidenden Gottesknecht sagt:

,,Viele haben sich entsetzt von ihm abgewandt, so entstellt war er. Er hatte keine Ähnlichkeit mehr mit einem Menschen . . . Wer hätte es für möglich gehalten, daß die Macht des Herrn sich auf solche Weise offenbaren würde? Denn sein Beauftragter wuchs auf wie ein kümmerlicher Sproß aus dürrem Boden. So wollte es der Herr. Er war weder schön noch stattlich, wir fanden nichts Anziehendes an ihm. Alle verachteten und mieden ihn; denn er war von Schmerzen und Krankheit gezeichnet. Voller Abscheu wandten wir uns von ihm ab. Wir rechneten nicht mehr mit ihm" (Jes. 52,14; 53,2–3). Tatsächlich identifizierte Jesus sich in seinen Worten völlig mit den Hungrigen, Kranken, Heimatlosen, Zerlumpten und Gefangenen. Das ging so weit, daß er sagte: ,,Was ihr für einen dieser meiner geringsten Brüder getan habt, das habt ihr mir getan" (Math. 25,40). Wir treffen Gottes Sohn nicht in der Lobby der Mächtigen, sondern in den Sackgassen menschlichen Elends. Den Verlorenen und Abgeschriebenen der Gesellschaft fühlte er sich nah.

Sein gemarterter und ans Kreuz geschlagener Leib zeigt uns: So, so ist Gott.

Ich kann es gar nicht ausdrücken, was diese schlichte Erkenntnis für einen Menschen bedeutet, der keine Hoffnung mehr hat, für einen Aussätzigen etwa oder einen obdachlosen Krüppel. Für ihn ist Jesus die einzige Hoffnung: Ja, nun wird alles wieder gut!

Jesus ist das vollkommene Ebenbild Gottes ‚im Fleisch', Gottes Bild in Menschengestalt. Doch von Anfang an hat er darauf hingewiesen, daß er nur auf Zeit unter uns weilt. Er kam, um das durch den Sündenfall entstellte Bild Gottes im Menschen wiederherzustellen. Doch Gottes Tun hörte mit Jesus nicht auf, sein Bild verschwand nicht von der Erde, als Jesus zum Vater zurückging. Die Schreiber des Neuen Testamentes beziehen von da an den Ausdruck ‚Leib Christi' auf die ‚Glieder' dieses Leibes, auf die Männer und Frauen, die im Namen Jesu Gott dienen. So schreibt Paulus (Römer 8,29): „Gott hat alle, die er auserwählt hat, dazu bestimmt, seinem Sohn gleich zu werden. Denn als der Auferstandene soll er der erste unter vielen Brüdern sein."

Leib Christi, so werden – mehr als zwei Dutzend Mal – im Neuen Testament die genannt, die Gott in seine Gemeinde gerufen hat. Wer Christus nachfolgt, setzt sozusagen Gottes Fleischwerdung fort.

Was Christus vorwies – Dienemut und Liebe – das ist auch unser Ziel. So sind wir ‚Sein Leib'. Nun brauchen wir uns nicht mehr um ein eigenes ‚Image' zu plagen, uns selbst beweisen, uns selbstverwirklichen. Jetzt zählt anderes:

„Der Kluge soll nicht stolz sein auf seine Klugheit,
der Starke nicht auf seine Stärke,
und der Reiche nicht auf seinen Reichtum!
Grund zum Stolz hat nur der, der mich erkennt
und begreift, was ich will.
Denn ich bin der Herr,
der Liebe, Recht und Treue schafft auf der Erde.
Wer das erkennt, an dem habe ich Freude!" (Jeremia 9,22–23)

Wie umstürzend die Verhaltensweisen sind, die Jesus von uns fordert, ist mir erst bei meinen Aussätzigen in Indien klar geworden. Wieder und wieder erlebte ich es, daß diese so grausam aus der menschlichen Gemeinschaft Ausgestoßenen weit besser die Liebe und Güte Gottes ausstrahlten als jene vor Gesundheit strotzenden Christen, die ich bis dahin gekannt hatte. Diese Leprakranken hätten allen Grund gehabt, mißmutig und verbittert zu sein. Doch wie sich die unter ihnen, die zu Christus fanden, Gott geistlich hingaben, das beschämte uns Ärzte und Missionare zutiefst. Ausgerechnet die, die am wenigsten Grund hatten, Gott zu danken, ausgerechnet die lobten Gottes Liebe aus ganzem Herzen.

Das kam so oft und so stark zum Ausdruck, daß ich mich getrieben fühlte, einige biblische Abschnitte, über die ich bisher hinweggelesen hatte, mir genauer vorzunehmen. Und da war ich dann doch verblüfft. Da beschreibt Paulus die Gemeinde in Korinth: ,,Schaut doch euch selbst an, Brüder. Wen hat Gott denn da berufen? Kaum einer von euch ist ein gebildeter oder mächtiger oder angesehener Mann. Gott hat sich vielmehr die Einfältigen und Machtlosen ausgesucht, um die Klugen und Mächtigen zu demütigen. Er hat sich die Geringen und Verachteten ausgesucht, die nichts gelten. Denn er wollte die zu nichts machen, die vor den Menschen etwas sind. Niemand soll vor Gott mit irgendetwas auftrumpfen können" (1. Kor. 1,26–29).

Worte Jesu kommen uns da in den Sinn, Worte aus der Bergpredigt etwa, wo er die geistlich Armen, die Leidtragenden, die Verfolgten seligpreist. Oder die Begegnung mit dem reichen Jüngling, als er dann zu seinen Jüngern sagt: ,,Wahrhaftig, ein Reicher hat es schwer, in die neue Welt Gottes zu kommen" (Matth. 19,23).

Als ich diese Textabschnitte jetzt mit neuen Augen las, da kam mir immer wieder dieses eine Wort in den Sinn, um das es uns ja geht: Gottes ‚Bild'. Da bemühe ich mich also mit allen Kräften, bei den mir anvertrauten Leprapatienten ihr zerstörtes ursprüngliches ‚Bild' wiederherzustellen. Doch wenn ich die Heilige Schrift befrage, dann stoße ich auf eine ganz neue Art von ‚Bild', für das die altgewohnten Spielregeln nicht mehr gelten. Von nun an sind die Werte umgekehrt!

Dem Menschen schwebt, wenn er sich ausmalt, wie er gern sein möchte, ein Bild vor, das von Anmut, Dynamik und Sportlichkeit strotzt. Ach ja, und natürlich gehört zu dieser Persönlichkeit dann auch ein Beruf, der etwas bringt, und nicht zu wenig. Als ich damals im englischen Hospital wirkte, bestand meine Tätigkeit darin, verunglückten Fliegern dieses Bild wieder zu verschaffen. Auf ähnliches zielte meine Tätigkeit in Aussätzigenstationen, damals in Indien und heutzutage in den Staaten. Doch ich begreife allmählich, daß all diese Eigenschaften, und mögen sie dem Menschen noch so wünschenswert scheinen, ihn im Grunde von dem Bild, das er nach Gott haben sollte, nur fortbringen. Denn je mehr wir aus uns machen, desto unzugänglicher werden wir für den Geist Gottes. Schönheit, Kraft, Macht und Reichtum sind nicht Kennzeichen des Bildes, zu dem Gott uns geschaffen hat. Im Gegenteil, sein Geist strahlt aus der Gebrechlichkeit der Schwachen, dem Unvermögen der Armen und der Mißgestalt der Krüppel. Je hinfälliger der Mensch ist, desto heller kann das Bild Gottes aus ihm aufstrahlen.

Anfangs empfand ich diese Erkenntnis als peinlich; vielleicht, weil mir nun schmerzhaft zu Bewußtsein kam, daß ich so oft darauf aus gewesen war, mich mit erfolgreichen, intelligenten und ansehnlichen Menschen zu umgeben. Nur allzu oft hatte ich mich in meinem Urteil vom äußeren Schein leiten lassen, statt auf das Bild Gottes im Menschen zu achten. Doch als ich über mein Leben und die Leute, die mir am eindrücklichsten Gottes Bild vermittelt hatten, nachdachte, da traten drei Menschen vor mein Auge. Und keiner von ihnen war das, was wir einen Erfolgsmenschen nennen.

Als Kind besuchte ich oft Kirchen und Andachtsstätten, um dort Predigern zu lauschen, die in England berühmt waren. Viele von ihnen verfügten über große Beredsamkeit und waren außerordentlich belesen. Und doch nimmt ein Prediger ganz anderer Art in meiner Erinnerung den ersten Platz ein: Willie Long, den ich in einer ganz einfachen Methodistenkirche in einem Kurort an der See kennenlernte. Willie pflegte in seinem blauen Fischerpulli auf die Kanzel zu steigen. Die

Fischschuppen, die noch an ihm klebten, verbreiteten in der Kirche den Salzgeruch der See. Doch dieser ungebildete Mensch mit seinem breiten Norfolkakzent, seiner ungewöhnlichen Grammatik und seinem schlichten Glauben gab mir in jenen entscheidenden Jahren mehr Glaubensanstöße als die ganze Gesellschaft illustrer Berühmtheiten. Wenn er von Christus sprach, dann war es, als spreche er über seinen ganz persönlichen Freund, und die Liebe Gottes strömte geradezu aus ihm. In Willie Long zeigte sich mir das ‚Bild' Gottes.

Jahre später, in Indien, fiel mir auf, in welch innigem geistlichen Verhältnis die Patienten zu Schwester Mary Verghese standen. Mary war unter den Schwestern einmalig: Sie war beiderseits gelähmt. Sie war eine vielversprechende Studentin gewesen. Doch dann hatte sie einen schrecklichen Autounfall gehabt und war seither von der Taille abwärts gelähmt. Monatelang lag sie in ihrem Hospitalbett, doch es bestand keine Aussicht auf Besserung. Sie setzte ihre Hoffnung nun nur noch auf Gottes Hilfe und meinte, alle Rehabilitationsübungen seien bloße Zeitverschwendung. Wenn es an der Zeit sei, dann werde Gott ihr den vollen Gebrauch ihrer Beine wieder schenken.

Nach längerer Zeit gewann Mary es dann über sich, auf ihre Gebete um eine Wunderheilung zu verzichten. Dafür kam sie zu der Erkenntnis, daß gerade in ihrer Schwachheit Gottes Kraft sich in ihr am besten offenbaren könne. Entgegen allen Erwartungen vollendete sie ihre Schwesternausbildung und wurde in unserem Christian Medical College eine kraftvolle geistliche Persönlichkeit.

Neben der Querschnittslähmung hatte Mary bei dem Unfall auch böse Gesichtsverletzungen erlitten. Unser Fachmann für plastische Chirurgie versuchte, in einer ganzen Reihe von Operationen wenigstens die Knochen der Kinnpartie wieder herzurichten, doch es blieb eine häßliche Narbe, die sich quer über das Gesicht zog. Die Folge war, daß stets ein schiefes Grinsen auf ihrem Gesicht zu liegen schien. Nein, Mary entsprach in keiner Weise unserem Schönheitsideal. Doch auf unsere Patienten in Vallore übte sie starken Einfluß aus.

Kam das leise Geräusch ihres Rollstuhls, dann flogen die Gesichter aller Patienten herum. Sie strahlten plötzlich, als habe man ihnen gerade verkündet, sie seien eben geheilt worden. Mary konnte wirklich Zuversicht und Hoffnung verbreiten. Doch wenn ich an sie zurückdenke, dann sehe ich nicht ihr Gesicht vor mir, sondern jenes Strahlen auf den Gesichtern der Patienten. Wahrhaftig, aus Marys siechem Körper strahlte Gottes Bild.

Und noch eine dritte Gestalt ragt aus der Menge derer heraus, die mein Leben beeinflußt haben: meine Mutter, allgemein bekannt als ‚Granny Brand'. Ich sag' es in aller Liebe: Als Mutter alt war, war sie wohl kaum noch schön zu nennen. Als junge Frau, da war sie so etwas wie eine klassische Schönheit gewesen. Ich besitze Fotos, mit denen ich das beweisen kann. Doch als sie alt war –? Die harten Lebensbedingungen in Indien, Unfälle, Typhus, Dysenterie und Malaria hatten aus ihr ein mageres und krummgezogenes altes Weiblein gemacht. Ihr Gesicht war Jahr auf Jahr der Sonnenglut und dem Steppenwind ausgesetzt gewesen. Nun war die Haut so rauh wie Leder, voll tiefer Runzeln; so zerfurcht, wie ich nie wieder ein Menschengesicht zu sehen bekam. Sie wußte es besser als jeder andere, wie elend sie aussah. Und darum hatte sie unnachsichtig jeden Spiegel aus ihrem Hause verbannt.

Im Alter von fünfundsiebzig Jahren fiel Mutter und brach sich den Oberschenkelhals. Das war, als sie in den südindischen Bergen arbeitete. Eine ganze Nacht lang lag sie da voller Schmerzen auf dem Boden, bis endlich ein Arbeiter sie am nächsten Morgen fand. Vier Männer trugen sie in einer Hängematte aus den Bergen hinunter in das Flachland und setzten sie dort in einen Jeep. Dann folgte eine qualvolle Fahrt über 150 Meilen auf wüsten Schotterstraßen.

Sobald wie möglich besuchte ich Mutter in ihrem aus Lehmziegeln erbauten Haus. Ich wollte sie überreden, sich nun endlich zur Ruhe zu setzen. Sie war gerade wieder soweit, daß sie an zwei Bambuskrücken mühsam und mit Schmerzen Schritt vor Schritt gehen konnte. Doch sie beharrte darauf weiterzumachen. Sie reiste nun auf dem Pferderücken und kampierte in Außendörfern, um dort das Evangelium zu verkünden, Zähne zu ziehen und Kranke zu versorgen. Dabei hatte ich schlagende Argumente vorgebracht, um sie zu überzeugen, daß es höchste Zeit sei, daß sie sich zur Ruhe setze. Es war doch einfach unzumutbar, daß eine so alte Frau an so abgelegenem Ort lebte, im Notfall mehr als eine Tagereise von der nächsten Hilfe entfernt. Mit ihrem ständigen Schwindelgefühl und ihrem lahmen Bein war sie ein medizinischer Risikofall. Sie hatte Rippen- und Wirbelbrüche hinter sich, durch Bandscheibenvorfall eingeklemmte Nerven, eine Gehirnerschütterung und – von dem Schenkelhalsbruch ganz abgesehen – mehrere Blutvergiftungen an der Hand.

,,Es ist doch allgemein üblich, daß man sich so um die Siebzig zur Ruhe setzt", schmeichelte ich. ,,Warum willst du nicht zu uns nach Vellore kommen und dort bei uns leben?" Granny wehrte meine Argumente als Unsinn ab und schoß scharf zurück: Und wer sollte ihre Arbeit dann tun? Da gab es doch im ganzen Bergland keine einzige Menschenseele, die hätte predigen, Wunden verbinden, Zähne ziehen können! ,,Und überhaupt", schloß sie, ,,wozu ist mein alter Körper denn noch gut? Doch einzig und allein dazu, daß er da, wo's nottut, Gott dient!"

Fünfzehn Jahre später – sie war inzwischen dreiundneunzig Jahre alt – gab sie es nach langem Widerstreben auf, weiterhin ihr Pony zu reiten. Allzu oft war sie aus dem Sattel gefallen. Diensteifrige Dorfbewohner trugen sie nun in einer Hängematte von Ort zu Ort. Zwei Jahre wirkte sie so noch als Missionarin, bis sie endlich im Alter von fünfundneunzig starb. Sie wurde nicht in einem Sarg, sondern – wie es ihr Wunsch gewesen war – in einem gebrauchten Bettlaken begraben. Sie wollte nicht, daß das hier so kostbare Holz für einen Sarg verschwendet würde. Außerdem wollte sie zu verstehen geben, daß ihr Leib wieder zu Erde werde, ihr Geist aber von aller Erdenschwere befreit.

Eine meiner letzten Erinnerungen an sie steht noch immer wie lebendig vor mir: Dort in dem Bergdorf, das sie so sehr liebte, sehe ich sie sitzen auf einer flachen Steinmauer. Von allen Seiten drängen sich die Menschen heran, um ihr zu lauschen, wie sie von Jesus erzählt. Und alle Gesichter hängen an ihr, an Granny Brand, von der sie erfahren haben, was Liebe ist.

Nein, Granny Brand hatte wahrhaftig keinen Spiegel nötig,

jedenfalls keinen aus Glas oder poliertem Chrom. Gottes Güte strahlte aus ihr – und spiegelte sich wider in den tausend Gesichtern ihrer Dörfler.

Willie Long, Mary Verghese und Granny Brand – in diesen drei Menschen sah ich das Bild Gottes am klarsten. Ich will nicht bestreiten, daß auch eine Miss Universum oder ein Olympiasieger Gottes Liebe ausstrahlen kann. Doch ich meine, daß ein solcher Mensch es sehr viel schwerer hat. Talent, Schönheit und Erfolg vertragen sich schlecht mit Selbstlosigkeit und Liebe, so wie Jesus sie von denen verlangt, die sein Bild tragen.

Die Botschaft der Bibel ist eindeutig: ,,Gott hat unseren Körper zu einem Ganzen zusammengefügt und hat dafür gesorgt, daß die geringeren Teile besonders geehrt werden. Denn er wollte, daß es keine Uneinigkeit im Körper gibt, sondern jeder Teil sich um den anderen kümmert" (1. Korinther 12,24–25). Paulus führt hier aus, daß an unserem irdischen Leibe die Organe, die am schwächsten zu sein scheinen, am unentbehrlichsten sind, und die unansehnlichen verlangen ganz besondere Pflege. Ganz ähnlich ist es auch mit dem Leibe Christi. Wenn wir uns als sein Leib zusammenfinden, dann dürfen wir nicht unser eigenes, sondern nur sein ‚Bild' suchen. Und finden werden wir es nicht durch Selbstverwirklichung, sondern nur, wenn wir uns an sein Bild hingeben.

Darum kann ich, Paul Brand, im Alter von rund siebzig Jahren, mit weniger Haaren und mehr Falten, als mir lieb ist, alle Sorge um Gesundheit und Rüstigkeit fahren lassen. Ich brauche mich nicht mehr um das Bild meiner Persönlichkeit zu mühen. Ich bin befreit zu einer herrlichen Abhängigkeit von Gott: Ich darf sein Ebenbild sein!

Gewiß, ich habe damit ein Stück Selbstherrlichkeit verloren, und ich habe nun keine Chance mehr, mein geliebtes Ego hochzupäppeln. Aber daß ich zum Leib Christi gehöre, ist mir Lohn genug. Ich bin – von Gott aus gesehen – aufgenommen in Christus; ,,in Christo", wie Paulus immer wieder sagt. Gott hat aus allen Rassen und Schichten Menschen als Glieder seines Leibes berufen. Da ist kein Grieche und kein Jude mehr, kein Freier und kein Sklave. Ein einfacher Fischer, ein narbengesichtiger Pilot, eine Querschnittsgelähmte, ein altes Weiblein findet da ihren Platz. Wir tragen nun nicht mehr unsere Herrlichkeit vor uns her, sondern allein Gottes Glanz. Das mag ein hoher Preis sein für die Starken, Schönen und Selbstsicheren. Doch für uns alle ist der Lohn derselbe: Gott richtet uns nicht mehr nach dem, was wir sind, sondern nach dem, was Christus für uns getan hat. Gott sieht mich an – wie seinen lieben Sohn.

„Wir alle sehen mit unverhülltem Gesicht die Herrlichkeit des Herrn. Dabei werden wir selbst in das verwandelt, was wir sehen, und bekommen mehr und mehr Anteil an seiner Herrlichkeit. Das bewirkt der Herr durch seinen Geist" (2. Kor. 3,18).

4 Ein Ozean voll Lebenskraft

Die Anfänge meiner ärztlichen Tätigkeit führen zurück in eine düstere Nacht. Es war im Connaught Hospital in Ost-London. Bis zu dieser Nacht hatte ich hartnäckig allem Drängen, Medizin zu studieren, widerstanden. Lange schon hatte meine Familie mich bestürmt, Mediziner zu werden. Ein Onkel hatte sich sogar erboten, alle Kosten des Studiums zu übernehmen. Kurz bevor ich mit der High School fertig wurde, kehrte meine Mutter aus Indien zurück. Ihr erstes war, mit mir über meine Zukunft zu sprechen.

Wir saßen vor einem zischenden Gaskaminfeuer in ihrem Schlafzimmer. Sechs Jahre hatten wir uns nicht gesehen, und nun war ich betroffen über ihr verändertes Aussehen. Zwanzig Jahre im indischen Hinterland hatten alle britische vornehme Gelassenheit ausgelöscht und ihrem Gesicht einen Zug von Verbissenheit eingegraben. Außerdem lag tiefer Kummer auf ihrem Gesicht. Mein Vater war kurz zuvor an Schwarzwasserfieber gestorben. Sie war nun heimgekehrt, gebrochen und auf der Suche nach einer Zuflucht. Es schien mir etwas ausgefallen, so plötzlich mit Mutter, die ich sechs Jahre nicht gesehen hatte, über meine Zukunft zu sprechen.

,,Du weißt", begann sie ruhig, ,,wie sehr dein Vater die ärztliche Tätigkeit in den indischen Bergen geliebt hat. Immer wieder hat er sich gewünscht, ein Doktor zu sein mit richtigem akademischen Grad. Doch er hatte, wie du weißt, nur einen kurzen Lehrgang am Livingstone College absolviert." Sie seufzte. ,,Wenn er voll ausgebildeter Arzt gewesen wäre – wer weiß, vielleicht wäre er dann noch bei uns? Er hätte dann gewußt, wie das Schwarzwasserfieber zu behandeln ist."

In ihren Augen standen Tränen. Sie schluckte sie herunter,

verharrte ein paar Minuten schweigend. Als sie wieder zu reden begann, erzählte sie mir von den neuen Gesetzen in Indien, die es nur noch voll ausgebildeten Ärzten zu praktizieren erlaubten. Dann sah sie mir in die Augen und sagte mit Nachdruck: ,,Paul, dein Vater träumte immer davon, du könntest als Arzt da fortfahren, wo er aufgehört hat."

,,Nein, Mutter!" fiel ich ihr ins Wort. ,,Ich will kein Arzt werden. Ich hasse diesen Beruf und will Architekt werden. Sieh mal, ich kann dann nicht nur Häuser, sondern auch Schulen und sogar Krankenhäuser bauen. Doch auf keinen Fall will ich Arzt werden."

Sie sagte nichts mehr, doch ich spürte, wie sich eine Kluft zwischen uns auftat. Ich murmelte eine Entschuldigung und machte, daß ich fortkam. Ich hatte das unangenehme Gefühl, ihr, meinem Vater und auch diesem großherzigen Onkel wehgetan zu haben. Den wahren Grund, weshalb ich nicht Arzt werden wollte, mochte ich nicht eingestehen: Ich konnte kein Blut und keinen Eiter sehen! Seit meiner Kindheit hatte mich das gequält.

Schon als kleine Kinder hatten meine Schwester und ich an allem teilgenommen, was unsere Eltern taten. Da kamen oft Patienten mit ekligen Vereiterungen, und während Vater die Wunde behandelte, standen wir mit den Binden daneben. Es gab keine Möglichkeit der Betäubung, und so klammerte sich der Patient, während Vater die Eiterbeule aufschnitt und trockenlegte, verzweifelt an den Verwandten, der ihn hergebracht hatte. Meine Schwester wandte, wenn das Messer aufblitzte, ihr Gesicht weg. Doch ich brüstete mich: Jungens haben keine Angst!

Aber tatsächlich hatte ich doch Angst. Und wie! Mir graute vor dem Blut und dem Eiter. Und die Erinnerung an solche Szenen verfolgte mich über die Jahre hinweg. Nein, ich wollte kein Arzt werden. Ich wollte nicht mein Leben lang mit Blut und Eiter zu tun haben.

Fünf Jahre nach diesem unerfreulichen Gespräch mit Mutter fand ich mich ganz unerwartet in Connaught, in einem kleinen Hospital im Londoner Osten, wieder. Ich hatte inzwischen meinen Plan, Baumeister zu werden, durchgeführt und eine Ausbildung als Zimmermann, Maurer und Maler hinter mir. In Abendkursen hatte ich mir die theoretischen Kenntnisse über Konstruktion und Statik erworben. Nun fieberte ich danach, in Indien mein Handwerk praktisch auszuüben. Die Missionsgesellschaft wies mich zunächst in das Livingstone College ein, wo bereits mein Vater seinen Kurs in Tropenhygiene absolviert hatte. Dann wurde ich in ein kleines Bezirkshospital überwiesen, um dort in den Krankenstuben Dienst zu tun und die Grundlagen von Diagnose und Krankenpflege zu erlernen.

Und dort, bei meinem Dienst in Connaught, geschah es, daß sich meine Einstellung zur Medizin total veränderte. Eines Nachts wurde das Opfer eines schweren Verkehrsunfalls in meine Abteilung eingeliefert, eine bildschöne junge Frau. Der starke Blutverlut hatte ihrer Haut eine unirdische Blässe verliehen, zu der ihr brünettes Haar einen scharfen Kontrast bildete. Infolge Sauerstoffmangels im Gehirn hatte sie das Bewußtsein verloren. Bei unserem Personal lief alles genau nach Einsatzplan ab. Eine Schwester eilte, Blutkonserven zu holen, ein Arzt machte derweilen schon den Transfusionsapparat fertig. Ein anderer sah mich in meinem weißen Umhang und warf mir eine Armmanschette zu. Ein Glück, daß ich wenigstens schon gelernt hatte, den Puls zu zählen und Blutdruck zu messen. Doch ich konnte auch nicht den geringsten Puls am feuchtkalten Handgelenk der jungen Frau entdecken.

Im grellen Licht der OP-Lampen sah sie wie eine Wachs-Madonna aus, wie eine jener Alabasterheiligen in unseren Kathedralen. Sogar ihre Lippen waren weiß. Und als der Arzt mit dem Stethoskop ihre Brust abhörte, bemerkte ich, daß auch ihre Brustwarzen völlig farblos waren. Kein Atem war zu spüren. Ich war mir sicher: Die junge Frau war tot.

Die Schwester kam mit der Blutkonserve, während der Doktor eine Sonde in die Armvene der Frau einführte. Dann befestigten sie die Konserve so hoch wie nur möglich an dem Gestell und verbanden sie durch einen langen Schlauch mit der Injektionsnadel. Auf diese Weise wurde das Blut unter erhöhtem Druck in die Adern der Patientin gepreßt. „Paß auf, ob das Gefäß sich gleichmäßig leert!" Damit stürzten sie davon, weitere Blutkonserven heranzuschaffen.

Noch heute sehe ich die Szene lebhaft vor mir: Da sitze ich nun, allein, meine Hand auf dem Puls der Verunglückten. Und plötzlich, ganz plötzlich, fühle ich da so etwas wie eine ganz leichte Bewegung, einen ganz feinen Pulsschlag! Oder hatte ich mich getäuscht? War es mein eigener Puls gewesen? Ich fühlte nochmals hin, nein, es war da: ein ganz feiner, kaum fühlbarer Puls! Eine neue Konserve war eben angekommen und wurde in fliegender Eile angeschlossen. Die Haut der jungen Frau bekam wieder Farbe. Erst war es nur ein winziger Fleck auf ihrem Kinn, doch es breitete sich aus, breitete sich aus. Ihre Lippen färbten sich rosa, dann rot. Und durch ihren Körper ging ein leichtes Schauern, ein erster Atemzug.

Nun begannen ihre Lider zu zittern, öffneten sich. Sie blinzelte, ihre Pupillen waren – wegen des grellen Lichtes – ganz klein. Doch nun sah sie mich an, ihre Lippen formten ein Wort: ,,Wasser!"

Die Begegnung mit jener jungen Frau dauerte höchstens eine Stunde. Doch in dieser Stunde wurde ich ein völlig anderer. Ich hatte ein Wunder erlebt: Eine Tote war zum Leben erwacht! Ich hatte den Augenblick miterlebt, als Gott sich zu Eva beugt und ihr seinen Odem einhaucht.

Und dieses Wunder hatte Blut vollbracht.

Ich nahm das leergelaufene Gefäß vom Gestell. Am Rande war an einem dunklen Streifen noch zu erkennen, wie hoch es mit Blut gefüllt gewesen war. Ein Gedanke schoß mir durch den Kopf: Wer hatte dieses Blut gespendet? In unserer Registratur stellte ich fest, daß der Spender in Seven Kings, Essex, lebte. Ein Städtchen, in dem ich schon für eine Baufirma gearbeitet hatte. Vor meinen geschlossenen Augen tauchte einer der Bauarbeiter auf, in seinem ‚Blaumann'. In diesem Augenblick stieg er vielleicht die Leiter hinauf oder schwang die Maurerkelle, erhitzt und verschwitzt. Doch von der jungen Frau, die eben durch sein Blut ins Leben zurückgerufen war, ahnte er nichts.

Mein Ausbildungsjahr am Livingstone College ging zu Ende. Ich aber war jetzt in die Medizin ‚unheilbar verliebt'. Bald danach sattelte ich um, nahm das Angebot meines Onkels an und begann, Medizin zu studieren.

Die Erinnerung an verströmendes Blut hatte mich einst von

der Medizin abgestoßen; die Kraft gespendeten Blutes führte mich am Ende in die Arme der ärztlichen Wissenschaft.

Uns kommt Blut meist erst dann ins Bewußtsein, wenn wir es verlieren: im rotgefärbten Urin, beim Nasenbluten oder wenn es aus einer offenen Wunde fließt. Dann schlagen wir Alarm. An jene entscheidende Aufgabe des Blutes – wie ich sie damals im Connaught Hospital erlebte – denken wir sonst nicht: daß es unser Leben zu jeder Zeit erhält. Ein Fünfjähriger betrachtete staunend sein aufgeschlagenes Knie, aus dem das Blut tropfte. Dann fragte er: ,,Und was tut mein Blut sonst den ganzen Tag?"

Ich will die Antwort mit einem Bilde geben: Stellen Sie sich ein ungeheures Röhrensystem vor, das sich vom Norden Kanadas bis hinunter zum Amazonas zieht, dann auf dem Boden des Atlantik von Insel zu Insel hinüber nach Afrika. Quer durch den dunklen Kontinent nach Ägypten, wo es sich gabelt, ein Arm hinauf nach Europa und Rußland, der andere über den Orient nach Asien. Eine Pipeline also, die den ganzen Erdball umfaßt und jeden einzelnen Menschen erreicht. Und in diesem Röhrensystem fließt ein ununterbrochener Strom aller Schätze der Erde: Südfrüchte und landwirtschaftliche Produkte aller Erdteile; Uhren, Rechner und Kameras; Erze und Mineralien; Kleider aller Größen und Sorten. Kurz und gut: alles, was sich in den Angeboten unserer großen Warenhäuser nur antreffen läßt. Vier Milliarden Menschen haben dazu Zugang. Sie greifen sich heraus, was sie brauchen. Es ist alles, alles verfügbar.

Genauso eine Pipeline existiert in jedem von uns. Sie versorgt aber nicht nur vier Milliarden, sondern ein paar hundert Billionen von Zellen unseres Körpers. Ein nicht abreißender Strom von Sauerstoff, Aminosäuren, Nitrogen, Natrium, Kalium, Kalzium, Magnesium, Zucker, Fetten, Cholosterol und Hormonen versorgt so unsere Zellen.

Auf derselben Pipeline werden auch die Abfallprodukte der Zellen abtransportiert, Gase wie abgebaute Chemikalien. Um die Sache so rationell wie möglich zu halten, wird das alles in einer wässerigen Lösung transportiert. Fünf bis sechs Liter dieser Allzweckflüssigkeit reichen dabei aus, die hundert Billionen Zellen zu versorgen.

Frisches Blut erscheint als eine gleichförmige, sirupartige Substanz von Hell- bis Dunkelrot. Ein einfaches Experiment zeigt schon, daß unser Blut aus recht verschiedenen Bestandteilen zusammengesetzt ist. Schütte ein wenig frisches Blut in ein Glas und warte ab, was geschieht. Bald zeigen sich waagerechte Streifen verschiedener Färbung, weil sich die Zellen, je nach ihrem Gewicht, absetzen. Am Ende sieht das wie ein exotischer Cocktail aus: auf dem Grund zusammengeklumpt die schwereren roten Blutzellen; oben drauf, als eine gelbe Flüssigkeit, das Plasma; und dazwischen, als eine graue Schicht, Blutplättchen und weiße Zellen. Und nun richten wir ein Mikroskop auf einen Tropfen Blut. Eine phantastische Wirklichkeit enthüllt sich vor unseren Augen. Auf einem Fleckchen so groß wie dieses o drängen sich 5 000 000 rote Blutkörperchen, 300 000 Blutplättchen und 7000 weiße Zellen. Ein Ozean voller Leben!

Auf die roten und weißen Zellen werden wir noch zu sprechen kommen. Hier an dieser Stelle möchte ich nur auf die Blutplättchen hinweisen. Ohne sie kann der Körper nicht leben. Bis vor kurzem kannte man ihre Bedeutung nicht. Erst vor gar nicht langer Zeit erkannte man, daß diese Blutplättchen, die eine Lebensdauer von nur 6 bis 12 Tagen haben, die entscheidende Rolle bei der Blutgerinnung spielen. Gibt es irgendwo ein Leck, dann rücken sie als Erste-Hilfe-Trupp an, stopfen es und beseitigen die Trümmer.

Wird ein Blutgefäß verletzt, so verschmelzen die dünnen Plättchen wie winzige Schneeflöckchen und bilden ein feines Gewebe, feiner noch als Altweibersommer. In ihm fangen sich nun die roten Blutkörperchen, genau wie Autos bei einem großen Auffahrunfall. Im Nu ist die Straße voll blockiert, die Wunde verstopft, kein Blut fließt mehr.

Die Blutplättchen müssen sehr exakt arbeiten und dürfen sich keinen Irrtum leisten. Wird die Gerinnung zu stark betrieben, dann verstopft die Ader. Das kann zu einer Thrombose, im schlimmsten Fall zu einem Herzinfarkt führen. Umgekehrt gibt es Menschen, bei denen die Gerinnungsfähigkeit des Blutes eingeschränkt ist. Diese ‚Bluter' schweben in steter Lebensgefahr. Die kleinste Wunde kann für sie tödlich sein. Die Blutplättchen müssen also, um den Körper vor Schaden zu bewahren, genau im richtigen Maß die Gerinnung herbeiführen.

Ein geradezu irrsinniger Betrieb, der sich da in unseren Adern abspielt, ein Verkehrsaufkommen wie zur Zeit des Berufsverkehrs. So eine rote Blutzelle kommt auch nicht einen Augenblick zur Ruhe. Vom Herzen aus zuerst ein kurzer Abstecher in die Lunge, wo Sauerstoff aufgetankt wird. Rasch noch einmal zurück zum Herzen, aber gleich von da aus weitergepumpt in die Aorta, die große, vollausgebaute Autobahn. Von da aus – Tempo, Tempo! – mit den Milliarden anderen hinein in die Abzweigungen zu den einzelnen Gliedmaßen, den lebenswichtigen inneren Organen und dem Gehirn.

Ein Straßennetz von mehr als sechzigtausend Meilen verbindet so alle Zellen unseres Körpers. Von breiten Autobahnen über Zubringer und Einbahnstraßen hinunter bis zu Radfahrwegen und Fußsteigen. Und am Ende müssen sich die roten Blutkörperchen durch die Kapillaren zwängen, Engstellen von einem Zehntel Durchmesser eines Haares. In so beengten Verhältnissen laden die roten Zellen Sauerstoff und Nährstoffe ab und übernehmen dafür als Rückladung Kohlendioxid und Harnsäure. Und nun geht es ab zu den Nieren, in denen die große Wäsche stattfindet. Ist das geschafft, dann wird in der Lunge frisch aufgetankt, und das Ganze nimmt erneut seinen Lauf.

Man kann einen Tag oder auch zwei ohne Wasser leben. Ohne Essen hält man es sogar ein paar Wochen aus. Doch ohne Sauerstoff geht nichts! Ohne diesen wichtigsten Stoff ist es mit unseren hundert Billionen Zellen in wenigen Minuten aus. Bei harter Arbeit, wenn die Zellen nach Sauerstoff schreien, kann der Blutkreislauf um ein Mehrfaches gesteigert werden. Auch vermag der Körper die Zahl der roten Blutkörperchen drastisch zu erhöhen. Ein paar Monate Aufenthalt in dünner Höhenluft, und prompt ist die Zahl der roten Blutzellen auf rund zehn Millionen in einem einzigen Tropfen angewachsen.

Die rasante Rundreise einer Blutzelle dauert, selbst wenn sie hinab bis zur großen Zehe führt, knapp zwanzig Sekunden.

Und im Durchschnitt schafft so eine rote Zelle diese Rundfahrt von Aufladen, Abladen und Weiterjagen im Laufe von vier Monaten etwa eine halbe Million Mal. Und zu guter Letzt wird die völlig ausgelaugte Zelle von den Straßenkehrerzellen verzehrt und im Recycling-Verfahren neuer Verwendung zugeführt. Jeden Tag widerfährt dieses Schicksal dreihundert Milliarden roter Blutzellen.

Sobald dieses großartige Zusammenspiel auch nur an einer einzigen Stelle zusammenbricht, ist es mit uns aus. Das Gehirn, der Chef des Ganzen, kann ohne Sauerstoffnachfuhr nur ganze fünf Minuten ohne Dauerschaden überstehen.

So war das einmal: Ich schrak vor Blut zurück. Es verdarb mir die ärztliche Arbeit. Heute aber singe ich meinem Blut ein begeistertes Loblied!

5 Im Blut ist das Leben

Geschichte und Mythologie sind mit Blut geschrieben. Die Odyssee berichtet, daß die Geister der Toten wieder lebendig wurden, wenn sie Blut tranken. Römische Epileptiker stürzten ins Colosseum, um das Blut sterbender Gladiatoren zu trinken. Und die Massai in Ostafrika feiern noch heute ihre Feste mit dem Blut von Kühen oder Ziegen.

Blut spielt im Denken der Menschen eine geheimnisvolle, fast sakrale Rolle. Ein heiliger Eid gilt mehr als das bloße Wort eines Mannes, doch erst Blut macht einen Eidbruch geradezu undenkbar. Unsere Altvordern genierten sich nicht, mit solchen Vorstellungen ernst zu machen, sie ritzten sich die Haut auf und vermischten ihr Blut mit dem des Vertragspartners.

Auch in uns lebt noch etwas von diesen uralten Vorstellungen. Mit dem Spiel ‚Blutsbrüderschaft' versichern sich Kinder auf feierliche, wenn auch nicht gerade appetitliche Art ihre unverbrüchliche Treue. Und selbst wir Großen wiederholen unbewußt solche Fehldeutungen, indem wir von rein- oder mischblütig reden, von Blutsverwandtschaft, von Heiß- oder Kaltblütigkeit. Solchem Reden liegt doch die längst überwundene Vorstellung zugrunde, das Blut sei der Träger unserer Erbanlagen und unserer Wesensart.

Kein Wunder, daß Blut in allen primitiven Religionen eine große Rolle gespielt hat. Alle wichtigen Entscheidungen wurden da mit einem Blutopfer besiegelt.

Was ich jetzt sage, mag manchem von uns peinlich klingen: Auch im Christentum spielt das Blut eine wichtige Rolle. Von den vielen Beispielen, die das Alte Testament nennt, will ich nur an das Passahlamm erinnern. Im Neuen Testament taucht dieses Motiv im ‚Lamm' Christus wieder auf. Und auch wir gedenken des Opfertodes Christi, indem wir in der Gestalt von Wein sein Blut trinken.

Blut ist nun einmal ‚ein besonderer Saft', verständlich, daß ihm darum auch eine besondere symbolische Bedeutung zukommt. Je mehr wir über die Eigenschaften des in unserem Körper kreisenden Blutes wissen, desto besser werden wir auch seine zeichenhafte Bedeutung ermessen können. Es war, wie ich schon erzählt habe, die im Blut liegende Lebenskraft, die mich veranlaßte, umzusatteln und Arzt zu werden. Und mit diesem ganz besonderen Saft, den ich Tag für Tag von meinen Gummihandschuhen wasche, wollen wir uns jetzt beschäftigen.

Für jeden, der sich als Arzt betätigt, ist Blut zunächst einmal gleichbedeutend mit Leben. Sooft ich das Skalpell zur Hand nehme, befällt mich so etwas wie Ehrfurcht vor diesem Lebenssaft Blut. Während jeder Operation muß ich die Blutung unter Kontrolle behalten. Auch die kleinste Bewegung des Skalpells ruft schon Blutungen hervor. Meist kommen sie aus einigen der Abermillionen feinster Haargefäße. Dann brauche ich sie nicht zu beachten, weil sie sich von selbst wieder schließen werden. Doch sobald helles Arterienblut erscheint, muß ich sofort zur Aderklemme greifen oder die Ader mit dem Thermokauter veröden. Tritt dunkles Blut hervor, so ist eine Vene angeschnitten. Dann muß ich doppelt aufmerksam sein. Die Verletzung einer Vene ist darum so gefährlich, weil die Vene sich nicht – wie die Arterie – aus eigener Kraft selbst verschließen kann. Aus gutem Grund zeichne ich mir deshalb vor jedem Schnitt, den ich ansetze, die Blutgefäße besonders an. Dann werden sie zweifach abgeklemmt, so daß ich sie, ohne daß es blutet, zwischen den Klammern durchschneiden kann.

Trotz aller Vorsorge kann es gelegentlich doch zu schweren Blutungen kommen. Eine falsche Entscheidung oder eine unsichere Handbewegung, und schon ist eine Ader angeschnitten, das Blut strömt. Es staut sich in der Bauchhöhle oder im Brustraum; völlig unmöglich, jetzt noch zu sehen, wo die Verletzung sich befindet. Bis an die Handgelenke im Blut sucht der Chirurg herum, schreit nach dem Absauger und Gaze. Fehlte nur noch, daß der Sauger verstopft ist oder das Licht ausgeht. Jeder Chirurg erlebt früher oder später einmal eine solche Situation.

Ich sehe immer noch das schreckensstarre Gesicht eines meiner Londoner Assistenten vor mir, als ihm so etwas widerfuhr. Er hatte in unserer Ambulanz an einer Frau einen einfachen Routineeingriff vorzunehmen, einen kleinen Lymphknoten aus ihrem Nacken herauszuschneiden, der zur Gewebeuntersuchung geschickt werden sollte. Wie gesagt, ein kleiner Eingriff nur, der unter örtlicher Betäubung vorgenommen wurde. Ich arbeitete im angrenzenden Raum, als plötzlich eine Schwester die Tür aufriß. Sie war über und über mit Blut bespritzt und schrie: ,,Schnell, Doktor, schnell!" Ich stürzte hinüber, sah, wie der junge Kollege leichenblaß an der Patientin herumhantierte, aus deren Nacken das Blut sprang.

Ein Glück, daß ich einen Lehrmeister gehabt hatte, der es mir eingepaukt hatte, wie man in solchen Situationen reagieren muß. Ich sprang zu der Frau, riß alle Instrumente von der Wunde, umfaßte ihren Nacken und preßte meinen Daumen auf die Wunde. Als mein Daumen die Stelle, an der die Ader verletzt war, gefunden hatte, versiegte der Blutstrom. Ich verharrte in dieser Position, bis die Frau sich so weit beruhigt hatte, daß die Betäubung erneuert werden konnte. Dann wurde das verletzte Blutgefäß abgebunden.

Ich erfuhr, daß der junge Internist ganz gezielt versucht hatte, den Lymphknoten so herauszuschälen, daß nichts von ihm im umgebenden Gewebe zurückblieb. Bei diesem Unternehmen hatte er unabsichtlich einen Seitenast der Halsader angeschnitten.

Es ist nicht zu vermeiden, daß so etwas von Zeit zu Zeit vorkommt. Doch jedesmal, wenn es geschieht, sieht sich der Arzt vor die Frage gestellt: Darf ich weiterhin Chirurg bleiben? Oder sollte ich besser in ein anderes medizinisches Fach überwechseln, in dem mir derartige Situationen erspart bleiben? Ehrlich: Wenn er in Panik geriet, dann sollte er umsatteln.

Mein Londoner Lehrmeister – er führte den anspruchsvollen Namen Sir Launcelot Barringten-Ward – hatte es uns Studenten eingebleut, was in solchen Extremfällen zu tun war. Sir Launcelot war Leibarzt der königlichen Familie. Als sein Assistent erlebte ich es immer wieder, wie er neue Studenten fragte: ,,Welches ist im Falle einer starken Blutung Ihr vorzüglichstes Instrument?" Gewöhnlich schlugen die Neuen alle möglichen Instrumente vor. Doch Sir Launcelot schüttelte allemal den Kopf. Für ihn gab es nur eine einzige richtige Antwort: ,,Ihr Daumen, mein Lieber!" Und er erklärte auch gleich, warum: ,,Ihr Daumen ist allezeit verfügbar. Jeder Chirurg hat einen – sozusagen zur Reserve auch noch einen zweiten! Und außerdem ist der Daumen eine außerordentlich kräftige, zugleich aber auch anpassungsfähige Kompresse."

Dann pflegte er weiter zu fragen: ,,Wer ist während einer Blutung Ihr größter Feind?" Antwort: ,,Die Zeit!" Dritte Frage dann: ,,Und wer Ihr bester Freund?" Und wieder hieß die richtige Antwort: ,,Die Zeit, Sir!"

Ja, das hatte Sir Launcelot uns eingebleut: Solange Blut fließt, ist die Zeit unser Gegner. Mit jeder Sekunde entflieht mit dem Blut auch das Leben. Bis – nichts mehr geht! Dann greift die Panik nach uns, wir grabschen aufgeregt nach Blutgefäßen, hantieren mit Aderklemmen – und machen alles nur noch schlimmer.

Umgekehrt aber: Habe ich meinen Daumen auf der verletzten Stelle, dann wird die Zeit mein Bundesgenosse. Jetzt eilt es nicht mehr. Ich kann in Ruhe überlegen, was als nächstes zu tun ist. Denn der Körper ist derweilen schon dabei, sich selber zu helfen; das Blut gerinnt, die Verletzung beginnt sich zu schließen. In aller Ruhe können eine Blutübertragung vorbereitet oder Spezialinstrumente herbeigeschafft werden. Ist schließlich alles vorbereitet, dann kann ich vorsichtig meinen Daumen von der verletzten Ader nehmen, während meine andere Hand und meine Assistenten bereitstehen, notfalls einzugreifen. Doch meist ist das nicht mehr nötig. Der Blutstrom ist versiegt.

In solchen Augenblicken – noch unter dem Eindruck des durch die Krise hervorgerufenen Adrenalinstoßes – fühle ich fast so etwas wie eine erhabene Begeisterung. Ich fühle mich eins mit den Millionen lebender Zellen, die da in der blutenden Wunde um das Überleben kämpfen. Ich stelle fest, daß – so unglaublich sich das anhören mag – mein Daumen den Tod von diesem Patienten abgewehrt hat. Jeder Chirurg, der so etwas in der mit Hochspannung geladenen Atmosphäre des Operationsraums erlebt hat, weiß: Im Blut ist das Leben. Blut und Leben sind untrennbar. Verlierst du das eine, ist auch das andere dahin.

Liegt auch für uns Christen im Blut das Leben? Es hat ohne Frage eine Zeit gegeben, in der man das Blut nur als Symbol des Todes sah. Da wird in alten Predigten das Bild Christi am Kreuz beschworen: wie das Blut aus seinen Wunden strömt, das Leben entweicht.

Ich meine, wir Christen sollten nicht so viel über das Blut Christi reden, das am Kreuz vergossen wurde, sondern viel mehr von dem Blut des Lebens, das er uns spendet!

Ich sagte schon: Medizinisch gesehen ist Blut nicht das Zeichen des Todes, sondern des Lebens. Sollte es in unserem Christenglauben anders sein? Befragen wir doch die Bibel! 1. Mose 4,10 sagt Gott zu Kain: ,,Hörst du nicht, wie das Blut deines Bruders von der Erde zu mir schreit . . .?" Vergossenes Blut verkündet Tod. Doch mit dieser Vorstellung kreuzte sich im Alten Testament ein anderer Gedanke: ,,Im Blut ist das Leben" (3. Mose 17,11). Daraus folgt dann: ,,Ich habe bestimmt, daß alles Blut zum Altar gebracht wird, um Schuld zu sühnen. Weil im Blut das Leben ist, schafft es Sühne für verwirktes Leben." Das Blut gehört – wie das Leben – Gott. Daraus ergibt sich: ,,Niemand von euch darf Blut essen" (3. Mose 17,12). Aus diesem Verbot ergaben sich die in frommen jüdischen Kreisen bis heute geltenden ,Koscher'-Vorschriften. Das zum Verzehr kommende Fleisch muß völlig ausgeblutet sein. Dieses Verbot des Blutgenusses war den Juden so tief eingewurzelt, daß selbst die Apostel es den jungen Christengemeinden verbindlich auferlegten (Apostelgesch. 15,29).

Wenn wir uns diesen historischen Hintergrund vor Augen halten, verstehen wir, welchen Schock es jedem frommen Juden versetzt haben muß, als Jesus verkündete: ,,Täuscht euch nicht! Ihr habt keinen Anteil am Leben, wenn ihr den Leib des Menschensohns nicht eßt und sein Blut nicht trinkt. Wer meinen Leib ißt und mein Blut trinkt, der hat das Leben für immer, und ich werde ihn am letzten Tage zum Leben erwekken. Denn mein Leib ist die wahre Nahrung, und mein Blut ist der wahre Trank. Wer meinen Leib ißt und mein Blut trinkt, der lebt in mir und ich in ihm" (Johannes 6,53–56).

Die Verkündigung handfester Unsterblichkeit hätte seine Jünger kaum so erschüttert. Doch diese Worte vom Trinken seines Blutes führten einen völligen Umschwung der öffentlichen Meinung herbei. Eben noch – nach der Speisung der Fünftausend – hatte alle Welt ihm zugejubelt. Doch jetzt kehrten sie ihm den Rücken. Sogar die Tausende, die ihm rund um den See Genezareth gefolgt waren, um ihn zum König auszurufen, machten sich still aus dem Staube. Viele seiner Getreuen verließen ihn, seine eigenen Brüder erklärten ihn für unnormal. ,,Was er da redet, geht zu weit! So etwas kann man nicht mit anhören!" (Joh. 6,60)

Dieses Trinken seines Blutes war für Juden unerhört, verstieß gegen uralte Überlieferung, war gegen das Gesetz. Wirklich, das ging zu weit!

Jesus hatte dabei nicht die Absicht gehabt, ihre Gefühle zu beleidigen. Ihm ging es darum, den altgewohnten Sinngehalt des Symbols ‚Blut' radikal zu verändern. Zu Noah (1. Mose 9,4) war noch gesagt worden: ,,Nur Fleisch, in dem noch Blut ist, sollt ihr nicht essen; denn im Blut ist das Leben." Jesus sagt es genau anders herum: Mein Blut ist das Leben; also trinkt es! Eins scheint mir klar: Jesus hat das heilige Abendmahl nicht nur eingesetzt, damit wir an sein in weiter Vergangenheit liegendes Leiden denken, sondern vor allem dazu, daß wir mit seinem uns heute ganz gegenwärtigen Leben rechnen. Weil er auferstanden ist und lebt, sollen auch wir leben. So empfangen wir ‚unter Brot und Wein' von ihm das Leben. Wenn wir das Abendmahl feiern, dann denken wir zurück an jene Nacht, ,,da er verraten ward". Da sagte er zu den verängstigten Jüngern: ,,Trinkt alle daraus; das ist mein Blut, das für alle Menschen vergossen wird zur Vergebung ihrer Schuld. Mit ihm wird der Bund besiegelt, den Gott jetzt mit den Menschen schließt" (Matthäus 26,28). In der Gestalt von Wein bot er ihnen sein Blut. Hier wird Blut nicht mehr vergossen, hier wird Blut gespendet. Er spendet sein Blut, und wir verleiben es uns ein.

Gerade aus der niedergedrückten Stimmung jener letzten Nacht steigt das Bild des Lebens empor. Es stimmt einfach nicht, daß Blut nur für den Arzt das Leben bedeutet, für den Christen aber Symbol des Todes sei. Nein, wir treten als Christen zum Tisch des Herrn, um an seinem Leben teilzuhaben! Christus ist wahrhaftig nicht dazu auf die Welt gekommen, um uns weise Lebensregeln zu schenken. Er gab uns sich selbst, und damit gab er uns das Leben. Ewiges Leben: das ist nicht irgendetwas Ungreifbares da in einer höheren Welt; es ist jetzt in uns, durchdringt und erfüllt uns, genau wie unser Blut.

In seinem Buch *Early Christian Worship* (Der frühchristliche Gottesdienst) bietet Oscar Cullmann eine neuartige Auslegung jenes ‚ersten Zeichens‘, das Jesus in Kana setzte. Da verwandelt Jesus auf einer Hochzeit Wasser in Wein (Johannes 2,1–11). Cullmann meint, dieses ‚Zeichen‘ (Vers 11) habe – wie viele andere im Johannes-Evangelium – einen tieferen Sinn. Das Wort Jesu ,,Meine Zeit ist noch nicht da" verweise auf den Neuen Gottesbund, den Christus schließen wird. Und so, wie das ‚Brot‘ im sechsten Kapitel des Johannes-Evangeliums auf das Brot im Abendmahl verweise, so deute hier in Johannes 2 der Wein auf das Abendmahl hin.

Da ich Arzt bin, muß ich es den Theologen überlassen, Cullmanns Deutungsversuch zu beurteilen. Falls sie ihm zustimmen sollten, ergäbe sich ein neuer Aspekt dieses ‚Zeichens‘: Wir sitzen am Tisch des Herrn wie an einer Hochzeitstafel. Im Hintergrund zärtliche Musik, Gäste lachen, Geschirr klirrt, fröhliche Gespräche flattern auf: Zwei Familien finden zueinander!

Natürlich begehen wir die Eucharistie in Erinnerung an das Leiden und Sterben Christi. Aber es ist zugleich ein Hoch auf das Leben, ein Toast auf den, der den Tod bezwungen und uns das Leben wiedergebracht hat!

6 Reiner als der Weiße Riese

Ich schlage meinen Mantelkragen hoch und neige mein Gesicht gegen den naßkalten Wind. Schnee ist gerade dabei, die Londoner City in eine Postkarten-Idylle zu verzaubern. An einer verlassenen Nebenstraße verhalte ich unter einer altmodischen Laterne den Schritt und blicke auf. Schneeflocken rieseln wie ein ununterbrochener Schauer von Funken hernieder, breiten eine weißschimmernde Decke über Schlaglöcher, Rinnsteine, parkende Wagen und den Gehsteig.

Plötzlich höre ich von irgendwoher Musik, gedämpfte Trompetenklänge und menschliche Stimmen. In einer Nacht wie dieser? Ich gehe den Tönen nach, mit jedem Schritt wird die Musik lauter. Ich biege um eine Ecke und sehe, was los ist: Die Heilsarmee musiziert! Ein Mann bläst Posaune, eine Frau Trompete. Ich schaudere, als ich mir vorstelle, wie eiskalt sich das Mundstück gegen die Lippen preßt. Drei andere, anscheinend neue ‚Rekruten', singen mit Hingabe einen Choral dazu.

Die Zuhörerschaft besteht aus zwei Personen: einem Trunkenbold, der sich am Geländer eines Treppeneingangs festhält, und einem Geschäftsmann, der an der Straßenecke steht und angelegentlich auf seine Taschenuhr blickt.

Jetzt singen die drei von der Heilsarmee:
,,Ich weiß einen Quell gefüllt mit Blut,
er springt aus Gottes Schoß.
Und Sünder, die benetzt die Flut,
sind alle Schuld jetzt los."

Ich kann mich eines Lächelns nicht erwehren. Ich komme gerade aus dem Krankenhaus, wo richtiges Blut gespendet wurde für Blutkonserven, verstehe andererseits auch, was da in dem frommen Lied gemeint ist. Doch diese beiden Zuhörer hier, die nur halb bei der Sache sind: Was mögen die sich wohl bei diesem Choral vorstellen? ,,Gewaschen im Blute des Lammes"? Das muß doch einem modernen Menschen so abwegig vorkommen wie ein blutiges Tieropfer dort irgendwo im Hinterland von Neuguinea.

Allein schon diese Redewendung ,,im Blut gewaschen"! Das ist doch überhaupt nicht vorzustellen, daß man etwas in Blut waschen und sauber bekommen kann. Mit Wasser, Seife und Waschmitteln zwingen wir das Grau heraus. Aber mit Blut? Damit bringen wir nur rostfarbene Schmutzflecken hinein. Nein, Blut ist nicht zum Waschen da, Blut ist nur zum Abwaschen da, genau gesagt: zum Abgewaschenwerden!

Was, um Himmels willen, kann denn da der Choraldichter gemeint haben, wenn er vom Waschen ‚mit' Blut spricht? Nun, schon in den ältesten Büchern der Bibel ist von der reinigenden Kraft des Blutes die Rede. 3. Mose 14 etwa wird beschrieben, wie das Blut des Opfertieres den vom Aussatz Genesenen wieder rein macht. Und ein Haus, das von einer Seuche infiziert war, wird durch Blutbesprengen wieder rein. Im Neuen Testament geht es dann nur noch um das Blut Christi. ,,Das Blut, das Jesus für uns vergossen hat, befreit uns von jeder Schuld" (1. Johannes 1,7). Und im Buch der Offenbarung heißt es von denen, die alles überstanden haben: ,,Sie haben ihre Kleider im Blut des Lammes weißgewaschen" (Offb. 7,14).

Eine überholte Vorstellung? Keineswegs. Die moderne ärztliche Wissenschaft hat gezeigt, daß die Vorstellung von der reinigenden Kraft des Blutes durchaus mit der Wirklichkeit vereinbar ist. Natürlich hatten die Autoren der Bibel keine Ahnung, welche Wirklichkeit hinter ihrer Gleichnisrede vom Blut, das rein macht, steht. Doch es hat nun einmal Gott gefallen, sich ein Symbol, ein Zeichen, zu erwählen, das genau dem entspricht, was in unserem Körper vorgeht.

Wenn Sie sich eine rechte Vorstellung von der reinigenden Kraft des Blutes machen wollen, dann schlage ich ein ganz einfaches Experiment vor. Nehmen Sie eine Manschette, wie sie zum Messen des Blutdrucks üblich ist, und legen Sie diese um ihren Arm. Und nun pumpen Sie die Kompresse bis zu einem Quecksilberdruck von 200 mm auf. Das reicht aus, den Blutkreislauf in Ihrem Arm zu stoppen. Zunächst haben Sie nur so ein unangenehmes Gefühl in dem abgesperrten Unterarm. Doch jetzt kommen wir zu dem entscheidenden Teil des Versuchs: Üben Sie mit diesem abgebundenen Arm irgendeine leichte Arbeit aus. Spreizen Sie die Finger und schließen Sie sie wieder zur Faust, zehnmal hintereinander. Oder versuchen Sie, mit einem Hammer einen Nagel in die Wand zu schlagen. Anfangs scheint alles normal. Doch sehr bald fühlen Sie, wie Ihre Muskeln schlapp werden. Und dann – fast ohne Vorwarnung – jagt ein jäher Schmerz durch Ihren Arm. Ein regelrechter Muskelkrampf! Nun gut, Sie beißen die Zähne zusammen und machen weiter, obwohl Sie am liebsten schreien möchten. Aus! Es geht nicht mehr, die Schmerzen werden zu stark.

Sie lassen rasch die Luft aus der Manschette, das Blut strömt wieder in den schmerzenden Arm, ein heißes Gefühl der Erleichterung durchströmt Ihre Muskeln. Der Krampf ist weg, die Schmerzen dahin.

Was zeigt dieser Versuch? Ihre Muskeln haben bei der Arbeit, die sie leisten mußten, Sauerstoff verbrannt und dabei zugleich Abfallprodukte erzeugt, die normalerweise sofort vom Blut abtransportiert werden. Da nun das Blut abgesperrt war, haben sich diese Abfallstoffe in den Zellen der Muskeln angesammelt. Und so kam es, daß Sie schon nach wenigen Minuten wegen der zurückgehaltenen Gifte heftige Schmerzen empfanden.

Wirklich, ein ausgezeichneter Versuch, um aufzuzeigen, wie nötig die reinigende Kraft des Blutes ist.

Der Körper erledigt solche Hausmeisterdienste derart schnell und nachdrücklich, daß ich sie wenigstens in Kürze alle aufzählen möchte. Während ich diese körperlichen Reinigungsprozesse in aller Eile durchgehe, behalten Sie bitte das theologische Bild von der reinigenden Kraft des Blutes im Hinterkopf.

Es gibt keine Zelle, die weiter als Haaresbreite von einem Kapillargefäß entfernt liegt. Nur so kann vermieden werden, daß sich giftige Abfallstoffe in der Zelle anhäufen und jene Krankheitserscheinungen hervorrufen, die wir in unerem Versuch mit der Aderpresse feststellten. Mit Hilfe einer Gasdiffusion verstehen es die in einem Haargefäß dahindriftenden roten Blutzellen, ihren frisch aufgetankten Sauerstoff abzugeben und gleichzeitig die Abfallprodukte wie Kohlendioxid, Harnstoff und anderes aufzunehmen. Sodann transportieren die roten Blutzellen diese Abfallstoffe zu den Organen weiter, die sie aus dem Körper auszuscheiden vermögen.

Da wird aus den Lungen Kohlendioxid in winzigen Paketchen mit jedem Atemzug ausgestoßen. Monitore des Körpers steuern die Atmung und passen sie dem jeweiligen Bedarf an. Wenn ich etwa beim Treppensteigen mehr Energie verbrauche, dann steigt der Kohlendioxidgehalt in meinem Blut stark an. Prompt schlägt mein Atem, ohne daß ich mir dessen bewußt werde, ein schnelleres Tempo ein, um dem Bedarf nachzukommen. Das geht völlig ohne Einschaltung meines Willens vor sich. Im Gegenteil, mein Wille vermag da gar nichts. Darum ist es ja unmöglich, durch Atemanhalten Selbstmord zu begehen. Ich muß, ob ich will oder nicht, atmen.

Die meisten Abfallstoffe chemischer Art verlassen uns über ein weniger appetitliches Organ, die Nieren. Ich muß mich mit Gewalt davon zurückhalten, auf die Nieren ein überschwengliches Loblied zu singen. Offenbar schenkt ihnen auch unser Körper ganz besondere Beachtung. Denn nicht weniger als ein Viertel des Blutes, das unser Herz mit jedem Schlag weiterpumpt, strömt zu den Nieren. Dort verteilen sich die Arterien zu immer feineren Adern und Äderchen, so daß am Ende ein zartes Gespinst von Haargefäßen zustande kommt. Filtern ist die einzige Aufgabe der Nieren, doch das müssen sie in kürzester Zeit und auf engstem Raum. Sie schaffen das, weil sich die Blutgefäße in allerfeinste Röhrchen und Hohlräume auffasern, in denen der chemische Austausch stattfinden kann.

Etwa dreißig verschiedene Chemikalien werden auf diese Weise den roten Blutzellen entnommen und gegen frische Enzyme ausgetauscht. Nun kehren die roten Blutzellen in den Kreislauf zurück, die ausgefilterten Stoffe aber wandern in die Blase hinunter, um aus dem Körper ausgeschieden zu werden.

Was die Nieren wert sind, können besonders jene beurteilen, die keine Nieren mehr besitzen oder deren Nieren ihre Funktionsfähigkeit eingebüßt haben. Noch vor wenigen Jahrzehnten waren solche Menschen zum Tode verurteilt. Heutzutage haben sie ausreichend Zeit, über das Wunderding Niere nachzudenken. Zu viel Zeit sogar. Denn dreimal die Woche müssen sie fünf Stunden lang bewegungslos daliegen, angeschlossen an die Dialyse-Maschine, in der ihr Blut gereinigt wird. Dieses technische Wunder hat die Proportion eines größeren Koffers. Es vermag annähernd das zu leisten, was eine menschliche Niere schafft. Doch die wiegt nur etwa ein Pfund, arbeitet rund um die Uhr und hält sich normalerweise selbst in Gang. Zudem geht unser Körper dabei noch auf ‚Numero sicher': er kann mit zwei Nieren aufwarten, obwohl eine allein voll ausreichen würde. (Der Übersetzer kann das aus eigener Erfahrung bestätigen. Er führt seit fünfundzwanzig Jahren mit nur einer Niere eine ganz normale Lebensweise.)

Eine rote Blutzelle hält diese aufreibende Beschäftigung von Auf- und Abladen für etwa eine halbe Million Umläufe aus. Morsch und leck wie ein ausgedienter Lastkahn schlingert sie dann zur Leber und lädt dort müde zum letzten Mal ab. Doch diesmal ist sie selber dran, wird abgewrackt und in Aminosäuren und Gallenfarbstoffe zerlegt, die sodann der Wiederverwendung zugeführt werden. Auch das Quentchen Eisen, das ja als ‚Magnet' für den Sauerstoff gedient hatte, wird herausgegriffen und ins Knochenmark verfrachtet, um dort in eine neue rote Blutzelle eingebaut zu werden. Ein wirklich erstaunlicher Fall von echtem Recycling.

Nach dieser scheinbaren Abschweifung ins Medizinische nun wieder zurück zu der Frage, was unsere christliche Metapher ‚Blut' besagen will. Medizinisch betrachtet erhält Blut das Leben, indem es alle chemischen Abfallprodukte abtransportiert. Mit einem Wort: Es reinigt. Übertrage ich dies sinngemäß auf den Leib Christi, dann kann ‚Blut' auch da nur bedeuten, daß es diesen Leib reinigt; von dem Abfallprodukt, das dort laufend anfällt, der Sünde.

So mancher hält dieses Wort Sünde für eine verstaubte und überalterte Vokabel, die mit allerlei unglückseligen Nebenbedeutungen belastet ist.

Und doch, das Blut bietet uns noch immer das Bild, an dem

wir uns klarmachen können, was Sünde und Vergebung bedeuten. Die Erkenntnisse der modernen Medizin haben sogar dazu beigetragen, besser als früher dieses Bild zu verstehen. So wie Blut unseren Körper von gefährlichen Stoffwechselprodukten reinigt, so schafft die Vergebung, die durch das Blut Christi geschieht, alles Böse fort, alle Sünden, die uns banden.

Recht oft neigen wir dazu, Sünde als eine Art Register kleiner Peinlichkeiten anzusehen, mit denen wir Gott ein bißchen geärgert haben. Und wenn wir im Alten Testament blättern, dann scheint es uns, als sei Gott recht leicht zu erzürnen. Doch wenn wir genauer hinsehen, dann erkennen wir bald, daß Sünde eine Kluft schafft, den Weg zu Gott abblockt, zugleich wie ein Gift wirkt, das uns lähmt und daran hindert, in vollem Sinne Mensch zu werden. Gott gab die Gebote um unsertwillen. Nicht er wollte etwas davon haben, uns sollten sie weiterhelfen. Auf dem Höhepunkt einer vernichtenden Strafpredigt gegen Israel verkündet Jeremia Gottes Gericht (7,19–20): ,,Sie bringen andern Göttern Wein als Trankopfer dar. Das alles tun sie mir zum Trotz. Aber bilden sie sich denn ein, daß sie mir damit etwas antun? Sie schaden ja nur sich selbst! Sie werden es noch erleben, wie Unglück und Schande über sie kommen wird."

Stolz, Egoismus, Genußsucht und Habgier sind Gifte, die unsere Verbindung zu Gott und unseren Mitmenschen blockieren. Sünde ist Absonderung, Absonderung von Gott, Absonderung vom Nächsten. Je stärker wir unsere eigenen Wünsche durchsetzen, Erfolg herbeizwingen und uns auf Kosten der anderen selbstverwirklichen wollen, desto weiter entfernen wir uns von Gott und den Menschen.

Die Israeliten stellten sich diese Kluft zwischen Gott und den Menschen sehr bildhaft vor. Sie dachten sich Gott im Allerheiligsten der Stiftshütte, später des Tempels gegenwärtig. Nur einmal im Jahr durfte sich der Hohepriester dort Gott nahen, nachdem er ein umständliches Reinigungsritual erledigt hatte. Jesus Christus hat dieses Zeremoniell überflüssig gemacht, indem er persönlich ,ein für allemal' das Versöhnungsopfer dargebracht hat.

,,Inzwischen ist Christus gekommen. Er ist der Oberste

Priester, der in Wirklichkeit die Versöhnung bringt . . . Ein für allemal ging er in das Allerheiligste. Er mußte auch nicht das Blut von Kälbern oder Böcken mitnehmen; vielmehr ging er mit seinem eigenen Blut hinein. Und so hat er uns für immer von unserer Schuld befreit" (Hebräer 9,11–13).

Seit Christus das Opfer gebracht hat, ist Gott nicht mehr verborgen. Der Vorhang im Tempel zerriß von oben nach unten. Jeder von uns kann jetzt zu Gott kommen.

,,Weil Jesus sein Blut geopfert hat, liebe Brüder, haben wir freien Zutritt zum Heiligtum. Er hat uns durch den Vorhang einen neuen Weg zum Leben gebahnt" (Hebräer 10,19–29).

Im Heiligen Abendmahl wird es uns deutlich: Diese Wirkung des Opfers Christi gilt auch heute und immer. Wenn ich den Wein trinke, begreife ich: Sein Blut, für mich gegeben, schenkt mir neue Lebenskraft. Es schwemmt alles weg, was da dunkel und böse war. Durch sein Blut bin ich nun rein. Mir ist Erbarmung widerfahren.

Warum gehen wir zur Kirche, sitzen – wie Schulkinder – brav in Reih und Glied auf unbequemem Gestühl und singen dazu Lieder, die uns im Alltag nicht über die Lippen kommen? Tun wir das nicht, weil irgendwo da tief drin in uns ein Funke glimmt? Ein Funke der Hoffnung: Gott kennt dich! Er hat dir vergeben, er liebt dich, er macht dich heil! Diese Sehnsucht brennt doch in uns, wenn wir zum Tisch des Herrn gehn.

Unter dem Zeichen von Brot und Wein hat Christus uns die Gewißheit geschenkt: Dir ist vergeben, du bist geliebt bei Gott. Das wirkt nun in uns, trägt die frohe Botschaft in uns weiter, wirkt Kraft zum Leben, zum Leben hier und dort. In der Eucharistie erfahren wir, was es heißt, ganz, an Haupt und Gliedern, an jeder Zelle unseres Körpers, neu und rein zu werden.

,,Damals wart ihr dem wahren Leben fern, jetzt aber seid ihr ihm nahe durch die Verbindung mit Jesus Christus. Durch das Blut, das er vergossen hat, ist das geschehen. Er ist es, der uns allen den Frieden gebracht und Juden und Nichtjuden zu einem einzigen Volke verbunden hat. So hat er Frieden gestiftet" (Epheser 1,13–14).

Sünde trennt, Christus vereint.

Der französische Novellist und Nobelpreisträger François Mauriac dachte kurz vor seinem Tode über seine eigene Haßliebe zu seiner katholischen Kirche nach. Er listete all die Versprechen auf, die sie nicht gehalten, all die Fehler, die sie begangen hat. Diese Kirche, so schloß er, ist weit von ihrem Stifter entfernt. Und trotzdem, räumte Mauriac ein, zwei Sätze Christi hat sie durch all ihr eigenes Versagen hindurchgerettet: „Dir sind deine Sünden vergeben" und „Dies ist mein Leib, der für dich gegeben wird."

Im Heiligen Abendmahl werden diese Worte uns Wirklichkeit. Wir, die lebenden Zellen in Seinem Leibe, werden rein und wieder heil. In Seinem Blut.

7 Wenn's ums Überleben geht

Wir sind, solange wir leben, auf Gedeih oder Verderb der Gnade von Organismen ausgeliefert, die weniger als ein Billionstel unserer Größe besitzen.

Kriege, Feuersbrünste und Erdbeben finden heutzutage zwar sehr viel mehr Beachtung in unseren Medien als diese Mikroben, doch das war nicht immer so. Da brachte die große Pest des 14. Jahrhunderts ein Drittel der europäischen Bevölkerung ums Leben. Über eine Million Pilger waren zum Osterfest 1348 nach Rom gewallfahrtet. Fünfundneunzig Prozent von ihnen trugen, als sie heimwärts zogen, die Keime der Pest in ihren Körpern. Tod und Entsetzen verbreiteten sich in der abendländischen Welt. Schiffe mit toter Besatzung trieben ans Land, ganze Landstriche verödeten, die Landstraßen wurden leer.

Am Anfang unseres Jahrhunderts kostete der 1. Weltkrieg – „der Krieg, der allem Krieg ein Ende machen sollte" – über achteinhalb Millionen Menschenleben. Doch in der Grippeepidemie, die gegen Ende des Krieges um die Welt lief, kamen dreimal soviel Menschen um, fünfundzwanzig Millionen.

Wie spielt sich diese Schlacht in unserem Körper ab? Welche Truppen und Waffen werden eingesetzt, wenn unser Körper gegen die Eindringlinge antritt?

Schon beim geringsten Anzeichen einer Invasion ertönt ein chemisches Alarmsignal und setzt die verschiedensten Körperfunktionen in Bereitschaft. Die Haargefäße erweitern sich, als würden sie aufgeblasen. Jetzt können die Verteidiger in die Kampfzone ausschwärmen. Fünf verschieden ausgerüstete Arten von weißen Blutzellen bilden die vorderste Front. Durchsichtig, doch von Waffen strotzend winden sie sich wie

Schlangen durch die Menge der anderen nach vorn, des Körpers wuchtigste Stoßtrupps. Unter dem Mikroskop sieht so eine weiße Zelle, wenn sie da platt auf dem Objektträger liegt, wie ein mit Pfeffer bestreutes Spiegelei aus, wobei das Dotter aus tödlichen Chemikalien besteht. Solange die weißen Zellen im Blutstrom mitschwimmen, haben sie ungefähre Kugelgestalt. Wie kleine blasse Glasaugen treiben sie ziellos in den Adern dahin. Doch sobald Alarm geschlagen wird, erwachen sie zum Leben.

Die Gruppe der mit scharfen Chemikalien bewaffneten Zellen geht sofort als Stoßtrupp los und sucht die Invasoren zu überwältigen. Eine zweite Gruppe ist durch besonders feste Zellwände geschützt. Sie rollen an wie Kampfpanzer. Auch in der Taktik gibt es Unterschiede. Einige weiße Zellen lassen sich im Blutstrom mittreiben und schnappen sich herumstreunende Eindringlinge. Andere beziehen unauffällig Posten an den wichtigen Organen und lauern dort auf Feinde, die durch den vordersten Absperring geschlüpft sind. Wieder andere versuchen die Eindringlinge einzukesseln und in einem Lymphknoten zu vernichten. Außerdem gibt es noch das Sanitätscorps. Sobald das Schlachtfeld mit den Resten zerstörter Zellen oder ausgelaufenem Protoplasma bedeckt ist, greifen sie ein und räumen die Reste des Gemetzels ab.

Solange wir gesund sind, schwimmen fünfundzwanzig Milliarden weiße Zellen in unserem Blutstrom dahin, und ebenso viele hängen faul an den Aderwänden herum. Doch sobald eine Infektion erfolgt, werden ein paar Milliarden Reserven aus dem Knochenmark in Marsch gesetzt. Manche von diesen sind noch so unbedarft wie frischgebackene Rekruten, die man eben erst eingezogen hat. Doch auf diese Weise ist der Körper in der Lage, in kürzester Zeit die zehnfache Menge weißer Blutzellen antreten zu lassen. Verständlich, daß sich der Arzt das beim Stellen seiner Diagnose nutzbar macht. Er nimmt eine Zählung der weißen Blutkörperchen vor und ermittelt auf diese Weise, wie ernst die Infektion zu nehmen ist.

Eine so große Zahl weißer Zellen ist aus einem ganz einfachen Grunde nötig. Viele sind nämlich derart spezialisiert, daß sie nur gegen eine ganz bestimmte Art von Eindringlingen antreten können. In der Tat ähnelt diese Schlacht in uns nicht so sehr einem Nahkampf Mann gegen Mann, sondern eher einem wilden Tanz, bei dem sich die weißen Zellen an die Bakterien oder Viren heranmachen und dabei nach dem richtigen ‚Griff‘ suchen, bevor sie Verstärkung heranholen. Im Durchschnitt lebt eine weiße Zelle kaum zehn Stunden. Doch eine kleine, ausgesuchte Elite bringt es auf sechzig oder gar siebzig Jahre. Jede von ihnen ist Trägerin eines Langzeitgedächtnisses für die chemische Erkennungsmarke einer besonders gefährlichen Krankheit. Sie hüten die chemischen Geheimformeln, die sich der Körper von früheren Begegnungen mit dieser Krankheit eingespeichert hat.

Wenn eine Infektion erfolgt ist, dann ist es für die weißen Zellen zunächst nicht leicht, die Eindringlinge klar auszumachen und zu identifizieren. Die sind nämlich gut getarnt hinter dem Rauchschleier der Schlacht, den Trümmern zerstörter Zellen, verklumpten Blutkörperchen und zerfetzten Zellhäuten. Sogenannte Antikörper geleiten die weißen Zellen durch das Getümmel hindurch zum Kampfplatz. Obwohl die Bakterien tausendmal größer sind, klammern sich die ‚Antis‘ an ihnen fest – wie Moos an der Baumrinde –, weichen sie auf und machen ihre Stacheln unschädlich. Doch leider kann jeder ‚Anti‘ immer nur gegen eine ganz bestimmte Krankheit wirksam werden. So kann zum Beispiel ein auf Masern getrimmter Anti nichts gegen Kinderlähmung ausrichten.

Weil im Laufe eines Lebens eine enorme Zahl verschiedener Krankheiten dem Körper begegnet, muß dieser ein ebenso breit gefächertes Arsenal von Abwehrwaffen bereithalten.

Nehmen wir an, ich schnitte mir in die Hand. Sofort heften sich die in der Nähe herumstreunenden Antis an die ihnen bekannten Eindringlinge. Es kann jedoch sein, daß da ein Fremdling, den noch keiner kennt, dingfest gemacht wird. Prompt tastet ein Lymphozyte ihn ab, prägt sich sein Aussehen ein und begibt sich auf schnellstem Weg zum nächsten Lymphknoten. Sofort setzt er dort eine Fülle chemischer Reaktionen in Gang, gibt die neu aufgenommenen Informationen über den unbekannten Feind an Tausende anderer Lymphozyten weiter, und die produzieren Milliarden von passenden Antis. Hat dieser Vorgang auch nur ein einziges Mal stattgefunden, dann bleibt die Information über den eingedrungenen Neuling ein für allemal gespeichert, so daß im Falle einer erneuten Infektion aufs schnellste reagiert werden kann.

Der riskanteste Zeitpunkt für einen Körper ist der Augenblick der Geburt. Da wird das Baby aus dem sterilen Mutterleib hinausgestoßen in eine feindliche Welt des Todes. Es ist noch nie diesen Krankheitskeimen begegnet. Doch ein weises System hat vorgesorgt: Unmittelbar vor der Geburt hat der Mutterkuchen in den Blutkreislauf des Babys Gamma-Globulin ausgestoßen. Und dieses enthält die Abwehrstoffe gegen Scharlach, Keuchhusten, Typhus, Paratyphus, Lungenentzündung, Diphtherie, Tetanus, Windpocken, Mumps, Masern und Kinderlähmung. Krankheiten, mit denen es die Mutter schon zu tun gehabt hat. Auch die Muttermilch liefert noch Abwehrstoffe, bis endlich das Kind selbst in der Lage ist, Antikörper zu bilden.

Gelegentlich tritt ein neuer Feind auf, der auch nicht die geringste Ähnlichkeit mit allen bisher dem Körper bekannten Krankheiten hat. Die Lymphzellen rätseln dann an seinem unbekannten Code herum, probieren eine Formel nach der anderen aus, vergeblich. Und inzwischen richtet der geheimnisvolle Eindringling, dem die weißen Zellen nichts anhaben können, die schlimmsten Verwüstungen an. Die Große Pest des vierzehnten Jahrhunderts war durch einen solchen Neueinwanderer hervorgerufen. Er kam aus Asien, das Blut der Europäer hatte noch nie mit ihm zu tun gehabt und war darum gegen ihn machtlos.

Zeit ist ein wichtiger Faktor im Abwehrkampf des Körpers. Unser Körper ist ja rein auf Defensive eingestellt. Er reagiert nur auf Angriffe, geht erst danach zum Gegenangriff über. Auf diese Zeitspanne zwischen Infektion und Körperreaktion kommt es also an. Sie muß, damit wir überleben, so kurz wie nur möglich gehalten werden.

In vergangenen Jahrhunderten war die Menschheit diesem Kampf um die Zeit hilflos ausgeliefert. Reichte die Zeitspanne zwischen Infekt und Abwehr nicht aus, dann kam es zum Sterben ganzer Völker. Doch dann gelang jener geniale Kniff, mit dem die Zeitspanne verkürzt werden konnte. Keine andere medizinische Entdeckung hat mehr dazu beigetragen, die Infektionskrankheiten kurzzuhalten. Ich meine die ,,Immunisation", die Jenner, Pasteur und andere entwickelt haben. Seitdem sind Krankheiten, die einst ganze Landstriche entvölkert, Städte, Dörfer und selbst abgelegene Nester in Angst und Schrecken versetzt haben, in zivilisierten Ländern so gut wie unbekannt. Gelbfieber, Pocken und Tollwut, Cholera, Typhus und Paratyphus, Kinderlähmung und Masern – jede von diesen Krankheiten hat mehr Menschen getötet oder verunstaltet als beide Weltkriege. Heute gibt uns die Möglichkeit der Immunisation die Mittel in die Hand, mit ihnen fertig zu werden.

Normalerweise benötigt der Körper entscheidende Stunden, um den Code der Invasoren zu knacken, sie zu identifizieren und die entsprechenden Antikörper zu bilden. Die Immunisation geht folgendermaßen vor sich: Dem Körper wird ein Pocken- oder Poliovirus injiziert, das zuvor abgeschwächt oder gar getötet worden ist. Doch sein Äußeres ist noch intakt, kann von den Lymphos abgetastet und katalogisiert werden. Damit setzt der Körper die Bildung von Antis in Gang. Von nun an verfügt der Körper über den Code von Pocken oder Polio. Er ist damit in der Lage, im Falle einer wirklichen Infektion ohne Zeitverlust zu reagieren und die geeigneten Antis in Massen in die Schlacht zu werfen. Der früher tödliche Zeitfaktor ist ausgeschaltet. Der Siegeszug der Pockenimpfung ist eins der stolzesten Kapitel in der Geschichte der Medizin. Pocken waren der Schrecken der Menschheit, oft mehr gefürchtet als die Pest. Denn die Pest trat nur in größeren Zeitabständen auf, meist nur einmal in jeder Generation. Doch die Pocken waren allgegenwärtig. Sie füllten die Friedhöfe und setzten jeden in Angst, der sie noch nicht gehabt hatte. Die aber, die es überstanden hatten, waren für ihr ganzes Leben entstellt. Jeder schreckte vor ihnen zurück, so entsetzlich sahen sie aus.

Besonders verheerend wirkten die Pocken unter Völkern, denen sie bisher unbekannt gewesen waren. Ein Krieger des Cortez, den man verwundet nach einem Gefecht zurückgelassen hatte, steckte die Indianer mit Pocken an. Innerhalb von zwei Jahren starben vier Millionen Azteken, weit mehr als die

Soldaten des Cortez hätten töten können. Im nordamerikanischen Staat Missouri lebten einst die Mandan. Weil sie keine Immunität gegen die Pocken besaßen, blieben von dreißigtausend ganze dreißig übrig. Händler und Jäger berichteten, wie sie ganze Stämme tot in den Zelten gefunden hatten. Aus der Weite der Prärie stieg kein Rauchzeichen mehr auf, keine Spur von Leben. Es gab nur noch Leichen.

Edward Jenner, der Sohn eines Pastors, gab der Sache die entscheidende Wende. Er wurde die schrecklichen Erinnerungen an den Sommer 1757 nicht los. Er war damals acht Jahre alt, als er für ein Unternehmen ausgewählt wurde, das man den ‚Pockenkauf' nannte. Es handelte sich um den verzweifelten Versuch, eine Pockenepidemie abzuwehren. Sechs Wochen lang zapfte ihm der Arzt Blut ab und ließ ihn halb verhungern. Dann ritzte der Apotheker den Arm des Jungen mit einem Messer und strich Schorf von einem Pockenkranken in die frische Wunde. Zur Beobachtung wurde Jenner in einem Stall gehalten. In seiner Gesellschaft befanden sich andere Jungen in verschieden weit vorgeschrittenen Stadien dieser Roßkur. Nach einem Monat konnte er als ‚immun für immer' entlassen werden. Doch den Schrecken jenes Sommers konnte er nie vergessen.

Jenners Arzt hatte eine Erfahrung praktiziert, die man jahrhundertelang gemacht hatte: Wer einmal eine leichte Pockeninfektion überstanden hatte, war sein Leben lang gegen diese Krankheit immun. Leider machten die unsterile Arbeitsweise jener Zeit und die Virulenz der Viren die Sterblichkeit nur wenig geringer als bei einer wirklichen Epidemie.

Auf die richtige Spur kam Jenner viele Jahre später. Ein Milchmädchen erzählte ihm, daß sie sich vor den Pocken nicht fürchte, weil sie bereits die Kuhpocken gehabt habe. Jenner überlegte: Konnte diese mildere Pockenform den Befallenen auch gegen die gefährlichen ‚Smallpox' immun machen? Er sammelte weitere Daten, machte – nicht immer gelungene – Versuche, prägte den Ausdruck ‚vaccination' – Impfung –, vervollkommnete sein Verfahren und legte schließlich einen Bericht über seine Entdeckungen der Royal Society in London vor. Doch die etablierte Gelehrtenwelt übergoß den jungen Forscher mit Hohn und Spott. Eine Veröffentlichung seiner Forschungsergebnisse wurde abgelehnt.

Da brach im Jahre 1802 unter den Indianern sowie den spanischen Siedlern in Bogota, der Hauptstadt Kolumbiens, eine Pockenepidemie aus. Aus Sorge, diese Seuche könne die wehrlose Bevölkerung dezimieren, wandte sich die Regierung von Bogota hilfesuchend an Spaniens König Karl IV. König Karl wird von den Historikern als ein ziemlich unfähiger Herrscher eingeschätzt. Doch er zeigte ein lebhaftes Interesse an dem neuartigen Verfahren des Impfens. Seine eigenen drei Kinder hatten nämlich die Pocken gehabt, und darum stimmte er Jenners Theorien zu. Doch sofort ergab sich die Frage: Wie konnte man Pockenserum in die Neue Welt transportieren? In Europa hatte man ein einfaches Verfahren entwickelt. Man zog Baumwollfäden oder auch Federn durch den Schorf von Kuhpocken und versandte diese in dicht verschlossenen Fläschchen in andere Länder. Doch mit dem Schiff quer über den Atlantik? Da mußte das Serum inzwischen längst ausgetrocknet sein.

Am Ende machte einer der königlichen Räte einen neuartigen und recht gewagten Vorschlag. Wie wär's, wenn man eine Expedition mit Freiwilligen ausrüstete, bei denen die Kuhpocken während der langen Überfahrt nacheinander vom einen zum andern übertragen würden? Der König wollte zunächst wegen der enormen Kosten an diesen Plan nicht herangehen, bis ihn sein Rat nochmals darauf hinwies, daß andernfalls ein völliger wirtschaftlicher Zusammenbruch Südamerika bedrohte.

Also wurde eine Expedition ausgerüstet, die den hochtrabenden Namen ,,Real Expedicion Maritima de la Vacuna" – ,Königliche Übersee-Impfexpedition' – erhielt und unter Leitung des Arztes Francisco de Balmis stand. Bald darauf ging die ,Maria Pita' in See, an Bord als menschliche Ladung zweiundzwanzig Jungen im Alter zwischen drei und neun Jahren. Sie kamen aus einem Armenhaus. Außerdem waren noch ein paar Kühe an Bord, sozusagen als Reservewirte für die Pokken. Schon vor der Abreise hatte de Balmis fünf Jungen geimpft, die anderen sollten dann zu gegebener Zeit folgen, als eine Art Überträgerkette, um die Viren frischzuhalten.

Am fünften Reisetag zeigten sich auf den Armen der geimpften fünf Jungen die bekannten Pocken, kleine Krater mit erhabenem Rand. Am achten Tage waren sie voll ausgereift, rund aufgeschwollen, bis zum Bersten mit Lymphe gefüllt. Am zehnten Tag brach Lymphe aus dem eitrigen Schorf. De Balmis übertrug diese hochwirksame Lymphe sorgfältig in die geritzten Arme zweier bisher noch nicht infizierter Jungen, damit sich das gleiche Spiel wiederhole. Alle zehn Tage waren die nächsten zwei dran, wurden mit dem lebenden Virus infiziert und danach bis zur Reife der Pocken isoliert. Die ‚Maria Pita' erreichte endlich Puerto Cabello in Venezuela. Es war gerade noch der letzte Junge, der lebendes Pockenserum in sich trug. Auf ihm ruhte die einige Hoffnung, eine weitere Ausdehnung der Epidemie zu verhindern. De Balmis suchte sofort aus der Eingeborenenbevölkerung achtundzwanzig Jungen aus, infizierte sie mit dem Serum des letzten Impfstoffträgers und blieb so lange, bis er zwölftausend Leute hatte impfen können.

Und nun teilte sich die Unternehmung: De Balmis Assistent reiste weiter nach Bogota, dem ursprünglichen Bestimmungsort, wo man sich wegen der langen Verzögerung in verzweifelter Lage befand. Als das Schiff unterwegs havarierte, drohte Panik auszubrechen, doch zum Glück konnten die Träger des Serums gerettet werden. Sobald die gesamte Bevölkerung von Bogota geimpft war, verschwand die Seuche. Der Assistent reiste nun weiter nach Peru und Argentinien, um auch dort Schutzimpfungen vorzunehmen.

Derweilen war de Balmis nach Mexiko gereist, wo er einen verzweifelten Feldzug gegen die Pocken begann. Nachdem er das Land kreuz und quer durchzogen hatte, sammelte er eine neue Schiffsladung Freiwilliger für die gefährliche Reise zu den Philippinen. Und auch die Bevölkerung dieser Inselgruppe konnte Impfschutz empfangen dank jener ununterbrochenen Kette menschlicher Serumüberträger, die in dem Waisenhaus von La Coruna ihren Anfang genommen hatte. Hunderttausende von Menschen verdankten ihr Leben jenen zweiundzwanzig Jungen, die von Spanien aus mit de Balmis in See gegangen waren.

Im heutigen Bogota erinnert ein großes Bronzedenkmal an jene Jungen. Ich habe davor gestanden und an das Opfer gedacht, das diese Jungen brachten. Unsere Geschichtsbücher berichten in aller Breite über die entsetzlichen Kriege, in denen so viele Menschenleben vernichtet wurden. Doch von diesen Zweiundzwanzig, die dazu die Voraussetzung schufen, daß Tausende gerettet wurden, steht nichts in unseren klugen Büchern. Die Vacuna Expedicion bedeutet einen der größten Fortschritte in der Medizin: Sie zeigte die Möglichkeit auf, wie man mit dem immunen Blut einer einzigen Person viele, viele andere Menschen schützen kann.

Die endgültige Anerkennung erfuhr Jenner im zwanzigsten Jahrhundert, als die Welt-Gesundheits-Organisation beschloß, eine Variante seines Impfverfahrens anzuwenden, um die Menschheit von der Pockenplage zu befreien. Die ‚Kleinen Pocken‘, von denen der Mensch befallen wird, haben – im Gegensatz zu manchen anderen Krankheiten – keinen Überträger im Tierreich. Die Ansteckung kann also nur von Mensch zu Mensch erfolgen. Daraus folgt logischerweise, daß man dieser Krankheit durch Impfung Herr werden kann.

Tatsächlich sind die Pocken, die früher eine der am meisten gefürchteten Krankheiten waren, verschwunden. Ein, seit es Geschichtsschreibung gibt, einmaliger Fall! Was zuvor der einzelne Körper leisten mußte, um mit der Infektion fertig zu werden, konnte weltweit geschafft werden: Sieg über die eingedrungenen Mikroben. Diesen Triumph verdanken wir nicht neuen Drogen oder vorgeschrittener medizinischer Technik, sondern dem Nachweis, daß menschliche Zellen fähig sind, Immunität an andere weiterzugeben.

Als Kind erlebte ich recht eindrücklich die Übertragung von Mensch zu Mensch. Meine Eltern verfuhren bei der Pockenimpfung nämlich auf recht unkomplizierte Weise. Da sie nur geringe Mengen von Impfstoff besaßen, zudem keine Möglichkeit bestand, das Serum in Kühlschränken aufzubewahren, griffen sie notgedrungen auf die Methode de Balmis zurück. Sie entnahmen Serum bereits infizierten Menschen. Läufer brachten dann die Lymphe die Bergpfade herauf und lieferten sie meinem Vater ab. Noch bevor der Läufer wieder zu Atem gekommen war, hatte Vater schon die kleinen Serumfläschchen aufgebrochen und begann mit dem Impfen. Später pflegte er aus einem einzigen infizierten Arm genug Lymphe zu gewinnen, um damit zehn andere Inder zu impfen. Das reichte dann weiter für hundert. So wurde die Seuche besiegt.

Die Abwehrkraft des Blutes kann also vom einen zum andern übertragen werden. Das erinnert mich an ein Wort, das in der Bibel vorkommt und das mir viel Kopfzerbrechen bereitet hat, das Wort ‚überwinden'. In einer Vision beschreibt Johannes in seiner Offenbarung die Schlacht zwischen den Streitern Gottes und des Teufels. Der Satan wird niedergeworfen, und die Sieger, die ins ewige Leben eingehen, werden beschrieben als ‚die überwunden haben durch das Blut des Lammes' (Offb. 12,11).

Wie kann man durch Blut überwinden? Was hat überhaupt ‚überwinden' mit Blut zu tun? Ich habe Blut immer für das Symbol des Lebens gehalten. Ich habe auch erkannt, daß Blut die Fähigkeit besitzt, zu reinigen. Doch diese Redewendung ‚überwinden durchs Blut' scheint mir ziemlich ungereimt. Mit dem Wort ‚überwinden' verbindet sich der Begriff von Kraft und Befehlsgewalt. Ein Terrorist überwindet mit einer Maschinenpistole die Crew eines Jumbo-Jets. Ein massiger japanischer Sumo-Ringer überwindet seinen Gegner. Und umgekehrt: Das Wort verbindet sich bei uns mit der Vorstellung von Schwächung. Wer blutet, überwindet nicht; wer blutet, ist überwunden!

Warum also benutzt Johannes diese widersprüchliche Redewendung? Mir scheint, Johannes hat vor Augen, auf welche Art und Weise unser Blut seine Feinde überwindet. Doch um die Sache in den Griff zu bekommen, wollen wir zunächst mal sehen, wie dieses Wort ‚überwinden' beziehungsweise ‚siegen' in der Bibel gebraucht wird.*)

Am Abend vor seiner Kreuzigung sagt Jesus zu seinen Jüngern: ,,In der Welt wird man euch hart zusetzen. Verliert nicht den Mut: Ich habe die Welt besiegt!" (Joh. 16,33) Und zur selben Zeit schloß Judas seinen Pakt mit denen vom Hohen Rat! Wirklich, für Jesu Jünger müssen diese Worte einen bittern Beigeschmack gehabt haben.

---

*) ‚Überwinden' oder auch ‚besiegen' ist an den angeführten Stellen die Übersetzung des griechischen Wortes nikao = ich siege, bin Sieger; ich besiege, überwinde.

In dem Augenblick, da Gottes Macht auf die der Menschen stößt, liefert sich Jesus, der eine Legion Engel hätte zur Hilfe rufen können, einer Handvoll Soldaten aus. Wer kann da noch Sieger und Besiegte unterscheiden? Später, in der Offenbarung des Johannes, erscheint Jesus immer wieder unter dem Bilde des Lammes. Leider übersehen wir zu leicht, welche Ironie in diesem Bilde steckt: der Herrscher über alle Welt als – Lamm, als Opferlamm! (Offb. 5,6). Und vor diesem Hintergrund fällt dann das Wort ,,überwunden durch das Blut des Lammes".

Gott kam nicht in unsere Welt, um seine Macht zu beweisen. Er kam, um stellvertretend zu leiden. Auf diesem Leidensweg läßt sich eine deutliche Spur verfolgen: Gott widersteht dem Bösen nicht, indem er es austilgt, sondern indem er es einem höheren Gut dienstbar macht. Er besiegt das Böse, indem er es in sich aufnimmt, auf sich nimmt und am Ende gar vergibt. Er geht geradenwegs durch Versuchung, Leid und Tod. So ist er der ‚Erstling' geworden unter den Siegern.

Stellen wir uns einen Wissenschaftler vor, der vor seinem Mikroskop sitzt und durch das Okular auf eine Kultur von Mikroben starrt, vor der die ganze Welt zittert. Wie schön wär's, wenn er aus seinem Laborkittel schlüpfen und sich so klein machen könnte wie eine dieser Mikroben. Dann könnte er sich in diese Mikrowelt hineinbegeben und ihr genetisches Material verändern.

Genau so stelle ich mir Gott vor: Wie muß es ihn betrübt haben, als er sah, daß der Virus des Bösen seine Schöpfung befallen hatte. Da verzichtete er auf alle seine Vorrechte, nahm die Gestalt einer solchen infizierten Menschenzelle an, um uns immun zu machen gegen Tod und unweigerliche Vernichtung. Ich weiß: Jeder Vergleich hinkt. Und doch gilt: Christus wurde für uns zur Sünde.

,,Er war in allem Gott gleich, und doch hielt er nicht daran fest, zu sein wie Gott. Er gab es willig auf und wurde einem Sklaven gleich. Er wurde ein Mensch in dieser Welt und teilte das Leben der Menschen. Im Gehorsam gegen Gott erniedrigte er sich so tief, daß er sogar den Tod auf sich nahm, ja, den Verbrechertod am Kreuz" (Philipper 2,6–8). Die theologische Sicht des Blutes als Träger des Sieges und des Überwindens müssen wir umsetzen in persönlichen Glauben. Das geschieht im Heiligen Abendmahl. Da wird mir Christi Tod und Auferstehung zur lebendigen Wirklichkeit.

Unmittelbar und ohne die umständlichen Riten, die im Alten Testament üblich waren, komme ich zum Tisch des Herrn.

Jesus Christus machte das möglich.

„Weil diese Kinder Menschen von Fleisch und Blut sind, wurde Jesus ein Mensch wie sie, um durch seinen Tod den zu vernichten, der über den Tod verfügt, nämlich den Teufel. So hat er die Menschen befreit, die durch ihre Angst vor dem Tode das ganze Leben lang Sklaven gewesen sind. Nicht den Engeln hilft er, sondern – wie es in den heiligen Schriften heißt – den Nachkommen Abrahams. Deshalb mußte er in jeder Beziehung seinen Brüdern gleich werden. So konnte er ein barmherziger und zuverlässiger Priester für sie werden und vor Gott für ihre Schuld Sühne leisten. Was er selbst erlitten hat und was ihm selbst abverlangt worden ist, befähigt ihn nun, den Menschen zu Hilfe zu kommen, die so wie er auf die Probe gestellt werden" (Hebräer 2,14–18).

Weil ich mich auf Christus stützen kann, werde ich nun besser mit der Versuchung fertig. Wie das geschieht? Ich will es abermals mit dem Gleichnisbild des Blutes erklären.

Vor einigen Jahren brachen in Vellore die Masern aus, und eine meiner Töchter lag schwerkrank. Wir wußten, daß sie wieder auf die Beine kommen werde, aber Estelle, unsere Kleinste, war wegen ihres zarten Alters äußerst gefährdet. Kaum hatte der Kinderarzt verlauten lassen, wir suchten Rekonvaleszenten-Serum, da machte schon das Wort die Runde: „Die Brands suchen Blut von einem Überwinder!" Wir selbst hatten diesen Ausdruck nicht benutzt, doch wir suchten in der Tat jemand, der die Masern glücklich überstanden hatte. Sein Serum sollte dann unsere Jüngste schützen. Es wäre sinnlos gewesen, jemand zu suchen, der die Pocken oder einen Beinbruch hinter sich hatte. Nein, das ganz spezielle Serum gegen Masern konnten wir uns nur von einem verschaffen, der selbst die Masern überstanden hatte. Wir fanden einen, entnahmen ihm etwas Blut und fällten die entsprechenden Zellen aus. So gewannen wir das Masern-Serum, mit dem wir unsere Jüngste impfen konnten. Tatsächlich wurde Estelle mit der

Krankheit gut fertig. Durch die frühzeitige Impfung hatte ihr kleiner Körper Zeit gehabt, eigene ‚Antis' zu bilden. Sie hatte die Masern also nicht aus eigener Kraft besiegt, sondern weil ein anderer schon lange zuvor die Schlacht gegen die Krankheit gewonnen hatte.

Wer eine solche Krankheit einmal überstanden hat, ist normalerweise künftig gegen sie immun. Er besitzt sozusagen ‚weises Blut'. Ob uns das vielleicht helfen kann, den Satz aus dem Hebräerbrief zu verstehen, daß Jesus durch Leiden zur Vollendung geführt worden ist? (Hebr. 2.10)

Ja, was er selbst erlitten hat, das befähigt ihn nun, denen zu helfen, die dasselbe zu leiden haben (Hebr. 2,18). Noch einmal: Das Blut Christi hat ‚überwunden'. Weil er die Versuchung bestanden hat, können auch wir es schaffen. Gleich bei seinem ersten Kampf mit dem Versucher lehnte er es ab, mit Gewalt die Versuchungen zu bestehen. Die letzte Versuchung bestand er im Garten von Gethsemane: ,,Vater, wenn du willst, erspare mir diesen Leidenskelch. Aber dein Wille soll geschehen, nicht meiner!" (Lukas 22,42)

Und wenn wir heute beim Abendmahl den Wein zu uns nehmen, dann ist es, als spräche Jesus zu uns: ,,Dies ist mein Blut, das für dich vorbereitet wurde. Dies ist mein Leben, das für dich schon gelebt worden ist und nun dir zugeteilt wird. Ich war schwach, erschöpft, versucht und verlassen. Morgen kann es dir so ergehen. Dann nutze meine Kraft und stärke dich mit meinem Geist. Denn ich habe die Welt überwunden, überwunden für dich!"

8 Geborgtes Blut

Die Geschichte der Blutübertragung beginnt – wie die so mancher anderen medizinischen Technik – mit einer Katastrophe. 1492, im gleichen Jahr, in dem Kolumbus Amerika entdeckte, versuchte ein jüdischer Arzt in Italien eine Blutübertragung. Als Spender standen ihm drei junge Leute zur Verfügung. Empfänger war der schwerkranke Papst Innozenz VIII. Alle drei Spender starben an Blutsturz, der Papst überlebte so eben.

Zwei Jahrhunderte später erwachte das Interesse an Blutübertragungen wieder. Führend war der Franzose Jean Baptiste Denis, Leibarzt Ludwigs XIV. Nachdem es ihm gelungen war, Blut von einem Hund auf einen anderen zu übertragen, versuchte er, einen sterbenden Jungen durch eine Injektion von etwa einem Viertel Liter Lammblut am Leben zu halten. Der Junge starb. Ein anderer Blutempfänger fand tatsächlich ins Leben zurück, eilte in die nächste Kneipe, um die Sache zu feiern, und – brach dort tot zusammen. Denis' fragwürdige Ergebnisse bestätigten im Grunde nur, was jeder Arzt ohnehin zu wissen meinte: Nicht Blutzufuhr, sondern Blutentnahme – Aderlaß – konnte in bestimmten Fällen den Patienten retten. So war M. Cousinot, Denis' Vorgänger als Leibarzt, durch vierundsechzig Aderlasse innerhalb von acht Monaten vom Rheumatismus geheilt worden. Verständlich, daß die Übertragung von Blut gesetzlich verboten wurde.

Italienische und englische Ärzte gaben nicht so rasch auf. So stellte ein italienischer Arzt Untersuchungen mit einem Paar siamesischer Zwillinge an. Sie hatten ein gemeinsames Kreislaufsystem; was der eine aß, ernährte auch den anderen mit. Der Arzt überlegte: Konnte man nicht ähnlich auch Blut von einem zum anderen Menschen übertragen? In jener Zeit sah man Blut nicht nur als Transporteur für Nahrung, sondern als so eine Art ‚Lebenselixier' an. Man meinte, es sei mit bestimmten ‚Säften' oder ‚Lebensgeistern' gesättigt und verleihe einem jeden seine persönliche Art. Sollte es da nicht möglich sein, von einem Gesunden über sein Blut die Gesundheit auf einen Kranken zu übertragen? Konnte man durch Blutübertragung am Ende gar die Persönlichkeit verändern? Das wäre doch eine feine Sache, wenn man ständigem Ehekrach dadurch ein Ende machte, daß man das Blut der beiden Gatten miteinander mischte!

Doch es war nichts damit. Bis in das neunzehnte Jahrhundert hinein machte man auf diesem heiklen Gebiet keine Fortschritte. Immerhin konnte in England Dr. James Blundell elf von fünfzehn Frauen, die nach einer Niederkunft einen Blutsturz erlitten hatten, durch Blutübertragung retten. Es gibt noch ein paar alte Radierungen, auf denen die dramatische Szene festgehalten ist: Ein feierlich ernster Dr. Blundell beobachtet eine Frau, die vor ihm steht und durch einen dünnen Schlauch ihr Blut direkt in eine Vene einer Sterbenden fließen läßt. Da ist noch dieses unmittelbare ‚Von Mensch zu Mensch', das heute, im Zeitalter von Blutbanken und Computertechnik, längst verlorengegangen ist.

Trotz so manchen Fortschritts barg die Blutübertragung noch viele Jahre lang unberechenbare Risiken. Nur zu oft kam es vor, daß der Körper des Empfängers das Spenderblut plötzlich zurückwies. Dann kam es zu einer vehementen Reaktion, und meist starb der Patient. Es dauerte Jahrzehnte, bis man die skurrile Vielfältigkeit der Blutgruppen und Rh-Faktoren herausfand, bis man es lernte, Blut, nach bestimmten Gruppen sortiert, haltbar aufzubewahren und vor dem Gerinnen zu schützen.

Erst während des Ersten Weltkriegs wogen die erzielten Erfolge die Risiken auf. Die Sanitäter nahmen in einer Holzkiste zwei Einmachgläser der kostbaren Flüssigkeit mit auf das Schlachtfeld. Bald tröstete man Verwundete: ,,Halte durch! Bald kommt der Kerl, der dir Blut reinpumpt. Das macht dich wieder lebendig, selbst wenn du schon gestorben warst!"

Ein farbiger Amerikaner, Charles Drew, löste die Probleme, die man mit dem Frischhalten und Transportieren des Blutes bis dahin noch hatte. So wurde es möglich, im Zweiten Weltkrieg in ganz Großbritannien eine ,,Nationale Blutspende-Aktion" durchzuführen. Und heute überzieht ein dichtes Netz von Blutbanken und Transportstationen für Kraftwagen wie Hubschrauber die zivilisierte Welt. Geradezu ein Spiegelbild jenes Adernetzes, das unseren Körper versorgt.

Ich erzählte schon, daß die faszinierende Beobachtung einer lebensrettenden Bluttransfusion damals im Londoner Connaught Hospital mich zur Medizin geführt hat. Zwölf Jahre später – mit einem reichen Schatz medizinischer und chirurgischer Erfahrung – fand ich mich in Indien wieder, mitten unter Menschen, die schon beim bloßen Gedanken an Blutentnahme mit heftigem Abscheu reagierten.

Ich trat meinen Dienst als orthopädischer Chirurg im Christian Medical College in Vallore zu einem Zeitpunkt an, als das College gerade Spezialisten aus aller Welt einstellte. Unter ihnen befand sich auch Dr. Reeve Betts, der von der Lahey Clinic in Boston kam. Er sollte für ganz Indien der Vater der Brustkorbchirurgie werden. Er war kaum angekommen, da stieß er schon auf die erste schwere Hürde: Es gab keine Blutbank. Bei einigen Operationen hatten wir uns mit der alten Goldberg-Methode beholfen, dem Patienten zuvor Blut abgenommen und ihm dann wiederzugeführt. Doch für eine Operation im Brustkorb ist eine vorsorglich bereitgehaltene Blutreserve von mindestens drei bis fünf Litern erforderlich. Betts besaß ausreichendes Können, die ungezählten Patienten zu heilen, die von überall herbeiströmten. Doch ohne Blutkonserven war er machtlos.

So wurde 1949 die Blutbank die Nummer eins meiner Prioritätenliste. Eine Blutbank mußte her! Doch das war leichter gesagt als getan. In diesem heißen Klima war wegen der unhygienischen Verhältnisse eine große Zahl Menschen krank. Sie litten an Parasiten jeder Art, viele trugen Hepatitisviren in sich. Es wurde ein harter Kampf, bis wir es endlich schafften, unsere Methoden sozusagen narrensicher zu gestalten. Immer wieder mußten wir es erleben, daß eine Transfusion, die doch hatte helfen sollen, den Patienten mit einer neuen Krankheit infizierte. Man kann heute, wo das alles tadellos klappt, nur mit tiefem Dank an die Pioniere jener Tage zurückdenken, die mit jeder Transfusion ein schweres Risiko auf sich nahmen.

Am schwierigsten aber war es, mit den altüberkommenen Anschauungen der Inder fertig zu werden. Für sie bedeutet nun einmal Blut das Leben. Wer kann da schon sein Blut hergeben wollen, nur damit irgendwelche Fremden davon leben? Nur eine einzige Gruppe stellte sich uns zur Verfügung: die Rikscha-Kulis. Sie, die ‚Unberührbaren', die unterste und ärmste Kaste, sahen die Blutspende als ein bequemes Mittel, zu Geld zu kommen. Als einige unserer regelmäßigen Spender stark abnahmen, forschten wir nach und stellten mit Entsetzen fest, daß sie auch für andere Krankenhäuser Blut spendeten; manche mehr als einen halben Liter pro Woche! Um sie vor solchem Mißbrauch zu schützen, blieb uns nichts anderes übrig, als eine Hauttätowierung einzuführen. Nun hatten wir sie unter Kontrolle und konnten vermeiden, daß sie zu oft Blut spendeten.

Doch bei allen anderen Kasten blieb die Sache schwierig.

Zu größeren Operationen begleitete meist ein ganzer Haufen von Verwandten den Patienten. An Gesprächspartnern, mit denen man sich beraten konnte, war also kein Mangel. Doch weil alles erst in irgendeinen Stammesdialekt übersetzt werden mußte, zogen sich solche Gespräche furchtbar in die Länge.

Ich erinnere mich an den Fall eines zwölfjährigen Mädchens, um dessen Lunge es sehr schlecht bestellt war. Zunächst setzte Reeve die Eltern davon in Kenntnis, daß ein Teil der Lunge entfernt werden müsse, um die Patientin am Leben zu erhalten. Die Eltern nickten gewichtig Zustimmung. Dann eröffnete ihnen Reeve, daß er während der Operation eineinhalb Liter Blut benötige, aber nur einen halben Liter zur Verfügung habe. Es sei darum nötig, daß Familienmitglieder noch einen Liter spendeten. Nach dieser Eröffnung steckten die Eltern die Köpfe zusammen, um nach langer Beratung zu verkünden, daß sie gewillt seien, diesen Liter Blut zu bezahlen.

Ich sah, wie Reeve rot anlief. Seine Nackenadern schwollen, sein glänzender Kahlkopf leuchtete wie eine Warnlampe: Gleich wird er explodieren!

Doch er bezwang sich und setzte – mit völlig beherrschter Stimme – den Leuten auseinander, daß es überhaupt keine andere Möglichkeit gebe, das benötigte Blut zu beschaffen. Und wenn sie selbst nicht bereit seien, das Blut zu spenden, nun, dann sollten sie das Mädchen wieder mit nach Hause nehmen und in Ruhe sterben lassen! Nun gab es zwischen den Eltern eine erregte Diskussion. Endlich schienen sie sich geeinigt zu haben. Sie schoben eine alte Tante nach vorn, die keinen Zentner mehr wog: ,,Nehmt die! Die macht sowieso nicht mehr lange."

Reeve starrte den fetten Dickwanst an, der die Entscheidung verkündet hatte. Und dann kochte er über! Sein kahler Schädel glühte förmlich. In gebrochenem Tamilisch brüllte er die zitternden Familienmitglieder an. Kaum einer verstand ihn bei seinem amerikanischen Akzent, doch jeder kapierte, wie wütend er war, als er da mit seinem Zeigefinger zwischen dem fetten Kerl und der gebrechlichen Alten hin und her fuhrwerkte.

Ganz plötzlich hielt er ein, rollte mit großer Geste seinen Ärmel auf und rief mir zu: ,,Los, Paul! Ich halt das hier nicht mehr aus. Das kann ja eine Ewigkeit dauern, bis diese sturen Verwandten sich aufraffen. Her also mit Nadel und Flasche! Ich will mein Blut für dieses arme Mädchen geben." Ich legte sorgsam die Manschette um seinen Arm, desinfizierte die Haut und führte die Nadel in seine Vene ein. Die liebe Familie saß still dabei und staunte. Als Reeves Blut in die Flasche rann, erklang ein allgemeines ,,Ahhh!" Und dann war da nur noch ein wildes Durcheinander von Stimmen. ,,Der Sahib Doktor gibt sein eigenes Leben für sie!" Zuschauer, die alles mitbekommen hatten, zeigten auf den fetten Familienvater: ,,Schande über dich!" Der Tumult schwoll noch an, als ich Reeve warnte: ,,Stopp! Geben Sie nicht zu viel Blut. Sie haben ja erst letzte und vorletzte Woche gespendet. Stopp! Sonst werden Sie zu schwach, um noch zu operieren!"

Jetzt endlich hatte die liebe Verwandtschaft begriffen. Noch ehe die Flasche halb voll war, drängten zwei oder drei nach vorn und boten sich an. Ich konnte Reeves Übertragung unterbrechen und die Familienmitglieder anzapfen. Als ich mit der Prozedur endlich fertig war, fühlte sich Reeve wieder ganz auf dem Posten. Niemals pflegte er viel Blut zu spenden, dafür aber ganz regelmäßig. So kam es, daß seine blutbildenden Zellen in der Übung waren und mithalten konnten. Er tat sich nie etwas darauf zugute, doch wenn Not am Mann war, dann gab er halt sein eigenes Blut für andere her.

Wenn ich über die alte Symbolik nachdachte, die sich in unserem Glauben, besonders auch in einigen Worten Jesu, mit dem Begriff ‚Blut' verbindet, dann kam ich immer wieder auf unsere moderne Technik des Blutspendens zurück. Natürlich hatten Jesus und die biblischen Autoren keine Vorstellung von einem Blut-Depot des Roten Kreuzes. Und doch steckt gleichnishaft in einer Blutübertragung alles drin, was sich hinter dem christlichen Symbol ‚Blut' verbirgt.

Da hat Jesus in einer Zeit, in der niemand etwas von der Möglichkeit einer Blutübertragung ahnte, das überraschende Bild vom Trinken seines Blutes verwendet. Eh und je haben sich unsere Theologen schwergetan, wenn sie dieses Geheimnis der Eucharistie erklären sollten. Wer könnte schon beschreiben, auf welche Weise Christi Leib und Blut ein Teil von mir werden soll? Wir kommen ihm näher. Wir haben an ihm teil. Er speist uns. All diese Redewendungen sind nicht mehr als blasse Hinweise auf das große Geheimnis: ,,Ich bin der Weinstock, und ihr seid die Reben" (Johannes 15,5).

Das moderne Bild der Bluttransfusion öffnet mir die Augen für das, was Jesus gemeint hat.

Niemals werde ich die Nacht vergessen, in der ich damals in Connought zusah, wie die verunglückte Frau nach der Zufuhr von Blut aus dem Tod wieder ins Leben zurückfand. Die Erfahrungen, die ich bei Blutübertragungen gemacht habe, sind für mich treffende Beispiele dafür, was Leben schenken heißt und was die Leben spendende Kraft des Blutes bedeutet. Im Heiligen Abendmahl erfahre ich: Christus ist nicht tot und fern von mir, nein, er lebt und ist in mir gegenwärtig. Sein Blut ist mein Leben.

Sein Blut macht mich auch rein. Ich weiß, was sich da an Schlechtem in mir angesammelt hat, doch nun darf ich befreit aufatmen, denn alles Böse fällt in Meerestiefe hin.

Ja, ich kann mir jetzt gut vorstellen, wie es da in mir zugeht: dieser innere Kampf und die entscheidende Wende, die das frische Serum bringt. Jesus, dieser eine, der schon lange, lange zuvor die Schlacht gewann, er spendet mir sein ‚weises' Blut.

So ist mir das Heilige Abendmahl Gleichnis für tägliches Neuwerden und Auferstehen geworden. Nun gilt das alte Wort: ,,Christi Blut und Gerechtigkeit, das ist mein Schmuck und Ehrenkleid." Jene Frau damals in Connought entging dem Tod, weil ein unbekannter Spender ihr sein Blut gab. Reeve Betts Patienten in Vallore schöpften neue Hoffnung, wenn ihre Verwandten ihr Blut gaben. Und ich empfange neue Lebenskraft im Heiligen Abendmahl. Christus ist mein Leben.

Irgend jemand hat mal gesagt: ,,Na schön, das mit dem Glauben lasse ich gelten. Doch was soll die Abendmahl-Zeremonie? Müssen wir denn unbedingt dieses ganze Ritual wiederholen?" Robert Farrar Capon antwortet darauf mit Gegenfragen: ,,Warum gehen Sie denn zu einer Party? Schließlich können Sie doch auch für sich allein einen trinken? Warum geben Sie Ihrer Frau einen Kuß, wenn Sie doch beide ohnehin wissen, daß Sie sie lieben? Warum laden Sie Ihre Tochter gerade an ihrem Geburtstag zum Essen ein, wo Sie das doch an jedem andern Tage auch tun könnten?" Und er schließt mit der Frage: ,,Warum überhaupt menschlich sein?" In ihrem Buch ,,Incarnation and Immanence" schreibt Helen Oppenheimer: ,,Der äußere Brauch, das Teilen von Brot und Wein, hat nichts mit Zauberei oder Psychoterror zu tun. Es ist ganz einfach die Form, in der uns Gott begegnen will. Es sind nun einmal Äußerlichkeiten, mit denen wir auch unseren menschlichen Beziehungen Ausdruck geben: ein Trauring, Ehrenzeichen, Goldmedaillen oder Geburtstagsgeschenke. Sie alle besitzen ihren Wert nicht in sich selbst. Sie sind auch nicht nur bloße Symbole oder Erinnerungsstücke mit sentimentalem Gehalt. Sie sind weit mehr: ganz persönlicher Ausdruck unserer

Hochschätzung, unserer Zuneigung, unseres Dankes ... So ist auch unter Brot und Wein Christus selbst zugegen, sein Sterben und sein Auferstehen."

Im Alten Bund, dem Alten Testament, war es so, daß die Gemeinde das Opfer darbrachte. Im Neuen Bund, den Christus stiftete, empfangen wir! Wir empfangen, was Christus für uns tat: sein Leiden, Sterben, Auferstehen. ,,Das ist mein Leib, der für euch geopfert wird ... Dieser Kelch ist der neue Bund Gottes, der mit meinem Blut besiegelt wird" (1. Kor. 11,25). Mit diesen Worten schlägt Jesus die Brücke von sich zu mir herüber, über alle Länder und Ozeane hinweg, über alle Zeiten.

In unserem Alltag leben wir weit weg von Gott und kommen nicht von unseren Zweifeln los. Wir wursteln uns so dahin mit unseren Schwächen und Fehlern, unseren großen oder kleinen Sünden, all unserem Weh und Ach. Diese Geschundenen und Geplagten winkt Jesus an seinen Tisch: Kommt und feiert mit mir das Leben! Überschwengliche Liebe, vergebende Gnade – wir sind angenommen, leben und blühen auf. Durch sein Blut.

,,Ich bin der Lebendige", sagt der erhöhte Christus zu Johannes (Offenb. 1,18). ,,Ich war tot, doch nun lebe ich in alle Ewigkeit. Ich habe Macht über den Tod und die Totenwelt." Im Abendmahl fließt alles in eins: das Leben, das war und für uns ans Kreuz ging; das Leben, das in Ihm ist und nun in uns lebt; und das Leben, das sein wird in Ewigkeit. Christus ist mehr als ein Gleichnis des Lebens. Christus ist das Leben.

Erinnern wir uns noch einmal an seine Worte: ,,Wer meinen Leib ißt und mein Blut trinkt, der hat das Leben für immer, und ich werde ihn am letzten Tage zum Leben erwecken. Denn mein Leib ist die wahre Nahrung, und mein Blut ist der wahre Trank. Wer meinen Leib ißt und mein Blut trinkt, der lebt in mir und ich in ihm. Der Vater, von dem alles Leben kommt, hat mich gesandt, und ich lebe durch ihn. So wird auch der, der mich ißt, durch ihn leben" (Johannes 6,54–57).

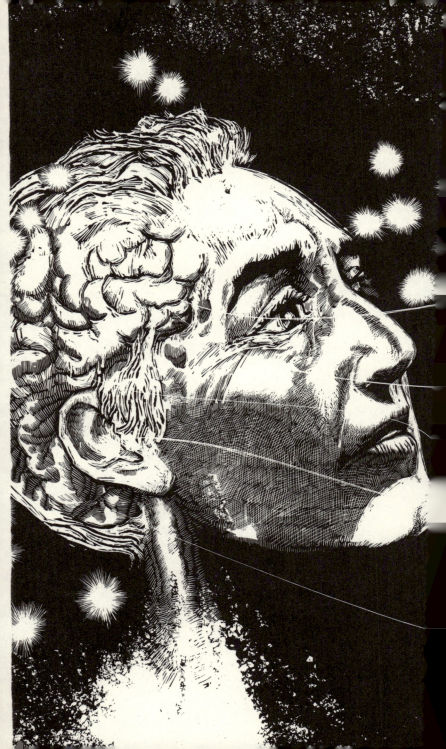

KOPF

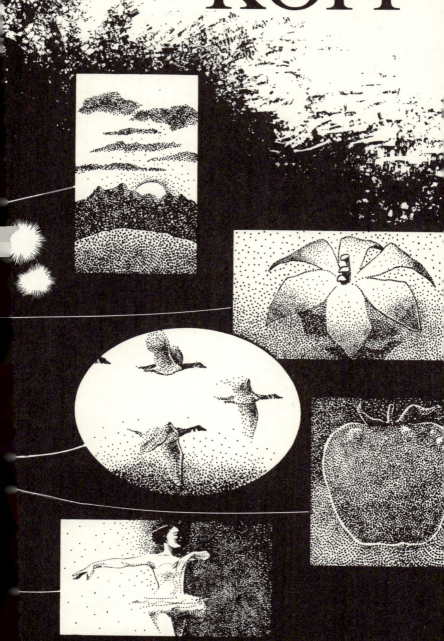

9 Unsere fünf Sinne

Ich sitze in meinem unaufgeräumten Büro, lehne mich bequem im Stuhl zurück und blicke gelangweilt in den Garten hinaus. Ein Tag des Nichtstuns, mag es scheinen. Und doch laufen da in dieser einen verträumten Sekunde etwa fünf Milliarden chemischer Prozesse in meinem Gehirn ab.

Ich raffe mich auf, will mich konzentrieren. Fangen wir damit bei den Augen an! Um mich herum Stapel von Fachzeitschriften, Notizen für Buchentwürfe, daneben ein Berg von unbeantworteter Post, aufgetürmt zu schwindelnder Höhe. Niederdrückend so etwas! Also marsch hinüber zum Fenster! Da unten der Gemüsegarten: Schuldgefühle steigen in mir auf, es ist eine Weile her, daß ich ihn gedüngt und gewässert habe. Doch da rechts, da steht der Feigenbaum, an dem ich meine Freude habe, er hängt über und über voller Früchte.

Im Schatten, der zwischen sattem Grün und Purpur spielt, wiegen sich Feigen, dicht an dicht an jedem Ast. Fast sieht es aus, als ducke sich der Baum unter dieser Last. Alljährlich, wenn die Feigen reifen, erscheinen ungezählte Scharen herrlicher Schmetterlinge. Sie gehören alle zu ein und derselben Art, mit schwarzen, orangefarbenen und weißen Streifen. Tausende von ihnen hüllen meinen Feigenbaum in eine Wolke sich wandelnder Farben. Tritt man hinaus, kann man deutlich das Rascheln der schwirrenden Flügel hören. Ich beobachte, wie die Falter jede reifende Frucht mit einem Rüssel, dünner als ein Faden Nähgarn, prüfen. Die unreifen Feigen tippen sie kaum an, bei denen, die eben rot zu werden beginnen, verweilen sie ein paar Sekunden, doch auf den Feigen, die schon überreif sind, lassen sie sich nieder, um sich ‚vollaufen‘ zu lassen. Bald hatte ich es heraus: Am besten schmeckten mir die Feigen, bei denen die Schmetterlinge herumbummelten, aber noch nicht landeten.

Verschiedene, ganz alltägliche Geräusche erreichen mein Ohr: Da drüben schnüffelt mein Hund an einer Ecke, vom Mississippi herüber kommt das gleichmäßige Tuckern einer Schiffsmaschine, übertönt vom Geknatter eines Rasenmähers, und aus unserem Wohnzimmer schwebt zarte klassische Musik. Das Knattern des Rasenmähers wird von dem herben Duft des frisch gemähten Grases untermalt. Und jetzt, da ich meinen Kopf ein wenig neige und vorsichtig einatme, nehme ich auch den süßlichen Duft der am Boden faulenden überreifen Feigen wahr. Doch schon beim leichtesten Windhauch werden diese zarten Düfte vom üblen Schwefelgestank weggewischt, der von der Petro-Chemie dort unten am Fluß ausgestoßen wird.

Auf den ersten Blick scheint es, als geschehe heute überhaupt nichts. Doch sobald ich genau hinblicke, muß ich feststellen, daß eine ganze Menge passiert. Da haben, längst bevor ich bewußt darauf achtete, meine Nase, meine Augen und Ohren all diese verschiedenen Wahrnehmungen gemeldet. Diese meine Sinneswahrnehmungen formen derart maßgeblich meine Vorstellung von der Welt, daß es sich schon lohnt, sich mit jeder von ihnen ein wenig zu beschäftigen.

Gott gab dem Menschen zwei Ohren, aber nur einen Mund. Doch wohl, damit er zweimal so viel höre als rede." Das sagte schon der altgriechische Stoiker Epiktet. Verglichen mit einigen ‚Behängen' im Tierreich sind die menschlichen Ohren klein und unterentwickelt. Sie können auch nur eine sehr viel geringere Bandbreite der Schallwellen wahrnehmen als etwa die Ohren unserer Hunde oder Pferde. Wir sind auch nicht fähig, wie so viele Tiere, unsere Gefühle mit ihnen zum Ausdruck zu bringen. Wir können allenfalls mit ihnen – so zum Spaß – ein wenig wackeln.

Trotz dieser Einschränkungen ist es doch recht bemerkenswert, wie gut wir trotzdem hören können. Eine ganz gewöhnliche Unterhaltung versetzt die Luftmoleküle in Wellenbewegungen. Diese wieder bewegen unser Trommelfell um höchstens ein tausendstel Millimeter. Doch das reicht völlig aus, all die verschiedenen Laute menschlicher Sprache zu vermitteln. Die Membran des Trommelfells ist so feinfühlig, daß sie uns sowohl das zarte Geräusch einer niedergefallenen Nadel vermittelt wie auch das hundertmilliardenmal lautere Lärmen der herandonnernden U-Bahn. Noch feinfühliger dürfte es gar nicht sein, weil wir dann die Bewegung der Luftmoleküle als ein ständiges Zischen wahrnehmen würden. Nur am Rande sei bemerkt: Es gibt tatsächlich einige wenige Leute, die das zu hören in der Lage sind. Ergebnis: lebensgefährliche Halluzinationen!

Wer das Biologiestudium an einer Universität heil und lebendig überstanden hat, weiß, was geschieht, wenn das Trommelfell durch Wellen in Schwingungen versetzt worden ist. Drei winzige Knöchelchen – Hammer, Amboß und Steigbügel genannt – übertragen die Schwingungen ins Mittelohr. Ich habe wahrhaftig genug mit den Knochen des menschlichen Gebeins zu tun gehabt, kann aber sagen: Diese drei kleinsten sind die interessantesten von allen. Im Gegensatz zu allen anderen wachsen sie nicht im Laufe des Lebens, sind vielmehr schon beim Neugeborenen voll entwickelt. Dabei sind sie in ständiger, ununterbrochener Bewegung. Denn jeder Laut, der uns erreicht, bringt sie in Aktion. Sie arbeiten in der Weise zusammen, daß jede Schwingung, die das Trommelfell bewegt hat, zwanzigmal verstärkt das Mittelohr erreicht. In einem knapp drei Zentimeter großen Raum – Cortisches Organ genannt – wird das, was als Schwingung der Luftmoleküle das Trommelfell traf und von dort über das mechanische Hebelsystem der drei Knöchelchen ins Mittelohr übertragen wurde, nun als Turbulenz in ein flüssiges Medium übersetzt. In der zähen Flüssigkeit, mit der das Cortische Organ gefüllt ist, pflanzen sich jetzt die pulsierenden Wellen fort.

Sofort stellt sich die Frage: Wie kommt es, daß ich zwei so verschiedene Geräusche wie etwa das Summen einer Fliege und das Rattern eines ziemlich weit entfernten Rasenmähers klar unterscheiden kann? Nun, jeder Laut hat sozusagen sein eigenes Kennzeichen, seine Wellenlänge, seine Schwingungszahl pro Sekunde. An einer Stimmgabel kann man das ganz deutlich erkennen: Beide Gabelzinken schwingen sichtbar hin und her. Nimmt unser Ohr einen Ton mit 256 Schwingungen pro Sekunde auf, dann hören wir das einfache C. So kann der normale Mensch Schwingungen zwischen 20 bis zu 20 000 Schwingungen pro Sekunde wahrnehmen.

An der Innenseite des Cortischen Organs lauern 25 000 Nervenenden darauf, die Impulse, die da ankommen, aufzufangen. So etwa, wie in einem Piano die Saiten darauf warten, angeschlagen zu werden. Durch ein leistungsfähiges Elektronenmikroskop betrachtet, sehen diese Zellen aus wie Reihen winziger Baseballschläger, die in Reihen nebeneinander in die Erde gesteckt sind. Jede Zelle ist auf eine ganz bestimmte Wellenlänge eingestellt. Da gibt es welche, die reagieren, wenn 256 Schwingungen eintreffen, und melden das weiter an die Zentrale im Gehirn. Prompt höre ich dann das C. So ist jede Zelle auf eine bestimmte Welle programmiert. Und nun stellen Sie sich bitte vor, Sie sitzen vor einem voll besetzten Opern-Orchester. Da hören Sie zwölf und mehr Töne im selben Augenblick, dazu noch von lauter verschiedenen Instrumenten, ganz wie die Partitur es vorschreibt. Es ist toll: Das menschliche Ohr kann mehr als 300 000 Tonfärbungen unterscheiden!

Noch etwas: In der Natur geht Überleben vor Schönheitsempfinden. Darum haben sich Tiere, die sich ihre Beute über das Gehör verschaffen, noch genauer spezialisiert. So können Fledermäuse Radarschwingungen von 50 000 bis 100 000 Frequenzen pro Sekunde aussenden und empfangen. Auch ein Hund hört besser und auf einer größeren Bandbreite als sein Herrchen. Eine Eule wiederum hat ein Rundum-Gehör: Mit einem Ohr hört sie, was von vorn kommt, mit dem anderen horcht sie nach hinten. Das verleiht ihr die Fähigkeit, Geräusche im vollen Bereich der dreihundertundsechzig Grad exakt zu orten. So kann eine Eule, der man die Augen verbunden hat, das Rascheln einer Maus auf den Punkt genau selbst im Stroh einer großen Scheune ausmachen.

Interessant bei all dem ist, daß die Schwingungen, die das ganze Spiel in Gang gebracht haben, das Gehirn selbst nie erreichen. Es ist ähnlich wie bei einem Kassettenband: Schwingungen werden in elektrische Impulse verwandelt und magnetisch aufgezeichnet. Tausende von Neuronen leiten, ähnlich wie Telefondrähte, die von den 25 000 Empfängerzellen aufgenommenen Impulse zu dem Teil des Gehirns, der für das Hören zuständig ist. Dort werden die Impulse übernommen in eine An-Aus-Schaltung, also in eine Art Digitalsystem. Unser ‚Hören' setzt sich also aus der Fülle eingehender Impulse zusammen, ihrer Vielfalt, ihrer Frequenz und ihrem Zusammenspiel. Aus all dem ‚komponiert' dann unser Gehirn das, was wir ‚hören'.

Wenn dieses ganze Spiel von Weitergeben und Empfangen zu Ende ist, macht dann unser Gehirn daraus noch etwas ganz Eigenes: Es legt Logik und Gefühle hinein.

Ich selber habe das in ganz eindrucksvoller Weise 1983 erlebt. Wir begingen unseren vierzigsten Hochzeitstag. Als das Telefon läutete, griffen meine Frau Margaret und ich zugleich nach den Anschlüssen. ,,Herzlichen Glückwunsch, Mutti und Vati!" kam es aus den Muscheln. Das war unser Sohn Christopher in Singapur. Doch dann hörten wir zu unserer Überraschung dieselben Worte aus dem Munde unserer Tochter Jean, die in England lebt. Anschließend meldeten sich Mary in Minnesota, Estelle in Hawaii, Patricia in Seattle und Pauline in London! Großartig: Unsere sechs Kinder hatten eine Konferenzschaltung rund um den Globus zuwege gebracht.

Seit Jahren hatte mich nichts derart ergriffen. Ich sah mich in die Vergangenheit zurückversetzt, wie wir da um den Mittagstisch saßen, lachten und scherzten. Der Klang der lieben Stimmen trieb mir Tränen in die Augen, Tränen der Freude. Obwohl uns Tausende von Kilometern trennten, fühlten wir uns wieder als Familie. Alles, was wir in gemeinsamen Jahren an Freud und Leid durchgemacht hatten, all meine Liebe zu den Kindern und meiner Frau – all das war mir plötzlich in meinem Geist gegenwärtig. Da hatte jemand auf der anderen Seite der Welt ins Telefon gesprochen und damit mechanische Schwingungen ausgelöst. Und am Ende hatten die mich über elektrische Impulse erreicht. Mein Ich war angesprochen worden, hatte sich angesprochen gefühlt. Hinter all dem vordergründigen Geschehen war der ‚Geist in der Maschine' zum Vorschein gekommen. Und das war – ich.

Mit fast noch größerer Verwunderung beobachtete ich eine

andere Fähigkeit meines Gehirns. Wenn ich meine Vorstellungskraft bemühe, kann ich ‚im Geist' mühelos hören die vier hämmernden Akkorde aus Beethovens Fünfter, die melodiöse Stimme meiner Tochter Pauline, die durchdringenden Töne der Londoner Sirenen während eines Luftangriffs im Zweiten Weltkrieg, ja, ich verspüre dann sogar dieselbe Angst wie damals. Doch in Wirklichkeit gibt es da keine Schallwellen, keine Schwingung der Moleküle, keine Aktivität meiner Empfängerzellen. Nein, absolutes Schweigen da draußen, Sendepause. Mein Geist, meine Vorstellung produziert all diese Töne und Geräusche. Sie existieren nur in meinem Gehirn, in einem kleinen Bezirk grauweißer Gehirnmasse. Welch ein Wunder!

Es ist wirklich erstaunlich, wozu unser Gehörsinn fähig ist, doch das, was der Geruchssinn vermag, grenzt ans Wunderbare. Da trifft ein Mottenmännchen auf ein Molekül jenes Pheromons, das von einem Weibchen – Meilen weit entfernt – ausgesandt wurde. Das Männchen wird nicht fressen noch ruhen, bevor es nicht das Weibchen gefunden hat, das jenen aufreizenden Geschlechtsduft ausgeströmt hat. Ein einziges Molekül hat die ganze Aufregung ausgelöst. Oder denken wir an einen Lachs, der – kaum länger als ein Finger – den Fluß, in dem er aus dem Ei schlüpfte, verläßt und ins Meer zieht. Von Oregon oder den Küsten Alaskas durchzieht er den Ozean. Über Tausende von Meilen, Jahre hindurch. Doch dann, wenn er herangereift ist, findet er ohne Karte, Kompaß oder Seezeichen den Weg zurück zu seinem Heimatfluß. Er findet ihn allein mit Hilfe seines Geruchssinns, dessen Empfängerzellen in den Seitenlinien seines schleimigen Körpers sitzen.

Ein Schwein bricht wie ein Bulldozer die Erde auf, weil es irgendwo da unten eine Trüffel gewittert hat. Und Borkenkäfer gehen zu Millionen in die Falle, die sie mit dem Duftstoff ihrer Weibchen angelockt hat. Der Geruchssinn ist unter allen Sinnen der stärkste ‚Auslöser'.

Wir zivilisierten Menschen haben unseren Geruchssinn vernachlässigt, die entsprechenden Teile unseres Gehirns sind unterentwickelt. Wir vergessen dabei, daß Geruchs- und Tastsinn in der Menschheitsgeschichte eine wichtige Rolle gespielt haben. Es war Europas Schrei nach Gewürzen, der Kolumbus auf die Suche nach Indien trieb. Ohne dieses Verlangen nach Nelken, Vanille und Piment wäre Amerika noch lange unentdeckt geblieben. Die meisten von uns machen von ihrem Geruchsvermögen, obwohl sie dazu in der Lage wären, kaum noch Gebrauch. Eine Ausnahme bilden die professionellen Tester: Wein-, Kaffee- oder Teekoster sowie die Experten für Parfüme. Doch müßten wir in der Wildnis leben und hinge unsere Überlebenschance auch von unserem Geruchssinn ab, dann würde jene vernachässigte Partie unseres Gehirns zu neuem Leben erwachen. Wir würden wittern, wo es was zu essen gibt, zurückschrecken vor Angefaultem, würden gewarnt vor Verdorbenem, vor Giften und gefährlichen Gasen.

Unser Geruchssinn arbeitet chemisch. Winzige Empfangszellen führen mit jedem auftretenden Molekül einen chemischen Test durch. Bei Fliegen und Küchenschaben sitzen diese Rezeptoren an den Beinen. Bei den Motten gibt es feinfiedrige Fühler, die ganz ähnlich wie Fernsehantennen arbeiten. Es wird auf diese Weise eine erhebliche Leistungssteigerung erreicht. Und bei uns Menschen liegt ein etwa pfenniggroßer Riechfleck an der Oberseite der Nasenhöhle. Wenn wir einen Duft genau prüfen wollen, dann ‚schnuppern' wir und befördern so die Moleküle in der Nasenhöhle hinauf zu dem Riechfleck, wo sie von der feuchten Schleimhaut eingefangen werden. Obwohl unser Riechvermögen nur schwach ausgebildet ist, sind wir doch in der Lage, unter fünftausend anderen Molekülen ein einziges Knoblauchmolekül herauszufinden!

Selbst das Laboratorium der Parfümfirma Du Pont braucht hundertmal mehr Zeit für eine Duftanalyse als eine – Hundenase. Da hält der Kriminalbeamte dem Suchhund einen Sokken vor die Nase. Der schnüffelt ein paarmal tief, vermerkt zugleich den abgestandenen Zigarettenrauch, den künstlichen Duft von Dr. Scholls Gesundheitseinlagen, die gesamte Geschichte des Oberleders, Spuren von bakteriellen Vorgängen und auch ein paar Hautzellen des Verbrechers, der diesen Strumpf einmal trug. Und nun nimmt er die Spur auf, verfolgt sie durch den Wald, schnüffelt prüfend hier, bellt plötzlich kurz auf. Er ist auf ein anderes Fundstück gestoßen. Die Fichtennadeln, der Staub, die Menschen um ihn her, die tausend verschiedenen Düfte des Waldbodens – nichts von all dem hat ihn abzulenken vermocht von dem einen Duft, den sich sein Gehirn eingeprägt hatte.

Ich kenne kein Labor, das in der Lage wäre, anhand von zwei Socken allein nach dem Geruch einen Menschen unter solchen Bedingungen zu identifizieren.

Die Nase ist so etwas wie ein nostalgisches Organ. Sie lebt von Erinnerung. Kaffeeduft, der salzige Hauch vom Meeresstrand, die blasse Spur eines bestimmten Parfüms oder der Äthergeruch des Krankenhauses – sie treffen uns wie ein Geschoß. Wie ein Blitzlicht leuchtet plötzlich auf, was da als Dufterinnerung in einem Safe meines Gehirns unter Verschluß gelegen hatte. Ich erlebe das, sooft ich Indien besuche, mit dessen Namen ja alle tropischen Wohlgerüche verbunden sind. Dreiundzwanzig Jahre hatte ich Indien nicht mehr gesehen, als unser Schiff im Jahre 1946 in den Hafen von Bombay einlief. Ich war jetzt ein junger Arzt, doch eine Fülle längst verschütteter Kindheitserinnerungen brach auf, als ich die phantastischen Düfte dieses Landes in der leichten Brise verspürte. Der Geruch der dampfbetriebenen Eisenbahn, der Basare, der fremden Menschen und der scharfgewürzten Speisen, der Duft von Sandelholz und Weihrauch – das alles wurde in mir lebendig, sobald ich die Luft Indiens in meine Nase sog. Und noch heute geht es mir so, sooft ich aus dem Flugzeug heraustrete und Indien atme.

Doch schon nach wenigen Tagen schwinden diese zuerst so überwältigenden Empfindungen und verblassen zu einer kaum noch wahrgenommenen Hintergrundatmosphäre. Nach einer anfänglichen Überempfindsamkeit beginnt das Gehirn die Düfte zurückzudrängen. Richard Salzer hat das ‚nasal ennui' genannt, ‚Nasenlangweile'! Ursprünglich ist Geruchswahrnehmung ja eine Warnung: ,,Vorsicht, hier stinkt's!" Eine solche Warnung genügt, wozu sie also ständig wiederholen? Fischhändler, Müllmänner und Lumpensammler wissen diese weise Einrichtung zu schätzen. ,,Man gewöhnt sich dran!" sagen sie und treffen damit den Nagel auf den Kopf.

Der Mensch ist tatsächlich in der Lage, mehr als 10 000 verschiedene Gerüche festzustellen. Doch unter allen Sinnen schenken wir unserem Geruchssinn die geringste Beachtung.

Es gibt eine Menge Stiftungen und Organisationen für Blinde und Taubstumme, doch ich kenne keine einzige für ‚Riechblinde'.

Nur Helen Keller, die blind und zugleich taubstumm war, nahm den Geruchssinn ernst: „Der Geruchssinn ist ein allmächtiger Zauberer. Er versetzt uns über Tausende von Meilen weg und läßt die Jahrzehnte unseres Lebens zusammenschmelzen. Der Duft von Obst versetzt mich zurück in unser Haus dort im Süden, die fröhlichen Tage meiner frühen Kindheit wachen auf, ich tolle wieder durch unseren Obstgarten. Andere Düfte, die kommen und gehen, stimmen mich fröhlich oder lassen mein Herz bang schlagen. Selbst wenn ich mir Düfte nur vorstelle, werden Erinnerungen wach: Sommer verdämmert, ist längst vergangen, weiß wogt reifender Weizen, weit, weit in der Ferne."

Auch der Geschmack ist einer der bekannten fünf Sinne. Der französische Gourmet Jean Anthelme Brillat-Savarin schrieb schon vor mehr als hundert Jahren: „Die Küche regiert unser ganzes Leben." Das Neugeborene saugt voll Inbrunst an der Mutterbrust, und noch der Sterbende schlürft mit Behagen seinen letzten kühlen Trunk." Doch unser Geschmack hängt irgendwie mit dem Geruchssinn zusammen und ist sogar von ihm abhängig. Jeder Küchenchef, aber auch jeder Genießer spürt das, sobald er eine verstopfte Nase hat. Es schmeckt nichts mehr!

Unter dem Elektronenmikroskop können wir das dichte Netz der Geschmacksknospen auf unserer Zunge erkennen: Schluchten und Höhlen, Girlanden von wogenden Stielchen, Kaktusblüten und exotische Blätter. Sie sind fleißig dabei, uns Appetit zu machen und Verlangen nach gutem Essen und Trinken zu wecken. Sie sind aber bei weitem nicht so empfindlich wie die Riechzellen in unserer Nase. Da müssen schon zwanzigtausendmal so viele Moleküle kommen, ehe so ein Geschmacksknöspchen das wahrnimmt. Und aus irgendeinem unerfindlichen Grund leben diese Knöspchen nur drei bis fünf Tage. Dann sterben sie und machen anderen Platz. Die Erinnerung an das, was schmeckt, lebt also nur in unserem Gehirn weiter.

Doch es geht dabei nicht nur um die geschmackliche Seite,

vielmehr auch um eine ausgesprochen nützliche Sache. Ein simples Beispiel: Ein Patient, der intravenös oder durch einen Schlauch direkt in den Magen ernährt wird, nimmt die Nährstoffe besser auf, wenn er zuvor Gelegenheit hatte, die Nährflüssigkeit zu kosten. Dieses Erlebnis „Das schmeckt gut!" regt nämlich die Magensaftproduktion an. Genauso wie der Duft eines brutzelnden Steaks oder von gebratenem Speck in mir das Gefühl weckt: „Mann, was habe ich auf einmal für einen Hunger!"

Unser Nachdenken über die Sinne und ihre Beziehung zu unserem Gehirn wäre unvollständig, wenn wir den Gesichtssinn ausließen, der mehr als alle anderen Sinne unser Verständnis der Welt prüft.* Als Ehemann einer Augenärztin höre ich täglich von den wunderbaren Leistungen des Auges, das knapp ein Gewichtsprozent des Kopfes ausmacht. Ich höre aber auch von den Tragödien, die sich abspielen, wenn die Augen ihren Dienst versagen.

Ich selber studiere gern andere Muster vom Auge, wie sie in der Tierwelt vorkommen. Da gibt es den Seeigel, bei dem lichtempfindliche Punkte über seine ganze Oberfläche verstreut sind. Da ist die Kammuschel mit hellblauen Pünktchen, die ihre Schale einrahmen wie die Landelichter eines winzigen Flughafens. Oder ich denke an die Languste, die durch den Schlamm kriecht und dabei mit Punktaugen den Bodengrund studiert. Der Nautilus, dessen Auge wie eine primitive Lochkamera funktioniert. Völliger Gegensatz dazu der hoch über uns rüttelnde Turmfalke. Er hat viermal so viele Augenzellen wie ich, verfügt daher über eine weit bessere Sehschärfe, um auch aus der Höhe seine Beutetiere zu erspähen. So besitzt jedes Tier irgendeine Form von Sehvermögen, und sei es nur – wie etwa bei Amöbe oder Regenwurm – die instinktive Flucht vor dem Licht.

Das Menschenauge verdankt seine charakteristische Farbe der Iris. Sie besteht aus radial und kreisringförmig angeordne-

---

* Unser Tastsinn wurde schon in dem Buch *Du hast mich wunderbar gemacht* ausführlich behandelt.

ten Muskeln, die dazu dienen, die Pupille zu erweitern oder zu verkleinern. Auf diese Weise kann das einfallende Licht bis auf ein Sechzehntel abgeblendet werden. Der Blendenverschluß einer Kamera ist ein mechanisches Abbild dieser natürlichen Funktion. Doch nie ist die Blende der Kamera fähig, dieses innige Spiel der Irismuskeln nachzuahmen, dieses ‚irisierende' Fluten von Farbe und Licht. Mitten in der Iris sitzt eine Präzisionslinse aus lebendem Gewebe. Sie wird von durchsichtigen Fasern getragen und in ihrer Lage gehalten durch eine klare Flüssigkeit, die sich ständig erneuert, um die Zellen mit Nährstoffen zu versorgen und feindliche Keime zu töten. In der Jugend ist die Linse klar wie reiner Kristall, mit zunehmendem Alter lagern sich Proteine ab und trüben die Linse. Es scheint dann von außen, als blicke man durch einen Wasserfall. Das hat dieser Krankheit den Namen ‚Katarakt' eingetragen.

Die Fülle der vorhandenen Sehzellen übertrifft unser Vorstellungsvermögen. Im menschlichen Auge befinden sich rund 127 000 000 Sehzellen, als Stäbchen und Zäpfchen sauber aufgereiht. Sie empfangen das Licht und leiten den Impuls ans Gehirn weiter. Etwa 120 000 000 zarte Stäbchen recken sich dem Licht entgegen. Sie sind so empfindlich, daß die kleinste Lichteinheit – ein Photon – ausreicht, sie zu erregen. Unter optimalen Bedingungen kann das menschliche Auge eine brennende Kerze auf eine Entfernung von fünfundzwanzig Kilometern wahrnehmen. Doch mit den Stäbchen allein könnten wir nur farblos, also schwarz-weiß sehen, auch wäre alles unscharf.

Zwischen den dichten Wald der Stäbchen sind die Zäpfchen eingestreut. Sie sind länger und können sich genau in die richtige Brennweite einspielen. Das Scharfsehen ist auf einen ganz kleinen Teil unseres Augenhintergrundes beschränkt. Richtig scharf sehen wir nur einen Ausschnitt von vier Grad. Blicken Sie bitte einmal genau auf ein einzelnes Wort hier. All die anderen Worte rundum verschwimmen dann, und die ganze Druckseite ist nicht mehr als ein schattenhafter Hintergrund.

Die Zäpfchen sind tausendmal weniger lichtempfindlich als die Stäbchen. Doch nur sie machen das Wahrnehmen von

Farbe und feinen Einzelheiten möglich. Auch in der Tierwelt hängt die Sehkraft von der Verteilung dieser beiden Zellarten ab. Eulen verfügen über sehr viel mehr Stäbchen, daher auch über eine unglaubliche Fähigkeit, bei Nacht zu sehen. Ein Huhn dagegen besitzt ausschließlich Zäpfchen. Es kann mit ihnen auch das winzigste Insekt oder Körnchen wahrnehmen, ist aber bei Dunkelheit so gut wie blind. Die glückliche Mischung von Stäbchen und Zäpfchen, über die wir Menschen verfügen, macht es uns möglich, alles zu sehen, ob es sich nun dicht vor unserer Nase abspielt oder Lichtjahre fern im Weltenraum.

Licht bestimmter Wellenlänge fließt durch den Raum, trifft auf einen Gegenstand, wird von ihm zurückgeworfen und gelangt in unser Auge. Bis dahin arbeitet unser Auge wie eine Kamera. Es stellt auf die richtige Schärfe und die geeignete Lichtstärke ein – Entfernung und Blende. Durch die Linse – das Objektiv – trifft das Bild der Berge, der Bäume und Wolkenkratzer, einer Giraffe oder eines Flohes auf die Rückwand unseres Auges, die sogenannte Retina, ein Film von der Größe einer Münze. Doch genau hier hört die Vergleichsmöglichkeit mit der Kamera auf. Denn von hier ab läuft im Auge alles elektrisch weiter. In Wirklichkeit sehen wir nämlich nicht ‚mit' dem Auge, sondern nur ‚mit Hilfe' des Auges.

Es gibt dafür einen ganz treffenden Vergleich aus der Raumfahrt. Da hat eine Raumsonde von der Erde abgehoben und ist unterwegs, um draußen in unserem Sonnensystem Mars, Venus oder Jupiter zu treffen. Wir alle haben schon die bemerkenswerten Aufnahmen gesehen, die solche Raumsonden im Vorbeiflug gemacht haben: Einzelheiten von Monden und Ringen, Luftaufnahmen von ganzen Planetenlandschaften. Doch wenn wir den Begleittext aufmerksam lesen, dann erfahren wir, daß diese Bilder, die wir da sehen, keine originalen Fotos sind, so wie sie auf dem Film festgehalten wurden. Es handelt sich vielmehr um ein mehrfach ‚umgesetztes' Bild. Die Sonde macht eine Aufnahme auf Film, doch dann verwandelt sie das Foto über ein Computerprogramm in Tausende von sogenannten ‚bits', punktuelle Informationen über Helligkeit, Farbe und Kontur. Diese Daten werden über Radiowellen zur Erde gefunkt, als eine Botschaft von lauter

‚blips' und ‚bleeps', so nach Art eines Morsesystems. Auf unserer Erde werden diese Botschaften dann elektronisch verstärkt und in Bilder zurückverwandelt. Die so entstandenen Bilder sehen dann tatsächlich so aus, als seien es Originalfotos, vor Ort mit einem Film von höchstem Auflösungsvermögen aufgenommen. In Wirklichkeit sehen wir da aber gar nicht Jupiter, sondern eine Rekonstruktion von Bit-Informationen über Jupiter.

Ganz ähnlich ist es mit unserem eigenen Sehen bestellt. Unser Gehirn sieht nicht das wirkliche Bild, das da in unser Auge gefallen ist. Nein, es ist anders: Da haben einige der 127 000 000 Stäbchen und Zäpfchen Lichtwellen aufgefangen und wurden von diesen ‚erregt'. Diese ‚bits' gaben sie weiter an die Million Fibern, aus denen sich der Sehnerv zusammensetzt, und der leitete sie – wie beim Kabelfernsehen – an das Gehirn weiter. In der Hirnrinde werden dann diese bits wieder in das Bild zurückverwandelt. Ein wahres Wunder!

Der Kortex – die Hirnrinde – hat es wahrhaftig nicht leicht. Je Sekunde laufen da eine Milliarde Bits ein. Erst in den letzten Jahren haben unsere Wissenschaftler einen kleinen Einblick gewinnen können, in welcher Weise der Kortex aus diesen elektrischen Impulsen ein ‚Bild' reproduziert. Man nahm Versuche an schmerzlos gemachten Katzen und Affen vor.

Das geht so vor sich: Der Forscher öffnet die Schädeldecke der Katze, lokalisiert den für das Sehen zuständigen Teil des Kortex und befestigt eine unvorstellbar winzige Mikroelektrode an einer einzelnen Hirnzelle. Dann wird vor dem Auge des Tieres eine Fülle verschiedener Seheindrücke produziert – Zeichen und Muster, in Hell oder Dunkel, bewegt oder konstant – und mit peinlichster Genauigkeit beobachtet, welcher dieser vielen Eindrücke die an die Elektrode angeschlossene Zelle ‚reizt'. Es stellt sich heraus, daß der ‚Code' einer bestimmten Zelle so eng umrissen ist, daß sie nur auf ein ganz bestimmtes Zeichen reagiert, wie zum Beispiel eine waagerechte Linie oder einen Winkel von dreißig Grad. Einige Zellen werden von einem großen, andere von einem kleinen Fleck gereizt. Einige sprechen nur auf einen Lichtstreifen im Mittelfeld an; sobald der Streifen um mehr als einen bestimmten Winkel gekippt wird, reagieren sie nicht mehr. Noch andere interessieren sich nur für die Grenzlinie zwischen Hell und Dunkel. Und dann gibt es welche, die sind nur für Bewegtes zu haben.

Der Nobelpreisträger, der als erster diese Untersuchungen an der Hirnrinde vornahm, stellte mit edler Bescheidenheit fest: ,,Die Anzahl der Neuronen, die ununterbrochen weitergeben, was das Auge wahrnimmt, wenn es einen langsam rotierenden Propeller beobachtet, ist kaum noch vorstellbar." Ich habe die Berichte solcher Wissenschaftler durchgesehen, die ihr ganzes Leben damit verbrachten, in der Sehrinde des Hirns Zelle um Zelle zu kartieren. Was mich dabei am stärksten beeindruckt hat? Daß ich überhaupt keine Ahnung davon habe, was für ein unvorstellbarer Prozeß sich da abspielt, wenn ich ,sehe'. Wie da Licht in elektrische Impulse verwandelt, per Kabel weitergegeben, im Gehirn wieder aufgeschlüsselt und in Bilder zurückverwandelt wird. Da steht vor meinem Fenster der Feigenbaum, um den die Schmetterlinge flattern. Ich sehe ihn, aber nicht als Bits, als Pünktchen oder Impulse; nein, ich sehe ihn – eben – als Feigenbaum, so wie er da richtig steht.

Die Fähigkeit, Informationseinheiten – ganz gleich, ob sie von Ohr, Nase, Zunge oder Auge kommen – auf die höhere Ebene der ,bildlichen Wahrnehmung' zu heben, ist einzig und allein dem von der Außenwelt abgeschlossenen Gehirn zu verdanken. Die in diesem ,Elfenbeinturm' eingeschlossenen Zellen haben nie erfahren, was Licht, Ton, Geruch oder Geschmack sind. Doch jeder Datenbit, jede Informationseinheit endet hier im Gehirn. Und nichts wird wahrgenommen, bevor nicht das Gehirn es aufgenommen, umgeformt und sinnvoll zusammengepuzzelt hat.

Alle Wege enden dort. Und damit sind wir beim Gehirn selbst.

10 An der Quelle der Erkenntnis

Gehirnoperationen sind die heikelsten von allen. Sie kommen einem wie eine Entweihung des Allerheiligsten vor. Niemand, der einen menschlichen Schädel öffnet, kann sich diesem Gefühl entziehen. Jahrhunderte wagte es niemand, das Gehirn zu zeichnen. Es gab allenfalls karikaturenhafte Skizzen. Dieses geheimnisumwitterte Organ schreckte sogar den sonst so wagemutigen Leonardo da Vinci zurück, wie sich an seinen flüchtig hingeworfenen und ungenauen Entwürfen erkennen läßt. Erst Vesalius gelang es, sich von Scharfrichtern ein paar noch warme Schädel von Frischgeköpften auszubitten. Auf diese Weise konnte er die ersten anatomisch richtigen Zeichnungen anfertigen.

Als Medizinstudent in höherem Semester hatte ich mir eine wissenschaftliche Arbeit über die Hauptnerven des Kopfes ausgesucht. Ich hatte vor, die Übertragungswege der Sinne bis zu ihrem Ursprung hin zu verfolgen. Bei dieser Gelegenheit bekam ich zum ersten Mal einen Menschenschädel in die Hand, in dem sich noch das Gehirn befand.

Zwei Jahre medizinischen Studiums hatten nicht ausgereicht, mich für diese Begegnung mit einem Totenkopf innerlich zu festigen. Da hatte ich ihn nun vor mir, ein wenig eingelaufen durch die Chemikalien, aber sonst noch ganz frisch und neu. Es war der Kopf eines Mannes von mittlerem Alter, mit vollem Haar und buschigen Augenbrauen. Als ich mit dem Daumen ein Augenlid ein wenig hochzog, starrte er mich mit stechendem Blick an. Tja, und wie faßt man nun so einen Kopf an? An den Ohren? Bei den Haaren oder so, wie man ein Kätzchen anhebt? Peinlich, es gibt keine Gebrauchsanweisung, in der man das nachlesen könnte.

Die nächsten Monate verbrachte ich jede wache Stunde mit meinem namenlosen Freund. Ich hatte vor, die größeren Nerven dieses Kopfes zu sezieren, die von Augen, Ohren, Zunge und Nase durch die Schädelkapsel zum Gehirn laufen. Shakespeare fiel mir ein, Hamlet, die Szene auf dem Friedhof: „Der Schädel hatte einmal eine Zunge und konnte singen." Seltsame Vorstellung: dieses Stück Schädel da vor mir auf dem Tisch – wie es singt, plaudert, lacht. Fast dankbar sog ich den stechenden Geruch des Formaldehyds ein. Er hatte sich in mich eingefressen, alles schmeckte danach, selbst meine Zahnpaste. Der Geruch des Formaldehyds rief mich in die Gegenwart zurück: Ich schnippelte hier nicht an irgendeinem Kopf herum, sondern an einem ganz besonderen. Vor mir hatte ich ein Gesicht, das ein halbes Leben lang getreu seinen Dienst versehen hatte.

Es war mir bekannt, wie Gehirnspezialisten vorzugehen pflegen. Ich hatte zugesehen, wenn sie die Kopfhaut aufschnitten, den Muskel, die Knochenhaut. Wie sie diese beiseite zogen, um den schimmernden Knochen freizulegen. Ich hatte mit Spannung beobachtet, wie sie schnaubten und pusteten, wie sie sich mit aller Kraft vorbeugten, um auf den sirrenden Bohrer zu drücken, der sich in die Schädeldecke fraß. Mitunter wehte ein feiner Staub von Knochenmehl auf. Dann hatten sie es endlich geschafft, ein genügend großes Stück aus der Schädeldecke gesägt, das nun den Zugang zum Schädelinneren freigab.

Was so gut gesichert ist wie das Schädelinnere, kann man nur mit Mühe ans Licht holen. Der Totenkopf da vor mir bestand aus nahezu undurchdringlichem Granit. Diese Kugel hatte das Gehirn vor jedem äußeren Eingriff geschützt. Hitze, Kälte oder Feuchtigkeit – nichts hatte diesen Schutzschild durchdringen können. Doch dann dieses Paradoxon: Das Gehirn da drinnen hatte sich über all das, was da draußen geschah, bestens informieren können. Vermittels jener zarten weißen Nerven, die ich soeben freizulegen versuchte.

Ich begann die Untersuchung natürlich an den Partien, die ich am besten kannte: an Augen, Ohren, Nase und Zunge. Ich schnitt, zog Haut zurück, Fett und Muskeln, bis ich an die im Innern liegenden Stellen kam, von denen die zum Gehirn führenden Nerven ausgingen. Als ich in die Tiefe drang, kam ich mir wie ein Pionierforscher vor, der die Nilquelle sucht. Ich folgte vorsichtig dem feinen silbernen Streifen, der sich durch dichtes Gewebe bis hin zu den Eintrittsstellen zum Gehirn zog. Es war nicht ganz leicht, so einen Nerv freizulegen.

Ich konnte mir keinen Operationsplan zurechtlegen, ihn aufzeichnen und dann munter drauflossägen. Ich mußte vielmehr feine Lagen von den Gesichtsknochen abmeißeln und sorgsam darauf achten, ja nicht zu tief zu geraten und damit den Nerv zu beschädigen. Zum Glück hatte ich mich ein Jahr lang als Steinmetz versucht. Die dabei gewonnene Erfahrung ermöglichte es mir, nach einiger Übung mit Hammer und Meißel papierdünne Schichten von einem Knochen abzuheben. Bald kam mir das ganz normal, am Ende sogar fast künstlerisch vor. Dabei gab ich mir Mühe, die Nerven so freizulegen, daß sie in ihrer natürlichen Lage blieben und keine sichtbaren Spuren meiner Arbeit zu bemerken waren.

Die Augenhöhle besteht aus sieben Knochen, die zu einer das Auge schützenden Wölbung zusammengefaßt sind. Ich mußte den Augapfel herausziehen und dann den Sehnerv behutsam verfolgen, den Tunnel entlang, bis hin zum Gehirn. Ich erinnere mich, wie sehr mich die verwirrende Fülle der verschiedenen Gewebestrukturen beeindruckte. Ich wollte eigentlich durch Muskel und Fett einen zarten Schnitt mit dem Skalpell machen, hielt den Atem an und legte die stumpfe Seite des Messers an den Nerv – nein, ein leichtes Zittern meiner Finger genügte, und der Nerv war durchschnitten! Also legte ich das Skalpell erst mal beiseite, griff nach Hammer und Meißel und ging mit aller Macht gegen den zementharten Knochen an.

Nachdem ich ein paar anstrengende Wochen lang seziert hatte, war die eine Hälfte des Totenkopfes kaum noch zu erkennen. Feine weiße Linien zogen sich von Ohr, Auge, Zunge, Nase, Kehlkopf und Gesichtsmuskeln in Richtung Hirn und verschwanden in der Schädelkapsel. Endlich war ich soweit, daß ich an die Untersuchung des Gehirns selbst herangehen konnte. Nachdem ich die behaarte Kopfhaut beseitigt und durch die Schädeldecke ein Loch gesägt hatte, kam ich auf die drei Membranen der Hirnhaut. Als ich auch die innerste Membran aufgeschnitten hatte, quoll aus der winzigen Öffnung ein wenig Hirnmasse, das fast wie eine kleine Faust aussah. Ich starrte sie volle fünf Minuten lang an, ehe ich weitermachte.

Auf den ersten Blick erinnert das Gehirn – grau und wild verschlungen – an die Eingeweide. Es hat etwa die Konsistenz einer Paste oder von Streichkäse. Jedenfalls erscheint es einem, der es zum ersten Mal sieht, völlig verschieden von dem, was er sich anhand der gelehrten Bücherbeschreibungen vorgestellt hat. Dieses wie das Innere einer Walnuß gestaltete Gehirn übte auf mich, solange ich mit dem Sezieren befaßt war, eine geradezu unheimliche Anziehungskraft aus. Seine Oberfläche hob und senkte sich wie eine hügelige Landschaft. Mir war, als sähe ich eine Landkarte aller unserer irdischen Faltengebirge vor mir, nur eben zusammengepreßt auf diesen engen Raum. Durch diesen Faltenwurf wird die Gehirnoberfläche auf das Dreißigfache vergrößert. Rote und blaue Äderchen ziehen sich kreuz und quer durch diese Wellenlandschaft.

Ich schickte ein Dankgebet zum Himmel empor, daß ich an dem Gehirn eines Toten arbeiten durfte. Denn wer an einem Lebenden eine Gehirnoperation vornimmt, der braucht eine Menge Zeit, all diesen Äderchen auszuweichen und ja keins mit dem Skalpell zu verletzen. Außerdem kam mir zugute, daß das Formaldehyd das Gewebe der Gehirnoberfläche hatte zäher werden lassen. So konnte ich es, obwohl es zarter war als jedes andere Gewebe, mit dem ich früher schon gearbeitet hatte, anfassen und mit meinen Händen bewegen, ohne daß es riß. Ein lebendes Gehirn dagegen würde, wenn man es auf eine Platte legte, auseinanderfließen und unter seinem eigenen Gewicht schon reißen.

Ich hatte gehofft, die Sinnesnerven bis zu ihrer letzten Quelle zurückverfolgen zu können. Doch das Gehirn machte mir da einen Strich durch die Rechnung. Die Nerven haben nämlich von da an, wo sie in die Schädelhöhle eintreten, die gleiche teigige Konsistenz wie die Gehirnmasse. Sie reißen, sobald man an ihnen zieht oder auch nur gegen sie stößt. Will man diesen zarten Fädchen von Weiß in Weiß folgen, dann kommt man sich vor, als versuche man, den Lauf eines Flusses nach seinem Einmünden ins Meer noch weiter zu verfolgen. Von einem bestimmten Punkt an hat sich der Fluß mit dem

Meer vereint. Daher gelang es mir nur in ein paar seltenen Fällen, den Endpunkt eines Nervs aufzuspüren. Andere Quellen konnte ich anhand der Fachbücher orten und nicht vermittels eigener mühsamer Untersuchungen. Die Bahnen der Wahrnehmungsnerven sind nicht durch Wegweiser markiert und nicht durch Sezieren aufzuspüren. Es ist beinah, als hinterließen die Gedanken und Wahrnehmungen auf diesen doch so oft benutzten Pfaden nur unsichtbare Spuren. Spuren, die nun auch nur wieder von Gedanken wahrgenommen werden können.

Professor West verfolgte als mein Tutor mit großem Interesse meine ehrgeizigen Bemühungen. Er behauptete, noch nie zuvor einen Schädel gesehen zu haben, der in dieser Weise konsequent seziert wurde. Er zeichnete das fertige Präparat mit einem Preis aus und bestimmte, daß es als Ausstellungsstück ins Medizinische Museum komme. Ich bildete mir damals wie ein phantasievoller Schulbub ein, ich hätte das Zeug, ein berühmter Hirnchirurg zu werden. Viel, viel später, als ich gezwungenermaßen ein paar riskante Nervenoperationen vornehmen mußte, wurde mir klar, wie gut es gewesen war, daß ich nicht auf diesem so risikoreichen Gebiet weitergearbeitet hatte.

Es gibt Operationen, bei denen der Patient bei Bewußtsein bleibt, damit er mit dem Chirurgen zusammenarbeiten kann. Es herrscht dann im OP eine vor Spannung knisternde Atmosphäre. Da der Patient bei Bewußtsein ist, verbietet sich das sonst übliche Chirurgengerede. Man überlegt sich, was man sagt, und selbst unbedeutende Handgriffe werden mit einem Angstgefühl ausgeführt. Wenn ich dann dabeistehe und den Fortgang der Operation verfolge, dann nehme ich jedes Geräusch wahr: die leisen Pieptöne der Monitore und die tiefen Signale des Atemgeräts. Sie liefern eine eindrucksvolle Begleitmusik zu den nur zeitweise auftretenden Geräuschen, die der Chirurg bei seiner Arbeit verursacht: das schrille Sirren des Bohrers, das leise Knallen des Elektrokauters und das Klirren der zugereichten Instrumente, das an die vertrauten Geräusche eines Speisesaals erinnert. All das unter dem grellen Licht der OP-Lampen. Und wenn ich nahe genug mit meinen Augen herangehe, dann kann ich's sehen: Das Graue da hebt und senkt sich leise; das Gehirn lebt!

Alle Gehirnchirurgen fürchten eine unkontrollierte Blutung. Deren Folgen sind kaum zu übersehen. Überall sonst im Körper kann man in einem solchen Fall die Blutgefäße abklemmen oder abbinden, doch das Gehirn ist zu weich, als daß man da etwas klammern oder binden könnte. Darum kann schon der kleinste Schnitt zu einer derartigen Blutschwemme führen, daß die Operation abgebrochen werden muß. Die Mündung eines Absaugers folgt daher wie ein sorgsamer Hausknecht dem Skalpell, lutscht jedes Blutströpfchen auf und sorgt so für gute Sicht. Dabei muß der zuständige Assistent mit dem Sauger äußerst vorsichtig verfahren. Es könnte sonst geschehen, daß Teile des so weichen Gehirns in den Sauger geraten und auf Nimmerwiedersehen in der Abfalltonne landen. ,,Hoppla, da geht eine Klavier-Etude stiften!'' soll einmal ein Chirurg, dem das passierte, gesagt haben. Ein reichlich makabrer Scherz! Ein Glück, daß das Gehirn einen kleinen Verlust von Masse verhältnismäßig gut verkraftet.

Manchmal führt der Chirurg eine Pinzette an ein Bluttröpfchen heran und berührt diese dann mit dem Thermokauter. Ein kurzes Aufzischen, das Blut gerinnt, die Blutung ist gestoppt. Oder ein Assistent legt einen Baumwolltupfer auf die blutende Stelle, ein kurzes Antippen mit dem Sauger, und der Tupfer saugt sich voll Blut, das in ihm sofort gerinnt. Es kann vorkommen, daß nach einer stundenlangen Operation die Gehirnlandschaft mit mehr als fünfzig solcher kleinen Tupfer übersät ist. Jedes Tupferchen ist dabei an einem langen schwarzen Faden befestigt, damit man es hernach leicht entfernen kann.

Selbst der erfahrene Chirurg hat Schwierigkeiten, sich im Gehirn zu orientieren. Alles erscheint weiß in weiß, wie eine Landschaft, über die ein arktischer Schneesturm hinweggerast ist.

Die Gehirnchirurgie wäre noch weit zurück, hätte man da nicht eine bemerkenswerte Entdeckung gemacht. Führt man eine nadelfeine Elektrode in einen Gehirnbezirk ein und schaltet nun den Strom an, dann antwortet das Gehirn, indem es anzeigt, auf welche Körperpartien dieser Bezirk anspricht. Das Gehirn selbst fühlt weder Berührung noch Schmerz, doch der bei Bewußtsein befindliche Patient meldet: ,,Ich verspüre ein Zittern im linken Bein." Dabei hat der Chirurg nicht etwa das Bein, sondern eben jene bestimmte Gehirnpartie elektrisch stimuliert.

Wilder Penfield, Gehirnchirurg in Montreal, berichtet groteske Ergebnisse solcher Stimulationen. Penfield versuchte herauszufinden, welche Gehirnteile für epileptische Anfälle zuständig sind. Er machte dabei die seltsame Entdeckung, daß es möglich ist, durch elektrische Stimulation auch bestimmte Erinnerungen wachzurufen. Ein junger Südafrikaner begann bei einer solchen Untersuchung schallend zu lachen. Auf Befragen gab er an, eine lustige Begebenheit haargenau nacherlebt zu haben, die sich vor Jahr und Tag in seinem Heimatdorf abgespielt hatte. Eine Frau war plötzlich in der Lage, jede einzelne Note, die sie in einem Symphoniekonzert gehört hatte, wiederzugeben. Eine andere erinnerte sich bis in jede Einzelheit hinein, wie sie Jahre zuvor an einer Bahnkreuzung saß und ein Zug vorbeidonnerte. Sie vermochte jeden Wagen, der da vorbeiraste, genau zu beschreiben. Und ein Patient zählte laut die Zähne des Kamms nach, den er als Kind benutzt hatte. Oft gehen solche Erinnerungen weit hinter die Zeit zurück, an die sich der Patient noch bewußt erinnern kann.

Auf diese Weise haben die Anatomen eine recht zuverlässige ‚Landkarte' des Gehirns zeichnen können. Die meisten Zentren liegen auf der Oberfläche des Gehirns, dem sogenannten Zerebral-Cortex, der beim Menschen weit besser ausgebildet ist als bei den Tieren. Dieser Cortex, der nicht dicker ist als eine Schuhsohle, enthält Neuronen, die alle einlaufenden Informationen sichten, prüfen, sortieren und in jene Wahrnehmungen verwandeln, die wir als Sehen, Hören und Fühlen empfinden. Sie machen uns das alles bewußt, und in ihnen vollzieht sich auch das Lernen und Einprägen von Erinnerungen. Die Hauptmasse aller Nervenzellen lebt in dieser grauen Hirnhaut. Sie ist sozusagen die fruchtbare Humusschicht des Gehirns.

Der verdiente Neurologe Sir Charles Sherrington teilte die

Nervenstränge des Gehirns in zwei Gruppen: die Einfuhrstraßen, die ‚afferenten sensiblen' Leitungsbahnen, und die Ausfuhrstraßen, die ‚efferenten motorischen' Leitungen. Die afferenten melden alle Wahrnehmungen des Körpers an das Gehirn; die efferenten dagegen geben die Befehle des Gehirns an den Körper durch.

Im Gehirn selbst ist unter tausend Zellen eine dafür da, alles, was von draußen gemeldet wird, aufzunehmen: visuelle und akustische Eindrücke, Berührung und Schmerz, Geschmackswahrnehmungen, Blutdruck und chemische Veränderungen, Hunger, Durst, sexuelle Reize und Muskelspannung – kurz alles, was da von ‚draußen' hereinkommt. Wie schon gesagt: Nur ein Tausendstel aller Gehirnzellen befaßt sich damit. Jede Sekunde wird das Gehirn über die afferenten Nervenbahnen mit hundert Millionen von Informationen bombardiert. Von diesen werden allenfalls ein paar hundert an den Hirnstamm weitergeleitet.

Zwei weitere Tausendstel der Zellen kontrollieren alle Bewegungsabläufe: die Fingerbewegungen etwa beim Klavierspiel, die Zunge beim Sprechen, einen Tanz, mein Maschinentippen jetzt in diesem Augenblick. Und eingeschaltet zwischen diese beiden Nervenbahnen, den ‚Einfuhr'- und den ‚Ausfuhrstraßen', den sensiblen und den motorischen Nerven, arbeitet die ungeheure Menge aller anderen Gehirnzellen; eingebettet in ein verwirrendes Netzwerk von Direkt- und Konferenzschaltungen. Und dort vollzieht sich das, was wir Denken und Wollen nennen. Hier sind Logik und freier Wille zu Hause.

Der Gehirnbiologe J. Z. Young hat dieses Kommunikationsnetz des Gehirns einmal mit einer Milliarde Bürokraten verglichen, die unentwegt dabei sind, über Telefon miteinander ihre Pläne und Anweisungen für einen großen ‚Volkslauf' auszutauschen. Sir Charles Sherrington drückt sich da viel poetischer aus. Er schwärmt von einem Zauberwebstuhl, an dem Lichter aufblitzen, wenn Botschaften – wie Kette und Schuß beim Webstuhl – durch das Gehirn hin- und herflitzen. Innerhalb eines Telefonnetzes werden die Verbindungen über eine Schaltzentrale hergestellt, das Amt. Ganz anders verhält es sich mit dem Kommunikationsnetz in unserem Gehirn. Da besitzt jede einzelne Nervenzelle bis zu zehntausend private Direktanschlüsse. Überall wachsen aus so einer Zelle ‚Dendriten' heraus, feine Verästelungen, die zu anderen Zellen die Verbindung herstellen.

Dieses Gewebe spottet – im wahrsten Sinne des Wortes – jeder Beschreibung. In einem Kubikmillimeter Gehirn – das ist etwa so viel wie ein Stecknadelkopf – sind eine Milliarde solcher Querverbindungen enthalten. Ergebnis: Jede Zelle kann mit jeder anderen Informationen austauschen. Und das mit Lichtgeschwindigkeit. Es ist, als sei eine Bevölkerung, größer als die unserer Erde, unmittelbar miteinander verbunden, so daß jeder mit jedem sprechen kann. Die Zahl der in unserem Gehirn vorhandenen Verbindungen erreicht die aller Sterne und Galaxien des Universums.

Selbst wenn wir schlafen, stellen diese Nervenzellen ihre Telegespräche nicht ein. Durch unser Gehirn wirbeln elektrische Impulse wie Regentropfen in einer turbulenten Gewitterwolke. In jeder Sekunde unseres Lebens laufen da fünf Billionen chemischer Prozesse ab. Sind wir wach, dann erreichen nur wenige die Ebene unseres Bewußtseins. Und das geht so schnell vor sich, daß wir nicht einmal merken, was da läuft. Da sitze ich nun und will den nächsten Satz schreiben. Wie ein Blitz zucken die Gedanken durch mein Computerhirn, gleich danach die Worte, die ich zu Papier bringen will. Und schon setzt sich das gesamte Getriebe meiner Muskelbewegungen in Gang, Muskeln spannen sich und bewegen die Knochen meiner Finger: Ich tippe drauflos, was das Zeug hält. Doch längst ehe ich den Satz zu Ende getippt habe, beginnt sich in meinem Gehirn schon der nächste Satz zu formen.

Steven Levy berichtet, welche Empfindungen auf ihn einstürmten, als er vor dem Glas stand, das Albert Einsteins Gehirn enthält: ,,Ich war aufgestanden, um mir den Inhalt des Glases aus der Nähe anzusehen. Doch ich sank sogleich wieder in meinen Sessel zurück, wortlos, sprachlos. Mein Blick kam nicht los von dem Glas. Ich konnte kaum begreifen, was ich da sah. Dieses schmutzige Etwas, das da im Glase herumschwabbelte, das hatte in der Wissenschaft eine Revolution hervorgerufen und unsere gesamte Zivilisation verändert. Toll!"

Mir geht es ähnlich mit jedem menschlichen Gehirn, dem ich begegne. Solschenizyn hat mal über das Auge gesagt: „Ein himmelblauer Kreis mit einem schwarzen Loch in der Mitte, und dahinter die ganze bestürzende Welt eines Menschen." Ich werde nie vergessen, welche Gefühle mich durchströmten, als ich zum ersten Mal im Laboratorium des medizinischen Instituts den Scheitelknochen eines Totenschädels durchstieß und das Gehirn freilegte. Mitsamt all seinen Blutgefäßen, Bindegeweben, den mit Flüssigkeit gefüllten Hohlräumen und Milliarden Nervenzellen wiegt dieses Organ höchstens drei Pfund. Und doch: In dieser grauen und weichen Masse spielte sich einmal ein ganzes Menschenleben ab.

Im biologischen Sinne ist der Körper überhaupt nur dazu da, dieses Gehirn für viele Jahre zu ernähren und zu schützen. Das Gehirn verbraucht ein ganzes Viertel des Sauerstoffs, den wir einatmen. Wird die Sauerstoffzufuhr auch nur für fünf Minuten unterbrochen, dann beginnt das Gehirn abzusterben.

In diesem Gehirn stecken Vorstellungskraft, Moralgefühl und Sinnlichkeit, Logik und Gedächtnis, Urteilsvermögen und Religion; außerdem eine unglaubliche Fülle von Fakten und Träumen, schließlich auch noch ein Schuß gesunder Menschenverstand, das alles richtig einzuordnen und zu werten. Um mit den Worten des Nobelpreisträgers Roger Sperry zu schließen: „Darin stecken Fähigkeiten über Fähigkeiten, mehr als in irgendeinem anderen Dreipfundpaket des Weltalls." Es stimmt: Das Gehirn ist wirklich einzigartig.

Und nichts auf Erden ist zugleich so zerbrechlich. Eine Gewehrkugel, ein Sturz mit dem Motorrad – und alles ist aus. Eine einzige Überdosis einer Droge – und nichts geht mehr in diesem Gehirn.

Ich habe in einem halben Dutzend Fällen Eingriffe im Gehirn vorgenommen. Und jedesmal kam ich mir klein und unbedeutend vor; ein Eindringling da, wo keiner was zu suchen hat. Wer bin ich schon, daß ich es wagen darf, dieses Allerheiligste einer menschlichen Persönlichkeit zu betreten? Vielleicht würde ich, wenn ich täglich Gehirnchirurgie betriebe, gefühlloser und gleichgültiger. Doch ich glaube das nicht. Jedenfalls sprechen alle Hirnchirurgen, die ich kenne, noch immer mit Hochachtung, wenn nicht gar mit Ehrfurcht von diesem Gegenstand ihrer Forschung.

Vergleiche ich das alles mit dem Bilde vom Leibe Christi, wie es in der Bibel gebraucht wird, dann fällt mir auf, daß Christus sich selbst als das Haupt des Leibes bezeichnet hat. In den folgenden Kapiteln werde ich versuchen, Möglichkeiten wie auch Grenzen eines solchen Vergleichs aufzuzeigen. Letzten Endes geht es dabei um die Frage, wieweit es überhaupt möglich ist, Gottes Gegenwart in dieser Welt in einem Bilde auszudrücken.

Wer wie ich am Gehirn chirurgisch gearbeitet, im Mikroskop das unentwirrbare Netzwerk eines Nervs gesehen und im Enzephalographen das Kommunikationsspiel zwischen den Milliarden Zellen beobachtet hat, wer über die Geheimnisse, die mit all dem verwoben sind, nachgedacht und erkannt hat, daß in diesem Gehirn die Persönlichkeit eines Menschen lebt, nun, der ist zumindest auf die gefühlsmäßige Wirkung eines solchen Vergleichs gut vorbereitet. In dieser Schädelkapsel liegt die ganze Persönlichkeit eines Menschen. Sie ist dort sicher aufgehoben und zuverlässig abgeschirmt, um ungestört über die hundert Billionen Zellen des Körpers regieren zu können. So ist auch in Christus, dem Haupt seines Leibes, alles Geheimnis, alle Weisheit und alle Einheit. Er ist das A und das O.

11 Wenn Gott sich ganz klein macht

Es sieht so aus, als geschehe rein gar nichts, wenn ich so dasitze und geistesabwesend aus dem Fenster schaue. Doch die scheinbare Stille ist eine Täuschung, wie wir schon gesehen haben. In meinem Gehirn brummt und knistert es, fünf Billionen Schaltprozesse rollen da jede Sekunde ab. Die fünf Sinne – Sehen, Hören, Tasten, Schmecken und Riechen – erfassen dabei nicht einmal alles, was da so läuft. Andere, ebenso lebenswichtige Sinnesnerven liefern mir Informationen über Muskelspannung, Gelenkstellung und Sehnenbelastung. Ich weiß, in welcher Weise mein Kopf geneigt ist, welchen Winkel mein Ellbogen bildet und wo mein linker Fuß gerade steht. Irgendwo meldet sich ein Stimmchen: Es ist Essenszeit! Komisch, mein Magen ist in der Lage, sich leer zu fühlen. Und ohne daß es mir überhaupt zu Bewußtsein kommt, reguliert ein automatisches System meine Blutwerte, die Arbeit meiner Lungen und den Blutdruck in meinen Arterien. Mein Gehirn, dieses Gebilde da in dem Elfenbeinturm, empfängt all diese Meldungen wie Telegramme.

Es sieht so aus, als brauche das Gehirn diesen ständigen Trubel. Wenn man die Zahl der Sinneseindrücke einschränkt, etwa indem man sich in ein angenehm warmes Bad setzt und alle äußeren Eindrücke ausschaltet, dann dauert es gar nicht lange, und unser Gehirn beginnt zu halluzinieren und die Leere mit Eindrücken eigener Erfindung zu füllen. Und wenn wir schlafen, dann veranstalten Milliarden Gehirnzellen ihr eigenes Feuerwerk und sind kaum weniger geschäftig als am hellen Tag.

Oft ist das Zusammenspiel von Sinnesorganen und dem im Gehirn gespeicherten Erinnerungsschatz derart fein verzahnt, daß man sie kaum auseinanderhalten kann. Denken wir mal an eine Beethoven-Sonate. Beethoven war zuletzt völlig taub, konnte daher das, was er kompnierte, nicht hören. Doch sein Gehirn vermochte Ton, Harmonie und Rhythmus sich vorzustellen. Und das ‚hörte' Beethoven! Er hörte mit dem Recorder seines Gehirns.

Ein anderes Beispiel: Meine musikalisch recht begabte Frau braucht nur ein paar Noten aus Tschaikowskis ‚Pathétique' zu sehen, und schon hat sie die ganze Partitur vor Augen. Sie kann, wenn sie sie liest, sofort die Melodie mitsummen, indem sie in das Schatzkästlein ihrer auswendig beherrschten Melodien hineingreift. Sie hört das in ihrem Kopf. Geht es uns allen nicht ähnlich? Wenn wir daheim am Radio sitzen und einen bestimmten Sender suchen, dann genügt es, daß wir ein paar Takte hören, und sofort wissen wir, daß es dieses oder jenes Lied ist.

Wieviele Milliarden Funktionen müssen wohl in meinem Gehirn ablaufen, damit ich eine Melodie erkenne? Wieviel Zeit ist dafür nötig? Zwei Sekunden? Oder mehr? Oder weniger? Oder wieviele Prozesse müssen innerhalb meines zentralen Nervensystems ablaufen, bis ich tatsächlich sicher bin, daß die rötliche Kugel, die da im Baum hängt, kein Kinderluftballon ist, der sich im Geäst verfangen hat, sondern der Mond? All solche Denkprozesse laufen mit unheimlicher Geschwindigkeit ab, ohne daß wir mitdenken müssen.

Wenn Sie diese Zeilen lesen, dann kommen Ihnen die einzelnen Buchstaben gar nicht ins Bewußtsein. Sie sprechen sie auch nicht einzeln aus, um sie danach zusammenzusetzen. Ebensowenig schlagen Sie im Lexikon nach, was die Worte bedeuten. Und doch: In Wirklichkeit besorgt das alles Ihr Verstand, und zwar, ohne daß es ihnen irgendwie bewußt wird. Er besorgt das so schnell und zuverlässig, daß ich mich voll auf das konzentrieren kann, was ich gerade zum Ausdruck bringen will. Um die einzelnen Worte, die Zeichensetzung und die Grammatik brauche ich mich überhaupt nicht zu kümmern. Nervenzellen springen da mit ihrem gespeicherten Wissen ein, mein zentrales Nervensystem sorgt für den richtigen Zungenschlag und daß etwas Vernünftiges dabei herauskommt.

Mein Gehirn zeigt mir die Welt nicht in einzelnen Daten oder zusammenhanglosen Blitzaufnahmen, sondern als Ganzes, verständlich und sinnvoll. Und gerade darin liegt für mich das größte Geheimnis. Was die Einzelheiten sichtet und zu einem sinnvollen Ganzen ordnet, bleibt uns verborgen. Das Gehirn selbst kann nicht sehen! Wollte ich es freilegen, damit das Licht hineinkommt, so würde ich es wohl tödlich verletzen. Es hört auch nicht, ist vielmehr derart geschützt und abgeschirmt, daß es nur die stärksten Erschütterungen fühlt. Es weiß auch nicht, was Fühlen ist, weil es über keine eigenen Tast- oder Schmerznerven verfügt. Auch von Kälte oder Hitze hat es keine Ahnung, da die Temperatur in ihm allenfalls um wenige Grade schwankt. Ebensowenig weiß es, was ‚äußere Gewalt' bedeutet. Wird es dennoch einmal mit ihr konfrontiert, dann schaltet es sofort ab und fällt in Bewußtlosigkeit.

All das, was mich, Paul Brand, formt und bewegt, geht letzten Endes zurück auf eine endlose Folge von Strichen und Punkten, ein ununterbrochenes di-da-didi, das von Millionen Außenstationen in das Innere meines Gehirnkastens gefunkt wird, das selber nie solche Wahrnehmungen hat machen können. Der Geschmack von Schokolade, ein Nadelstich oder der Geigenklang, der Blick hinab in den Grand Canyon oder der Geruch von Kräuteressig – das alles kommt mir zu Bewußtsein über Signale, die im Grunde genommen alle gleich sind: chemische Signale, die von einer Nervenzelle zur anderen weitergeleitet worden sind.

Dieses Gehirn, das da in seinem Elfenbeinturm in einem See von Zerebralflüssigkeit schwimmt, enthält die Persönlichkeit, die ich bin: ich. Jede andere Zelle meines Körpers altert und muß nach spätestens sieben Jahren durch eine andere ersetzt werden. Vor zehn Jahren besaß ich ganz andere Zellen als heute, das gilt für Haut, Augen, Herz und sogar die Knochen. Ich bin – so gesehen – ein ganz anderer als damals. Nur eine Sorte Zellen ist bei mir gleich geblieben: meine Nervenzellen. Auf ihnen beruht meine Identität, sie bürgen dafür, daß ich noch immer derselbe bin: Paul Brand.

Ich bin aus einem ganz bestimmten Grund auf diese biologischen Forschungsergebnisse eingegangen! Ich wollte nämlich damit die Grundlage schaffen für den Vergleich mit Christus als dem ‚Haupt' der Gemeinde. Ich erwähnte schon, daß diese Bezeichnung ‚Christus das Haupt' siebenmal im Neuen Testament gebraucht wird. Wir denken, wenn wir auf jemand die Bezeichnung Haupt anwenden, gewöhnlich an Macht und Autorität. Gewiß enthält auch die biblische Redewendung von Christus als dem Haupt etwas von dieser Vorstellung. Doch gerade die Art, wie das Gehirn physiologisch arbeitet, wirft ein neues Licht auf die Art und Weise, wie Christus als das Haupt uns regiert.

Der Vergleich mit Kopf und Leib weist uns darauf hin, wie Gott verfuhr, als er sich mit dieser unserer Welt ‚einließ'. Gott, als Geist nicht gebunden an Raum und Zeit, erniedrigte sich selbst; so weit, daß er ‚niederkam' in die Begrenztheit von Materie und Zeit. Er wurde Fleisch und wohnte unter uns. Am Ende dann fuhr Christus gen Himmel – in unserer heutigen Sprache gesagt: Er wurde wieder verwandelt in Geist. Seitdem ‚sitzt er zur Rechten Gottes', ist Haupt seiner Gemeinde. Sein ‚Leib' besteht aus Millionen Zellen, eben denen, die an ihn glauben und somit zu ihm gehören. Er ist das Haupt, wir ‚verkörpern' ihn hier in dieser Welt. In einer Weise, die über unser Wissen und Verstehen geht, gefällt es ihm, in unser Beten, Tun und Bekennen – also durch uns – in diese Welt hineinzuwirken.

Doch warum? Warum gefiel es dem reinen Geistwesen Gott, ein Wesen von Fleisch und Blut zu werden? Warum gefiel es ihm, seine Sache auf ganz gewöhnliche Menschen zu bauen, während er selbst sich in den Elfenbeinturm ‚Himmel' zurückzog, um von dort aus das Haupt zu spielen? Er könnte sich, wenn er wollte, abermals durch die Feuersäule und die Rauchwolke wie am Sinai offenbaren. Er könnte seine Gegenwart auf Erden auch in einem brennenden Busch oder in einer Lichtwolke beweisen, wie es des öfteren im Alten Testament geschah. Aber nein, er entschied sich anders. Er wählte den Weg der Selbsterniedrigung, er wurde Mensch.

Damit hat er sich selbst Grenzen gesetzt. Er hat darauf verzichtet, als Jesus von Nazareth von seiner göttlichen Allmacht Gebrauch zu machen. Er hat sich selbst die Hände gebunden, indem er es uns Menschen anvertraute, seine Sache weiterzuführen.

Was Selbstbegrenzung, Selbsterniedrigung bedeutet, habe ich erlebt, als meine Tochter Pauline die elektrische Steckdose in unserem indischen Haus entdeckte. Die Steckdose war wie üblich etwa 20 cm über dem Fußboden angebracht. Die beiden Steckeröffnungen hatten genau die Größe, daß Paulinchens Finger hineinpaßten. Wie jedes normale Kleinkind war sie neugierig und steckte ihre Finger in alle Löcher.

Als meine Frau und ich Paulinchens Interesse an den beiden geheimnisvollen Steckerlöchern entdeckten, waren wir natürlich sehr betroffen. Zunächst versuchten wir, die Steckdose mit Klebeband zu verdecken, doch Paulinchen hatte es bald heraus, wie man die Klebestreifen abpulte. Jetzt hatte sie es geschafft und blickte mißtrauisch über die Schulter zu uns her. Nun nahm sie ihre feuchten Finger aus dem Mund und lauerte darauf, daß wir das Zimmer verließen.

Was sollten wir tun? Nun, wir hätten sie in ihr Laufställchen sperren können oder sie von nun an jeden Augenblick bewachen müssen. Viel besser, wenn es uns gelang, sie von der Gefahr dieser Steckdose zu überzeugen. Aber wie?

,,Paulinchen, nun höre mal gut zu! In diesen Löchern da befinden sich elektrische Pole mit einer Spannung von 220 Volt. Außerdem hast du nasse Finger. Die Feuchtigkeit setzt den Hautwiderstand gegen den Strom stark herab. Wenn du also die Pole da berührst, dann jagt der Strom in deinem Arm herauf, vernichtet die Nerven und zerstört das Protein deiner Muskeln.`` Eine solche Erklärung hätte, obwohl sie einigermaßen zutraf, meine nuschelnde kleine Tochter gewiß nicht überzeugt.

Ich überlegte, welche schlechten Erfahrungen das Kind schon gemacht hatte. Dann fiel mir ein: Feuer! An dem offenen Herdfeuer, das auf dem steinernen Fußboden unserer indischen Küche brannte, hatte sie sich schon einmal ihre Finger verbrannt. Also sagte ich, bemüht, recht viel Drohung in meine Stimme zu legen: ,,Wenn du diese beiden Löcher da anfaßt, dann kommt Feuer heraus. Und das wird dich ganz schlimm verbrennen.`` Sie sah mich skeptisch an. Wollte ich ihr etwa den Spaß verderben? Doch ich hatte sehr, sehr ernst gesprochen. Es war ihr anzusehen, wie sie überlegte: Ist die Sache das Risiko wert? Ich setzte nach: ,,Und, Paulinchen, wenn du diese Steckdose berührst, bekommst du von mir eins auf den Po!" Das zog. Sie trat einen vorsichtigen Rückzug an. Nein, auf den Po wollte sie nichts bekommen. Und plötzlich war die Steckdose gar nicht mehr interessant für Paulinchen.

Inzwischen hat Pauline ihr Studium abgeschlossen und könnte jetzt mir über Ohm, Volt und Widerstand Nachhilfeunterricht erteilen. Falls sie jemals über die damalige Angelegenheit nachdenken sollte, bin ich sicher, daß sie ihres Vaters Ehrlichkeit und Weisheit nicht in Frage stellt. Sie weiß heute natürlich, daß da in den Löchern der Steckdose kein Feuer brennt. Sie weiß aber auch, daß damals der Vater nicht unwissend war, sondern sich nur der Unwissenheit seines Kindes anpaßte. Er mußte ja mit Paulinchen in der Sprache reden, die sie verstand.

Ich habe in meiner Arbeit mit Angehörigen der verschiedensten kulturellen Gruppen zu tun. Und allemal muß ich mich in meiner Ausdrucksweise dem anpassen. Wenn ich einem eifrigen Studenten auf Tamilisch ein Elektronenmikroskop erkläre, dann verwende ich Vergleiche, die ihm bekannt sind. Und wenn ich hören sollte, daß irgendwo im Hinterland von Somalia ein Atomtest vorgenommen werden soll, dann würde ich die Nomaden nicht warnen mit Hinweisen auf die Folgen nuklearer Spaltungsprozesse, sondern ganz einfach sagen: „Grabt euch Deckungslöcher, denn Feuer wird vom Himmel fallen und giftiger Staub!" Ich muß eben immer solche Worte gebrauchen, die auch verstanden werden.

Stellt sich nicht dasselbe Problem, wenn Gott mit uns Menschen reden will? Wie kann der Unendliche sich uns endlichen Wesen verständlich machen? Ich will das Problem am Beispiel Sprache deutlich machen. Da blitzt in meinem Geist eine dunkle Vorstellung auf. Doch erst wenn sie sich zu einem klaren Gedanken formt, nimmt sie wirklich Gestalt an. Diesen Gedanken anderen mitteilen kann ich aber erst, wenn ich ihn in Worte gefaßt habe. Genau so ist es auch, wenn Gott sich uns mitteilt. Das ewige Geheimnis, der Geist, der schon am Anfang über den Wassern schwebte, muß erst in das Gewand der Sprache schlüpfen und in das gesprochene Wort, in Schwingungen der Luft oder das Kratzen der Schreibfeder.

Erst dann, erst dann existiert es so, daß jedermann es begreifen kann. So war Jesus das Wort von Gott. „Am Anfang, bevor die Welt geschaffen wurde, war Er, der ‚das Wort' ist" (Johannes 1,1). „Er, ‚das Wort', wurde ein Mensch, ein wirklicher Mensch von Fleisch und Blut, und nahm Wohnung unter uns" (Joh. 1,14). Der unendliche, der unbeschreibliche, der unfaßliche Gott wurde Mensch, redete Menschensprache, ‚zeltete' mit uns.

„Es war schon viel, daß Gott
den Menschen schuf nach seinem Bilde.
Daß Gott verkleidet sich ins Bild
des Menschen, war weit mehr", sagt einmal John Donne.

Mehr als dreißig Jahre stand uns Menschen in Jesus dieses Bild vor Augen. Wir brauchen nur auf ihn zu sehen und wissen: So ist Gott.

Doch die Inkarnation, die Menschwerdung, war noch nicht alles, was Gott auf Erden vorhatte. Christus zog sich in die Rolle des ‚Hauptes' mit der klaren Absicht zurück, sich einen neuen Leib zu schaffen, und zwar einen, der sich nicht aus lebenden Zellen, sondern aus Millionen lebender Männer und Frauen zusammensetzt, die alle zu ihm gehören. „Ich sende sie in die Welt, wie du mich in die Welt gesandt hast", sagt er zu seinem Vater im ‚Hohepriesterlichen Gebet' (Joh. 17,18). Kurz und bündig hat er da ausgesprochen, was für ein Wandel sich vollzogen hat.

So war der Abschied Jesu aus dieser Welt einerseits eine Rückkehr in sein rein geistiges Sein, eine ‚Himmelfahrt', wie es im Kalender des Kirchenjahres heißt. Auf der anderen Seite war diese Himmelfahrt aber auch eine Fortsetzung seiner ‚Herablassung', seiner ‚Niederkunft'. Freilich geschieht diese Herablassung Gottes nun nicht mehr in einem besonders geheiligten Leibe, nämlich in Jesus von Nazareth, sondern in Millionen ganz gewöhnlicher schwacher Menschen. Alle diese – ob groß oder klein, dick oder dünn, klug oder töricht, weiß oder schwarz – sind sein Leib auf Erden. Er selbst, das Haupt, sitzt wieder im – Elfenbeinturm.

Gott hat es wahrhaftig nicht nötig, irgend etwas durch endliche und begrenzte Menschen vollbringen zu lassen. Er braucht auch nicht – als das Haupt – indirekt über uns in dieser Welt zu wirken. In seiner Allmacht könnte er auch andere Wege finden, Körper auch ohne Nahrung am Leben halten, Gehirne auch ohne rote Blutzellen funktionieren lassen und ohne Missionare Menschen bekehren. Doch es hat ihm nun einmal gefallen, sich irdischer Elemente zu bedienen. Ackerboden, Gemüse und Chemie, Menschenworte und Menschenwille müssen her, um das durchzuführen, was er auf Erden vorhat. Wir sind heute das Medium, durch das Gott wirkt, sein Leib. Wenn Sie mich ansehen, dann sehen Sie eigentlich gar nicht Paul Brand. Sie sehen nur die aus Zellen bestehende Haut, die über dieses ‚Gestell' gespannt ist. Der wahre Paul Brand sitzt inwendig, konzentriert im Gehirn, darin abgeschlossen von der Außenwelt. Ganz ähnlich verhält es sich mit Gott. Wir können Gott nicht sehen. Denn wir haben keine Sinnesorgane, die dazu in der Lage wären. Wir sehen ihn nur in der wahrnehmbaren Gestalt unseres Nächsten, als Glied seines Leibes. Gott hat es großartig verstanden, zu Menschen so zu sprechen, daß sie ihn verstehen, sich ihnen so zu zeigen, daß sie ihn sehen: Er nahm ganz einfach in den Seinen Wohnung, den Brüdern und den Schwestern.

Dorothy Sayers zählt drei Formen freiwilliger Erniedrigung Gottes auf. In der ersten, der Menschwerdung, legte er alle Vorrechte seiner Gottheit ab, stieg herab und wurde Mensch. In der zweiten, der Kreuzigung, wurde er für uns zur Sünde und nahm auf sich die Schmach des Verbrechertodes. Die dritte schließlich ist – die Kirche. Gott hat sich so weit erniedrigt, daß er sich freiwillig dafür hergab, in einem Leibe zu leben, der aus solchen Typen wie uns besteht!

Dorothy Sayers hat damit in gewisser Hinsicht recht. Das Haupt, das durch uns wirkt, läßt sich darauf ein, auf all seine Allmacht zu verzichten. Und dafür begnügt es sich mit der überhaupt nicht in Erscheinung tretenden Rolle des – ich möchte fast sagen: des Kulissenschiebers. Und indem Gott so handelt, hat er sich am tiefsten erniedrigt. Seine Ehre, seinen heiligen Namen vertraut er unvollkommenen Menschen an. Es gab eine Zeit, da trug eine ganze Nation Gottes Namen – und mißbrauchte ihn schändlich. Und wir? Wir sind sein Leib und – haben so oft Gottes Ehre beschmutzt: mit blutigen

Kreuzzügen, Inquisition und Folter; und wir treiben noch immer Rassismus in seinem Namen!

Wahrhaftig, die Kirche als Leib Christi, das ist schon eine Erniedrigung Gottes. Und dennoch: Als Gegenwert für solche Erniedrigung leuchtet etwas Herrliches auf, ein Hinweis, daß vielleicht Gott von allem Anfang an vorhatte, seinen Leib und seinen Namen Leuten wie uns anzuvertrauen. Daß Gott freiwillig seine Allmacht zurückhält und sich darauf beschränkt, das Haupt zu sein, das schenkt uns die Gnade, als Glieder seines Leibes nun teilzuhaben an der Wiederherstellung dieser gefallenen Welt. ,,Alle Geschöpfe warten sehnsüchtig darauf, daß Gott seine Kinder vor aller Welt mit dieser Herrlichkeit ausstattet", schreibt Paulus, ,,. . . daß sie eines Tages vom Fluch der Vergänglichkeit erlöst werden. Sie sollen dann nicht mehr Sklaven des Todes sein, sondern am befreiten Leben der Kinder Gottes teilhaben" (Römer 8,19,21).

Ganz gewiß, es wird eine Erlösung kommen. ,,Als nur biologische Lebewesen – jeder bemüht, seinen eigenen Lebenswillen und seinen Machtanspruch durchzusetzen – stehen wir offenbar nicht als Aktivposten auf der Rechnung. Im Gegenteil, wir sind nur Spreu, die im Winde verweht. Aber als Organe im Leib Christi, als Bausteine und Pfeiler in seinem Tempel sind wir nicht ,von dieser Welt'. Nein, wir sind bei ihm zu Hause. Wir werden leben und vor dem Weltall Ihn bezeugen." So hat C. S. Lewis es ausgesprochen. Gott hat es riskiert, sein Reich hier auf Erden solchen Sprüchemachern wie uns anzuvertrauen. Doch dadurch werden wir zu Söhnen und Töchtern Gottes. Sein ,Bild' ist damit wiederhergestellt. ,,Sogar die Engel brennen darauf, etwas von diesem Geheimnis zu erfahren" (1. Petrus 1,12).

Als Dozent habe ich es gelegentlich erfahren, daß andere das Werk, das man selbst begann, vollendeten. Als ich auf meine Indienjahre Rückschau hielt und einmal aufzurechnen versuchte, wieviele Handoperationen ich vorgenommen hatte, da kam ich auf eine Zahl von etwa zehntausend. Das schien mir doch ganz beachtlich. Aber als ich weiter darüber nachdachte, kam mir zu Bewußtsein, wie gering doch diese Zahl war. Man schätzt die Leprakranken in aller Welt auf 15 000 000. Ein Viertel von ihnen hat verstümmelte Hände. Ergebnis meiner Rechnung: Ich habe in meinem langen Chirurgenleben nur einen Bruchteil von weniger als einem Prozent dieser Leidenden behandeln können. Und das, obwohl ich von früh bis spät am Operationstisch stand.

Doch dann besuchte ich kleine Landkliniken, etwa in Borneo, und sah, daß ein junger Arzt dort genau nach den Operationsmethoden verfuhr, die wir in Vellore entwickelt hatten. Überall in der Welt, ob in Japan, Singapur, Hawaii, Äthiopien oder sonstwo, stößt man auf Chirurgen, die in Vellore oder Carville ihr praktisches Können erworben haben. Es gibt nichts, wirklich nichts, was mich mit größerer Freude erfüllen könnte, als zu sehen, wie gut unsere Saat aufgegangen ist und wie sie jetzt von meinen ehemaligen Schülern in aller Welt ausgestreut wird. Oft erscheint mir das wie ein Wunder. Was in unserem engen Unterrichtsraum begann, hat sich jetzt hundertfach vervielfacht. Wenn ich einmal die Augen schließe, dann wird die Zahl der von mir mit meinen eigenen Händen vorgenommenen Handoperationen nicht mehr wachsen, doch die Studenten, die ich zurücklasse, werden fortfahren, das, was wir in Vellore einmal begonnen haben, zu vollenden. Wenn ich darüber nachdenke, dann ahne ich, wie Gott auf Erden wirkt.

Jeder Lehrmeister setzt sein Werk fort durch die Schüler, die er hinterläßt. Ein Gehirn gibt seinem Willen Ausdruck durch Zellen, die ihm dienstbar sind. Und Gott bedient sich dieses ‚Leibes‘, dessen ‚Haupt‘ er ist.

Jesus sagte zu seinen Jüngern: ,,Wer auf euch hört, hört auf mich. Wer euch abweist, weist mich ab – und damit zugleich den, der mich gesandt hat" (Lukas 10,16). Jesu Gemeinde, der Leib, und Er, das Haupt, sind eins. In der Nacht vor seinem Kreuzestod erklärte Jesus seinen verwirrten und niedergedrückten Jüngern die Bedeutung seines bevorstehenden Todes so: ,,Glaubt mir, es ist gut für euch, wenn ich fortgehe; denn sonst wird der Stellvertreter nicht zu euch kommen. Wenn ich aber fortgehe, dann werde ich ihn zu euch senden" (Joh. 16,7). In jener Stunde verstanden sie es nicht, aber die neue Zeit war damit eingeleitet: Gott führt seither seinen ‚Leib‘ durch seinen ‚Stellvertreter‘, den Heiligen Geist.

12 Die Verbindung nach unten

Die Fernsehkamera war unbarmherzig. Sie setzte keinen Augenblick aus, nicht, als das junge Mädchen die Zunge herausstreckte, auch nicht, wenn es wild mit den Augen rollte. Nicht einmal, als es dummes Zeug sabbernd heraussprudelte und sich fast an seinem Speichel verschluckte. Für diese wissenschaftliche Sendung, die das Thema ‚Gehirnlähmung' behandelte, fing die Kamera jede, auch die extremste Äußerung dieser Krankheit auf.

Dann führten die Programmgestalter einen jungen Mann vor, der ebenfalls an Gehirnlähmung litt. Er hatte in der Rehabilitation erstaunliche Fortschritte gemacht und demonstrierte nun vor dem bettlägrigen Mädchen, was er schon gelernt hatte. Er buchstabierte Worte so schnell, daß der Kommentator kaum mitkam. Er tippte mit der Fußspitze auf einer Schreibmaschine, wobei er eine auf dem Fuß montierte Metallkonstruktion benutzte, um die Tastatur zu erreichen. Er hatte es sogar gelernt, sich eines Apparates zu bedienen, der seine klickende, kehlige Sprache einem geübten Ohr verständlich werden ließ. Das junge Mädchen hatte dagegen keine Rehabilitationstherapie erfahren. Die für sie zuständige Behörde in Ohio – nicht in der Lage, ihr medizinisch zu helfen – hatte das Mädchen einfach in eine Heilanstalt eingewiesen. Die Sendung wies auf ein auffälliges Paradoxon hin: Alles an diesem Mädchen war krank, nur ihr Geist nicht. Hinter all den wilden und unkontrollierten Ausbrüchen lebte ein gesunder Verstand. Nur eben, er war gefangen.

Die Krankenhausangestellten hatten eine große Karte angefertigt, die in achtzig Quadrate eingeteilt war. In jedem stand ein Satz wie etwa ‚Ich wünsche' oder ‚Ich brauche'.

Das Mädchen ‚unterhielt sich' mit dem Befrager, indem es auf das Quadrat mit dem passenden Satz blickte. Das dauerte seine Zeit, weil sie immer erst ihre rollenden Augen zur Ruhe zwingen mußte. Irgendwer wollte wissen, ob sie eine Frage an ihren Betreuer habe. Sie zuckte und zitterte, ihre Augen flakkerten hin und her. Es dauerte gut fünf Minuten, bis das Mädchen drei Quadrate solange hatte fixieren können, daß sicher war, was sie fragen wollte: ,,Bist – du – ärgerlich?"

Wer diese Sendung gesehen hatte, wußte ein für allemal: Verstand zu haben reicht nicht. Man muß seine Gedanken auch ausdrücken und sich verständlich machen können. Der Geist braucht einen Körper, der mitmacht.

Solche Gehirngelähmten machen deutlich, wie schlimm es ist, wenn die übertragenden Nervenzellen nicht mitspielen. Dabei gibt es unter diesen Kranken einige, die über einen hervorragenden Verstand verfügen. Da ist zum Beispiel der Engländer Stephen Hawking, einer der weltbesten Astronomen. Und er leidet an einer schweren Behinderung, die durch das sogenannte Lou-Gehrig-Syndrom hervorgerufen ist. Solche Menschen werden oft als geistig behindert oder gar zurückgeblieben angesehen. Dabei versagt bei ihnen bloß die Übertragung vom Gehirn zum Körper.

Ist der Körper gesund, so funktioniert die Übertragung in beiden Richtungen. Die Hand tut, was das Gehirn befiehlt. Bei einer spastischen Erkrankung dagegen oder einer Paralyse versagen die nach draußen leitenden Nerven, also die motorischen. Ein Gelähmter kann im Bett liegen und den ganzen langen Tag nachgrübeln, wie er wohl einen Zeh bewegen könnte. Er kann es mit aller Energie wollen, doch das hilft alles nichts. Die Leitung ist unterbrochen, der Zeh rührt sich nicht. Auch in dem geistlichen Leib, dem Leibe Christi, gibt es den ‚Weg nach draußen', den im Körper die motorischen Nerven darstellen. Dieser ‚Weg nach draußen' ist die Verbindung von dem ‚Haupt' Christus zu seiner Gemeinde hier auf Erden. So wie wir Verbindung zu Gott haben, so hat auch er Verbindung zu uns. Wir können die Weisungen hören, die das ‚Haupt' uns, den einzelnen Zellen des ‚Leibes', erteilt. Ob eine Zelle ihre Aufgabe zum Wohle des Ganzen erfüllt, hängt nun allein davon ab, ob sie gewillt ist, den Weisungen, die ‚von oben' kommen, zu folgen. Denn allein das Haupt kann entscheiden, was für den ganzen Leib von Nutzen ist. Und allein unsere Bereitschaft zu gehorchen entscheidet darüber, ob wir brauchbare Zellen Seines Leibes sind.

Der Leib Christi kann – genau wie der Körper eines Gelähmten – zum Nichtstun verurteilt sein, wenn auch nur ein Teil seiner Zellen nicht gehorcht. Erinnern wir uns an die Bemerkung der Dorothy Sayers, daß die Kirche die dritte Erniedrigung Gottes sei. Ohne Frage hat sie da vor Augen, wie miserabel wir Christen im Laufe der Geschichte Gott hier auf Erden repräsentiert haben: unsere Selbstsucht und unsere Habsucht, unsere Intoleranz und unsere Überheblichkeit. Doch das steht wohl fest: Der Fehler liegt nicht beim ‚Haupt', wir sind die Sünder. Doch gerade darin besteht Gottes Selbsterniedrigung: daß er ausgerechnet uns zu seinem Leibe erwählt hat.

Er treibt seine Sache auf Erden durch so fragwürdige Gestalten, wie wir es sind: den Ehebrecher und Schreibtischmörder David, den Revoluzzer Jona und den verräterischen Petrus, den Judenfresser Luther und den Henker Calvin. Dabei sind diese fünf noch die Besten in dem ganzen Haufen. Uns, diesen Typen, hat er seinen Namen und seinen Geist gegeben. Er hat uns damit als seinen Leib gewählt und begnügt sich damit, als das Haupt uns zu dienen. War schon die Menschwerdung Gottes ein unfaßbares Geheimnis, so ist dies geradezu ein Wunder.

Ich habe die vier Evangelien durchforscht, um herauszubekommen, in welcher Weise Jesus die kommende Ära von ‚Haupt und Gliedern' vorbereitet hat. Und da wurde mir deutlich: Im Laufe der drei Jahre seiner Tätigkeit legte Jesus sein Werk mehr und mehr in die Hände seiner Jünger. Anfangs war er es allein, der heilte, half und verkündete. Doch als die Zeit seines Opferganges näherrückte, da verlegte er sich darauf, die für seine Nachfolge einzuarbeiten, die er hier auf Erden hinterließ.

,,Und nun geht! Ich sende euch wie Lämmer mitten unter Wölfe" (Lukas 10,3). Trotz dieser herben Warnung kehren die zweiundsiebzig, die er ausgesandt hat, mit Erfolgsmeldungen zurück: „Herr, sogar die bösen Geister gehorchten uns, wenn wir sie in deinem Namen bedrohten", berichten sie begeistert (Luk. 10,17). Jesu Antwort ist eher noch großartiger: „Ich habe euch Vollmacht gegeben . . . Nichts kann euch schaden." Und nach einem Dankgebet an den Vater schließt er: „Ich sage euch: viele Propheten und Könige wollten sehen, was ihr jetzt seht, aber sie haben es nicht gesehen. Sie wollten hören, was ihr jetzt hört, aber sie haben es nicht gehört."

Das Reich Gottes ist nahegekommen, doch Jesus selbst hat diesmal nur mittelbar mitgewirkt. Die Arbeit haben diesmal ‚seine Leute' getan. Auf dies entscheidend Neue weist Jesus hin. Kurz vor seinem Kreuzestod geht Jesus noch einen Schritt weiter. Beim letzten Abendmahl überträgt er seinen Jüngern Vollmacht: „Ihr habt alle Prüfungen mit mir durchgestanden. Dafür werde ich euch Anteil an der Herrschaft geben, die mein Vater mir übergeben hat" (Lukas 22,28–29). Von nun an verläßt Gott sich darauf, daß wir, die Zellen seines Leibes, sein Werk tun.

Es ist unglaublich: Gott macht sich, wenn er seinen Willen in der Welt durchsetzen will, von uns abhängig. Er überläßt es uns, kümmerlich und trostlos langsam das zu tun, was er selber fehlerfrei und im Nu vollbringen könnte. In einer Weise, die für uns ein Geheimnis ist, hat er sich in unsere Hand gegeben. Und dabei weiß er doch, daß unser Mangel an Glaube seine Absicht zunichte machen kann. Fehler und Irrtümer schleichen sich bei uns ein; wie spastische Anfälle, wenn ich das einmal so sagen darf. Es kann für den Allmächtigen nicht leicht zu ertragen sein, wie wir ihn immer wieder erniedrigen. Es gibt wohl keinen Schmutz, in den wir Gott nicht hineingezogen haben. Und doch sollten wir uns davon nicht völlig niederdrücken lassen. Wir sollten uns vielmehr vor Augen halten, daß mit den volltönenden Worten, mit denen Paulus die Kirche beschreibt – Leib Christi, Braut Christi, Tempel Gottes –, wir, die nun einmal so vorhandene, sichtbare und fehlsame Gemeinde der Sünder gemeint sind. Gott nimmt die Sünder an – als seine Kinder.

Selbst wenn die Verbindung zwischen Gehirn und Körper völlig zerstört ist, muß der Tod nicht unbedingt die Folge sein. Erstaunlicherweise kommt es vor, daß Tiere, denen das Großhirn entfernt wurde, trotzdem am Leben bleiben und in beschränktem Maße sogar noch ‚funktionieren'. In einem solchen Falle sind es die niederen Zellen, die nicht auf den befehlenden Willen angewiesen sind, sondern mehr örtlich begrenzten Instinkten folgen. Sir Charles Sherrington beobachtete, wie ein hirnloser Frosch mühelos über einen Teich schwamm. Man kann, sagt Sherrington, zunächst den Eindruck gewinnen, der Hirnverlust sei völlig nebensächlich, bis man dann das Verhalten des Frosches näher untersucht. Dann erkennt man, daß der Frosch planlos und ohne Ziel schwimmt. Es sind nur die Beine, die sich in Reflexbewegungen strecken. Wenn das Gehirn fehlt, dann gibt es keinen sinnvollen ‚Zweck' mehr.

In der Evolution höherstehende Tiere werden durch eine Entfernung des Großhirns stärker betroffen. Eine Dogge etwa steht dann wie ein Stofftier starr und steif da. Sie kann sich zwar auf alle Viere stützen, vermag sich aber nicht im Gleichgewicht zu halten. Ein leichter Stoß, und sie kippt um.

Unterbrechungen zwischen Hirn und Körper kommen auch beim Menschen vor. Um festzustellen, ob die Nervenleitungen zerstört sind, genügt ein ganz einfacher Versuch: ein leichter Schlag vor die Kniescheibe. Der dafür dienende Gummihammer ist in jedem ärztlichen Konsultationszimmer anzutreffen. Selbst ein leichter Schlag ruft, wie wir alle wissen, einen deutlichen Reflex hervor: Die Kniescheibensehne spannt sich. Die örtlichen Nerven reagieren sofort und spannen den Muskel, der das Knie streckt. Das Gehirn empfängt die Meldung des Schlages erst später. Der Sinn dieses raschen, unmittelbar an Ort und Stelle eingeleiteten Reflexes ist klar: Dieser rasche Reflex bewahrt uns, wenn wir stolpern, vor einem Sturz.

Wenn eine Zentralnervverletzung die Verbindung zwischen Hirn und Bein unterbrochen hat, dann ruft der Schlag mit dem Gummihämmerchen einen ganz anderen Reflex hervor, und der untersuchende Arzt muß auf der Hut sein. Denn die Muskeln des Patienten reagieren übermäßig, das Bein schnellt mit aller Kraft nach vorn. Es kommt sogar vor, daß es wie ein Dreschflegel in spastischem Krampf mehrfach vor- und zurückschnellt. In diesem Fall sind die Muskeln und Sehnen des Beines durchaus gesund, wie sie ja eben gerade bewiesen haben. Aber der Kontakt zum Gehirn ist unterbrochen. Beim Gesunden zwingt das Gehirn auch unbewußte Reflexe rasch unter seine Kontrolle. Es hat, wie Sherrington so nett gesagt hat, einen zivilisierenden Einfluß auf die wilden Partien des Körpers. Doch wenn die lebenswichtige Nervenverbindung unterbrochen ist, dann kann der gereizte Körperteil zwar noch agieren, aber er tut das unkontrolliert, automatisch, unvernünftig und oft ohne jede Rücksicht auf den übrigen Körper.

Man kann diesen ärztlichen Befund nur in begrenztem Maße auf den ‚Leib Christi', die Kirche, anwenden. Denn das steht wohl fest. Wenn in der Kirche etwas nicht so läuft, wie es soll, dann liegt das auf keinen Fall an einer Erkrankung des ‚Hauptes'! Doch eine Reihe Fehlleistungen nervöser Art – wie etwa die Schüttellähmung – gehen darauf zurück, daß unterhalb des Hirns Nervenbahnen blockiert sind. Auch können Gifte – Kokain, Botulinustoxin, Atropin – die chemische Reizvermittlung über die Synapsen verhindern.

Im Leibe Christi nennen wir solche Gifte: Sünde. Sünde schleicht sich ein, unterbricht die Verbindung zwischen Haupt und Gliedern, isoliert die Zellen von der Autorität da oben, die sonst alles gelenkt und geordnet hat. Jede einzelne Zelle kann nur dann sinnvoll handeln, wenn die Verbindung von oben her funktioniert. Ist das der Fall, dann wird sie gehorsam die Ausführung des Befehls zurückmelden.

Paulus, ein Meister bildhafter Sprache, beschreibt im Brief an die Kolosser einen Menschen, der an einer solchen Störung der Verbindung nach oben leidet. Ein solcher Mensch denkt nur noch gesetzlich und urteilt dementsprechend seine Mitmenschen ab. Er stiert nur noch auf die andern, was die für Fehler machen, hört dabei selbst nicht mehr auf das, was Gott ihm befiehlt.

,,Solche Leute sind ohne Grund eingebildet. Sie verlassen sich auf sich selbst, anstatt sich an Christus zu halten, der der Herr über alles ist. Von ihm als dem Haupt aus wird der ganze Leib, die Gemeinde, zusammengehalten und versorgt, damit er zur vollen Größe emporwächst, wie es Gott gefällt" (Kolosser 2,18–19).

Das Gehirn ist in Bezirke aufgeteilt, die jeweils für bestimmte Dinge zuständig sind. Die Gehirnpartie etwa, die für meinen linken Ringfinger zuständig ist, hat alles gespeichert, was diesen Finger angeht. Sie führt ihn beim Gitarrespiel, hält ihn beim Schreiben ruhig. Sie bewahrt auch Erinnerungen an frühere Verletzungen auf. Diese Hirnpartie verfügt also über ein immenses und umfassendes Wissen über alles, was dieser Finger erlebt hat und was er kann.

Als Chirurg hatte ich gelegentlich eine solche Nervenverbindung zu unterbrechen und statt ihrer eine neue herzustellen. So gaben wir etwa Leprapatienten aus kosmetischen Gründen neue Augenbrauen. Ich schnitt dann ein Stückchen behaarte Kopfhaut heraus und pflanzte sie da wieder ein, wo die Augenbraue ihren Platz hat. Da sich in ihr noch der ursprüngliche Kopfhautnerv befand, empfand der Patient die Haarpartie Augenbraue noch immer als Kopfhaut. Das führte dann zu komischen Reaktionen: Kroch eine Fliege ihm über die Augenbraue, so kratzte er sich – auf dem Scheitel! Ein andermal mußte ich eine unbrauchbar gewordene Daumensehne ersetzen. Ich verwendete dafür eine Sehne des Ringfingers. Als der Patient genas, gelangten die Befehle, die das Gehirn an den Daumen gab, noch immer an den Ringfinger. Befahl ich: ,,Bewegen Sie Ihren Daumen!", dann geschah nichts. Der Patient starrte nur verdutzt auf seine Hand. Doch dann sagte ich: ,,Bewegen Sie jetzt Ihren Ringfinger!" Und prompt streckte sich der Daumen.

So nach und nach gelang es dem Patienten, seinem Gehirn beizubringen, daß der Daumen auf Befehle reagierte, die dem Ringfinger gegeben wurden. Es kann aber Monate dauern, bis das klappt, und manche Älteren lernen es nie.

Die Daumenzellen sträuben sich also, Befehle des Gehirns anzunehmen, die über einen neuen und ihnen daher fremden Weg kommen. Das mag uns als ein Bild dienen, wenn wir an das denken, was Paulus über die Erneuerung unseres Geistes schreibt: ,,Stellt euer ganzes Leben Gott zur Verfügung! ... Paßt euch nicht den Maßstäben dieser Welt an. Laßt euch vielmehr im Innersten von Gott umwandeln. Laßt euch eine neue Gesinnung schenken. Dann könnt ihr erkennen, was Gott von euch will. Ihr wißt dann, was gut und vollkommen ist und was Gott gefällt" (Römer 12,1–2).

Paulus hat aber auch sehr genau ausgesprochen, in welcher Weise wir Gottes Willen in unserem Leben zum Ausdruck bringen sollen: ,,Habt im Umgang miteinander stets vor Augen, was für einen Maßstab Jesus Christus gesetzt hat", ermahnt er die Philipper. Und dann fährt er fort:
,,Er war in allem Gott gleich,
und doch hielt er nicht daran fest,
zu sein wie Gott.
Er gab es willig auf
und wurde einem Sklaven gleich.
Er wurde ein Mensch in dieser Welt
und teilte das Leben der Menschen.
Im Gehorsam gegen Gott
erniedrigte er sich so tief,
daß er sogar den Tod auf sich nahm,
ja, den Verbrechertod am Kreuz" (Phil. 3,5–8).

Ich betrachte diese Erneuerung, dieses Umdenken des Menschen als den entscheidenden Schritt auf dem Wege zu einer engen Verbindung mit Gott. Jetzt kann der Strom wieder gleichmäßig und stetig fließen, und zwar in beiden Richtungen: vom Kopf zum Leibe und umgekehrt. Indem ich das Vorbild betrachte, das mir Christus gegeben hat, und indem ich die Verbindung zu ihm aufnehme, lerne ich die Gesinnung Christi kennen. Wie das biologisch vor sich geht, habe ich an Hunderten meiner Patienten erfahren. Ebenso aber habe ich diesen gleichen Prozeß, nur auf geistlicher Ebene, an vielen überzeugten Christen erlebt.

Zur Zeit ist man dabei, viele alte, später aber vergessene Formen des Glaubenslebens neu zu entdecken. Meditation, Fasten und Gebet, einfaches Leben, Gottesdienst und Sakramentsfeier können eine ganz persönliche Verbindung zwischen uns und dem Haupt herstellen. Selbst etwas so Schlichtes wie das Singen und Lesen der uns im Gesangbuch angebotenen Lieder und Gebete hilft uns, unseren Sinn in neuem Gehorsam auf Gott zu richten. Es kommt halt auf ständige Wiederholung an. Das ist auf dem geistlichen Gebiet nicht anders als auf dem neurologischen. Übung festigt die Verbindung zwischen Haupt und Gliedern. Ein Konzertpianist muß nicht jede Bewegung, die seine Finger ausführen sollen, bewußt Note für Note kommandieren. Nein, ein Künstler hat alles Wissen über Stimmung, Takt und musikalische Auffassung ‚im Kopf'. Seine Finger folgen Anweisungen, die in vielstündigem Üben lange zuvor eingeprägt wurden.

Musiker wie Sportler entwickeln also ihre Fertigkeit durch ständige Übung der Kopf-Körper-Koordination. Genau so können auch wir Christen eine unerschöpfliche Fülle von Übereinstimmung in Denken und Handeln erzielen. Das gilt für die Übereinstimmung unter uns selber wie für die zwischen uns und Gott. Für den Anfänger im Glauben mag diese Art, Christi Gesinnung zu lernen, plump und unbeholfen scheinen. Wenn einer als Christ das Laufen lernen will, dann erinnert das an das Laufenlernen eines Kindes. Da gibt es auch hundert Fehlstarts und viel Gestolper. Denn da streiten zwei miteinander: „In meinem Bewußtsein stimme ich dem Gesetz Gottes freudig zu. Aber ich sehe, daß mein Tun einem anderen Gesetz folgt. Dieses Gesetz liegt im Streit mit dem Gesetz, dem meine Vernunft zustimmt" (Römer 7,22–23). Doch allmählich, ‚Schritt für Schritt', lernen Muskeln und Gelenke in Bein, Knie und Fuß so zusammenzuarbeiten, daß es zu einer ‚konzertierten Aktion' kommt. Am Ende läuft das Kind durch die Stube, ohne daß es noch einen bewußten Gedanken auf dies komplizierte Geschehen verwenden muß. Jeder Versuch, eine neue Fertigkeit oder eine Sportart zu lernen, beginnt mit solchen unbeholfenen, mit Fehlern gespickten Übungen, bis endlich die Bewegungen flüssig und sinnvoll ablaufen. Wir Erwachsenen nehmen solche Bewegungsabläufe immer als selbstverständlich hin. Wir sind immer erst dann betroffen, wenn wir einem Gelähmten oder Spastiker begegnen.

Bei meinen weiten Spaziergängen habe ich beobachtet, wie ein Pärchen Pirole sein Nest baute. Die beiden Vögel waren noch jung, und dies war bestimmt ihr erster Nestbau. Ein paar Zweige weiter hing ein anderes Nest, das im Jahr zuvor ein Paar älterer Pirole gebaut hatte. Es hatte alle Winterstürme heil überdauert. Doch diese beiden Jungvögel verschwendeten keinen Blick auf das kunstvoll gebaute Nest da nebenan. Sie sahen ihm nicht ab, wie man bauen muß, studierten es auch nicht, um dann vielleicht eine neue Konstruktionsweise zu probieren. Nein, sie wußten auch ohne das, wie sie zu verfahren hatten. Und sie waren so bei der Sache, daß sie selbst das Fressen vergaßen. Zuerst waren sie eine ganze Weile unterwegs, um auch ja den besten Platz für den Nestbau zu ermitteln.

Sie mußten eine Astgabel richtiger Größe finden, um in dieser das Nest zu bauen. Dieser Ast mußte außerdem so dünn sein, daß er sich schon unter der Last der Blätter ein wenig bog. Nur dann waren die Vögel vor den Eichhörnchen sicher. Auch sollte rundherum Laubwerk sein, damit die Jungen nicht von Habichten oder anderen Räubern der Lüfte gesehen wurden.

Sobald ein geeigneter Nestplatz gefunden ist, suchen die Vögel nach einer ganz bestimmten Grasart. Die Halme müssen eine bestimmte Länge und Biegsamkeit haben. Einer der beiden Vögel steht mit gespreizten Beinen auf der Astgabel, je einen Fuß rechts und einen links. Mit dem einen drückt er einen Grashalm gegen den Ast. Nun legt er den Halm mit dem Schnabel um den Zweig, und zwar so, daß ein Knoten, ein sogenannter ‚halber Schlag‘, entsteht. Das längere Ende des Halms läßt er frei baumeln. Dann fliegt er los, holt einen anderen Halm und belegt auch diesen mit einem halben Schlag, jedoch am anderen Schenkel der Astgabel. Genau so verfährt er mit einer Anzahl weiterer Halme, die er dann schließlich zu einem dicken Strang zusammenflicht. An diesem Kabel soll später das fertige Nest frei schwingen können. So vergehen mehrere Tage mit Suchen, Herbeischleppen, Anknoten und Flechten. Endlich sind die beiden Pirole mit dem dichten, kugligen Nest fertig. Es ist fest genug, um auch stärkeren Winden trotzen zu können.

Zur selben Zeit ist daheim meine Frau damit beschäftigt, für mich einen Pullover zu stricken. Ich kann sie durch das Fenster bei der Arbeit sehen. Sie versteht was vom Stricken, und ich werde ihren Pullover gewiß mit Stolz tragen. Es hat viel Mühe gemacht, die Wolle zum Stricken fertig zu machen. Schafhirten und Scherer mußten ran, Spinnereifachleute und Färber. Margaret blickt immer wieder auf ein gedrucktes Muster, auf dem die Strickweisen und der Wollbedarf von Meisterhand vermerkt worden sind. Von diesem Musterbogen erfährt sie, wie sie zu stricken hat. Und indem sie die Weisungen befolgt, nutzt sie ihre im Laufe von Jahren erworbene Fertigkeit im Stricken. Wenn der Pullover eines Tages fertig ist, dann wird das der vereinigten Intelligenz vieler Gehirne zu danken sein. Bestimmt wäre meine Frau an der Aufgabe gescheitert, wenn man ihr nur ein lebendes Schaf hingestellt und gesagt hätte: Nun mach daraus einen Pullover!

Ich habe es im Laufe langer Jahre gelernt, mit voller Konzentration und einer ausgefeilten Technik zu operieren. Doch ich muß gestehen, daß ich nicht in der Lage wäre, aus Grashalmen ein solches kunstvolles Nest wie der Pirol zu weben, das Wind und Wetter standhielte. Ein einziges Mal habe ich es versucht, es war ein glatter Fehlschlag. Und dabei habe ich doch immerhin zehn Finger, der Vogel dagegen nur einen Schnabel und zwei Füße.

Der Schlüssel für das Ganze heißt ‚Instinkt'. Nach einem genetischen Code ist das Verfahrensmuster dem Vogelhirn eingeprägt. Eines Tages ist es soweit: Der Vogel kann gar nicht anders, er muß die komplizierten Weisungen befolgen, die an Schnabel, Schwinge und Fuß vom Zentrum aus erteilt werden. Sogar die Kenntnis der richtigen Grasart und die Auswahl eines geeigneten Nestplatzes waren in dem Code enthalten, der dem Gehirn eingeprägt ist.

Eine bestimmte Art Ammern folgt anderen Mustern, die ihr eingegeben sind. Ihr Instinkt führt sie quer über den Golf von Mexiko, über eine Strecke von achthundert Kilometern. Ich habe diese Vögel beim Start zum Überfliegen des Meeres beobachtet. Sie saßen im Rohr des Sumpflandes und sahen hinaus über die unendliche Weite der See, die ihnen endlos erscheinen mußte. Doch sie kümmerten sich nicht um Augenschein und Vernunft. Sie starteten. Sie wußten, daß drüben das Ziel lag, sie wußten es, seit sie aus dem Ei geschlüpft waren.

Ich denke gelegentlich an diese Pirole und Ammern, wenn ich eine geistliche Entscheidung zu treffen habe. Gottes Weisungen erreichen mich auf dem schon beschriebenen Weg ‚vom Haupt zum Leibe'. Ich könnte, selbst wenn ich darauf höre, was die Bibel sagt, leicht auf meine Vernunft hören und mich anders entscheiden. Die Befehle, die vom ‚Haupt' kommen, sind hart; Gott erwartet von mir Liebe und Opferbereitschaft, Mitleiden und Reinbleiben; ich aber habe tausend Entschuldigungen, mich davor zu drücken.

In solchen Stunden der Entscheidung brauche ich eine Kraft, die zuverlässiger ist als mein Verstand. Eine solche Kraft ist uns allen ins Herz geschrieben: „Die anderen Völker haben das Gesetz Gottes nicht; aber es gibt unter ihnen Menschen, die aus natürlichem Empfinden heraus tun, was das Gesetz verlangt. Obwohl es ihnen nicht bekanntgemacht worden ist, tragen sie es in sich selbst. Ihr Verhalten zeigt, daß ihnen die Forderungen des Gesetzes ins Herz geschrieben sind, und dasselbe beweist ihr Gewissen, dessen Stimme sie abwechselnd anklagt oder verteidigt" (Römer 2,14–15).

Wir wissen, daß wir Gott verantwortlich sind. Dieses Wissen kann geschärft werden, indem wir uns in unserem Glauben üben. Behalte Gottes Wort im Herzen und sinne ihm nach, und es wird dich stark machen und deinen Geist erneuern.

Wenn ich plötzlich vor einer schwierigen Entscheidung stehe, dann ist meist keine Zeit, lange darüber nachzudenken. Dann will ich an jene Ammern und Pirole denken, denen genetisch eingeprägt war, wie sie richtig zu handeln hatten. Und ich will beten, Gott möge mir einen neuen Geist schenken und mir den rechten Weg weisen. Ja, ich kann immer nur beten, daß Gott mir seinen Willen kundtut – und daß ich ihm auch folge!

13 Der Draht nach oben

Zu einem bestimmten Zeitpunkt unseres Lebens – so etwa im Alter von zwölf Monaten – vollzieht sich in einem jeden von uns ein grundlegender Wandel. Bis dahin haben wir die Welt um uns vorwiegend durch Anfassen wahrgenommen; von nun an aber verlassen wir uns auf das Sehen. Das Anfassen ist dem Sehen vorausgegangen und hat ihm den Weg bereitet. Doch nun ist es soweit, daß die Sehzellen uns verläßliche Kunde über Aussehen, Entfernung und Echtheit des Wahrgenommenen vermitteln. Dieser Übergang vollzieht sich in jedem Menschen – mit Ausnahme der Blinden.

Blinde machen niemals die Erfahrung dieses Übergangs, es sei denn, sie gewinnen auf irgendeine Weise das Sehvermögen. Seit Beginn unseres Jahrhunderts hat sich dieses Wunder dank der zur Perfektion gereiften Augenchirurgie oft ereignet. Es gibt Menschen, die leiden von Geburt an am Katarakt, einer Linsentrübung, die meist nach einer Rötelnerkrankung der Mutter eintritt. Solche Kinder haben bis dahin die Welt lediglich durch Betasten und Abfühlen wahrnehmen können. Nach der Katarakt-Operation können sie plötzlich sehen. Und da begegnen sie nun einer Welt, die von der, die sie sich bisher vorgestellt haben, recht verschieden ist.

Marius von Senden hatte die einmalige Gelegenheit zu beobachten, was es für Erwachsene bedeutet, wenn sie diese umwälzende Erfahrung machen, die wir alle schon als noch sprachunfähige Kleinkinder erlebt haben. In seinem Buch ,,Raum und Sehen" berichtet er, wie sechsundsechzig Patienten damit fertig wurden. Er kam dabei zu dem Schluß, daß Grundwahrnehmungen wie die von Raum, Bewegung und Aussehen für den, der erst spät das Sehen lernte, zunächst unfaßbar sind. Wir Sehfähigen haben zum Beispiel ganz bestimmte Vorstellungen von Abstand und Entfernung. Ein Gebäude in Sichtweite befindet sich nahebei, denn wir können es leicht zu Fuß erreichen. Was wir aber nur mit dem Bus, der Bahn oder gar dem Flugzeug erreichen können, das ist für uns weit weg. Ganz anders der Blinde: Er mißt die Entfernung nach dem Maß seines Muskelgebrauchs. Will er ein Haus, das nur eine Meile entfernt ist, erreichen, dann muß er ein paar tausend Schritte tun. Ein Ziel, das er mit Bus, Bahn oder Flugzeug erreicht, scheint ihm dagegen nah. Ans Ziel zu kommen, erfordert ja nur einen geringen Kraftaufwand an Muskeltätigkeit.

Können solche Menschen plötzlich sehen, dann stehen sie einer Welt gegenüber, in der Größe und Entfernung ihnen völlig unfaßbar erscheinen. Zuvor verfügten sie über klare Vorstellungen von Größe: Eine Orange war so groß wie eine geballte Faust, ein Gesicht zwei Handbreit hoch. Und nun, nach gelungener Kataraktoperation, stimmt das alles nicht mehr. ,,Wie groß ist Ihre Mutter?" wurde ein sechzehnjähriges Mädchen gefragt. Das junge Mädchen zeigte mit ihren Fingern einen Abstand von einigen zwanzig Zentimetern an, denselben, den sie kurz zuvor für ein Buch angegeben hatte. Ihre Mutter stand nämlich auf der anderen Seite des Zimmers, und auf diese Entfernung nahm sie natürlich im gesamten Blickfeld der Tochter nicht mehr Raum ein als das unmittelbar vor ihr auf dem Tisch liegende Buch. ,,Und wie groß ist die Sonne?" Die Antwort: ,,Etwa so groß wie ein Zehncent-Stück."

Ganz allmählich, im Laufe von Monaten, lernen diese Patienten, was es mit der Raumtiefe, der Entfernung und der Perspektive auf sich hat. Abstände in vertikaler Richtung bleiben noch sehr viel länger unbegreiflich. Denn die nunmehr zum Sehen gekommenen Patienten hatten ja zuvor keinerlei Raumvorstellung als die durch Anfassen erlangte. Ihr Begreifen reichte nur so weit, wie sie die Welt be-greifen konnten. Sie hatten nur Höhen bis zu drei Metern erreichen können, so weit sie eben mit einem Rohrstock langen konnten. Unmöglich für sie, sich die Höhe eines Baumes oder gar eines Wolkenkratzers vorzustellen. Darum konnte es auch leicht zu Unfällen kommen. Ein Patient, der sich für den Straßenverkehr dort unten interessierte, versah sich in der Höhe des Gebäudes, trat über den Rand des Balkons hinaus und stürzte tödlich hinunter.

Auch Bewegung hat ein Blinder nur auf dem Wege über Muskelspannung erlebt. Er vermag sie daher nicht mit Hilfe der jetzt funktionsfähigen Augen zu erkennen. Der Arzt bewegte seine Hand dicht vor dem Gesicht eines achtjährigen Jungen hin und her. ,,Siehst du, wie sie sich bewegt?" Der Junge starrte verwirrt stur geradeaus. Er sah wohl den Wechsel von hell und dunkel, doch seine Augen machten keinen Versuch, der Bewegung der Hand zu folgen. In dem Bericht des Arztes heißt es: ,,Er strengte sich offensichtlich an, die Bedeutung dieser Gestik zu begreifen, doch es gelang ihm nicht. Sein Auge war nicht fähig, dem Hinundherschwingen der Hand zu folgen." Erst als dem Jungen erlaubt wurde, die bewegte Hand anzufassen, ,be-griff' er: ,,Sie bewegt sich!"

Selbst ganz einfache Formen und Gestalten bleiben für den, der die Welt bisher nur durch Anfassen ,er-faßt' hat, unfaßbar. Ein Forscher legte vor einer Patientin eine Reihe von Früchten auf den Tisch. Die gleichen Früchte lagen auch vor ihm auf seinem Tisch. Er nahm aus seiner Reihe einen Apfel und forderte die Patientin auf, aus ihrer Reihe dieselbe Form zu nehmen. Die Patientin starrte auf die Früchte nieder. Sie konzentrierte sich sichtlich, aus ihrer Reihe die Früchte allein nach ihrem optischen Aussehen zu erkennen. Schließlich griff sie zögernd nach der Pflaume, die kaum ein Sechstel so groß wie der Apfel war. Nachdem sie aber den Apfel des Untersuchenden hatte berühren dürfen, konnte sie sofort den Apfel aus ihrer Reihe herausgreifen. Die Welt der Größen und Formen – mit den Augen gemessen – war ihr fremd. Die Farben hatten sie ebenso verwirrt wie die weichen Konturen der Gegenstände. Es war ihr unmöglich gewesen, sie mit den Augen zu identifizieren. Erst mit den Händen ,be-griff' sie!

Selbst ein aufgeweckter Patient von zwanzig Jahren benötigt vier Wochen intensiven Trainings, um mit den Augen runde, quadratische oder dreieckige Formen unterscheiden zu lernen. Ein Patient verwechselte einen Apfel mit einem Schlüssel und einen Laib Brot mit einer Hand. Eine andere

Patientin wollte ihrem Lehrer unbedingt ein Erfolgserlebnis bescheren und befaßte sich darum ganz besonders mit Farben. Sie lernte, daß eine Streichholzschachtel gelb ist. Prompt nannte sie von da an alles, was gelb war, Streichholzschachtel, egal, ob es eine Banane, ein Apfel oder ein Bucheinband war.

Wenn es nun schon Wochen dauert, bis man einen Kreis fehlerfrei von einem Viereck zu unterscheiden vermag, dann können wir uns leicht die Schwierigkeiten vorstellen, die es bereitet, auch nur ein einziges Gesicht wiederzuerkennen. Ein Mann brauchte vier Monate, bis er das Gesicht seiner Frau unter anderen Gesichtern herausfinden konnte. Doch sobald sie sprach oder er ihre Wange berühren durfte, erkannte er sie sofort.

Ein Mädchen spielte drei Wochen lang täglich vier Stunden lang mit ihrem Kätzchen. Doch dann, als sie eines Tages im Garten eine Henne sah, rief sie entzückt: ,,Mein Kätzchen!" Immerhin, das Wesen da war klein, grau gefleckt und bewegte sich. Dasselbe Mädchen verwechselte einen Bücherschrank mit dem Ofen und bezeichnete einen Springbrunnen als Baum, ,,weil das Ding so groß und rund ist". Der Anblick einfachster Dinge konnte sie aufregen. Der schwarze Mantel im Flur erschien ihr wie das Maul der Mauer. Stieg eine Rauchsäule aus dem Schornstein empor, dann war es ihr, als bräche der Himmel in zwei Teile auseinander. Und die dunklen Flecken auf dem Fell ihres Hundes Muff erschienen ihr wie Löcher, die durch seinen Körper hindurchgingen.

,,Wie kommt es nur, daß ich mich jetzt viel unglücklicher fühle als zuvor?" klagte eine Frau, völlig verwirrt, obwohl sie schon die Hälfte ihres Trainings hinter sich hatte. ,,Egal, was ich sehe, es beunruhigt mich zutiefst. Wirklich, als ich noch blind war, fühlte ich mich wohler." Sie konnte sich nicht zurechtfinden in einer Welt, in der man von ihr erwartete, daß sie Messer, Löffel und Gabel unterscheiden konnte, ohne sie zuvor anzufassen. Fast alle, die spät sehend wurden, müssen durch solche Perioden der Niedergeschlagenheit hindurch. Sie müssen die Welt völlig neu verstehen lernen. Sie kommen sich vor, als seien sie auf einen fremden Planeten versetzt, auf dem andere Gesetze gelten.

Dem endlich sehend gewordenen Menschen fällt es auch

schwer, so einfache Dinge wie räumlichen Zusammenhang oder zeichnerische Perspektive zu begreifen. Ein Mädchen beteuerte, sie habe als Blinde niemals ihren Hund als ein Ganzes empfunden. Sie mußte es erst entdecken, daß Kopf, Ohren, Beine, kurz alles zusammen, den Hund als ein lebendes Wesen ausmachten. Es war ihr also wie jenem sprichwörtlichen Blinden ergangen, der die Beine eines Elefanten betastete und ihn danach zu beschreiben versuchte. Sie hatte eben nie alle Teile ihres Hundes gleichzeitig anfassen können. Und so kam es, daß sie keine Vorstellung von dem Hund als Ganzem besaß.

Um die Tiefendimension des Raumes vor Augen zu führen, bestiegen die Wissenschaftler mit ihren Patienten eine Anhöhe. Anfangs hatten diese überhaupt keine Vorstellung von der unter ihnen liegenden Landschaft. Den grünen Streifen da und das blaue Band davor wußten sie nicht als Wald und Fluß zu deuten. Sie hatten ja etwas so weit Entferntes noch nie ertastet. Wie also hätten sie es ‚be-greifen' können? Es kostete Monate eifrigen Trainings, bis die Patienten imstande waren, derartige Objekte auf Gemälden oder Fotografien richtig zu deuten. Ein bestimmtes Gesicht, schon in Fleisch und Blut schwer von anderen zu unterscheiden, ist kaum wiederzuerkennen, wenn es auf einem Foto erscheint, zweidimensional auf eine Fläche von Postkartengröße gebracht und nur in Grautönen von hell und dunkel dargestellt. Gewiß stellen sich die meisten Betroffenen im Laufe der Zeit auf diese Welt von Licht und Farbe, von Aussehen und Größe allmählich ein. Sie entdecken dann die verschiedenen Ebenen der Wahrnehmung und Schönheiten, die ihnen bis dahin verborgen waren. Doch in jedem Fall kommt es bei diesem Erfahrungsprozeß zu Angsterlebnissen. Auf Monate, manchmal auch auf Jahre hinaus, schließen die Patienten, wenn schwierige Situationen zu bewältigen sind, die Augen. Diese neue Welt bedrückt sie. Nein, sie ist nicht das, was sie erwartet hatten. Oder, um es treffender zu sagen, ihre anderen Sinne, auf die sie in ihrer Blindheit angewiesen waren, hatten sie betrogen. Denn sie hatten ihnen nur einen Ausschnitt von dem gezeigt, was die Welt in Wirklichkeit ist.

Man hat übrigens auch an Kätzchen nachweisen können,

daß das Bild, das wir von der Welt haben, weitgehend davon abhängig ist, was wir an verschiedenen Sinneseindrücken haben sammeln können. So hat man Kätzchen in Kästen aufgezogen, die allseits mit horizontalen Streifen bemalt waren. In der Freiheit dann waren diese Kätzchen nicht fähig, senkrechte Streifen wahrzunehmen. Ihre Gehirnzellen hatten ja nie Gelegenheit gehabt, die Dimension ‚senkrecht' kennenzulernen. Man machte sogar recht groteske Erfahrungen: Man zog Kätzchen in einem bunt bemalten Zylinder groß, dessen Wand sich ständig langsam drehte. Setzte man diese Kätzchen in eine Umgebung, die nicht rotierte, so fingen sie an, im Gegensinn der gewohnten Drehung im Kreise zu laufen. Nun fühlten sie sich wieder in ihrer gewohnten Umwelt!

Marius von Sendens Forschungen haben somit gezeigt, auf welche Weise unser Gehirn – dieses in seinem Elfenbeinturm von der Welt da draußen hermetisch abgeschlossene Gebilde – die Wirklichkeit erfaßt und deutet und wie es sich dabei allein auf die bruchstückhaften Meldungen stützen muß, die aus den verschiedenen Körperpartien einlaufen. Fällt ein Teilbereich der Wahrnehmungen aus, etwa durch Blindheit, wirkt sich das unweigerlich auf die Gesamtheit des Körpers aus.

Ich will vorweg betonen, daß man sich hier beim Vergleichen mit dem Leibe Christi sehr zurückhalten muß. Das Haupt dieses Leibes – Gott selbst in der Person Jesu Christi – ist ja nicht abhängig von dem, was dieser Leib ihm meldet. Ihm werden auch durch diesen Leib keine Schranken gesetzt. Sein Wissen umfaßt alles. Er benötigt uns nicht, um seine Allweisheit noch zu steigern. Doch in einem anderen Sinne läßt sich ein Vergleich ziehen: Gott hat sich selbst erniedrigt, Gott hat sich selbst ‚im Fleisch', in Menschengestalt, Grenzen gesetzt. Und insofern kann man davon reden, daß er sich – einsam und verlassen – uns anvertraut.

Wir haben ja schon gesehen – im Kapitel „Die Verbindung nach unten" –, daß Gott sich selbst ‚beschränkt' hat, indem er sich schwachen Menschen auslieferte. In einer Weise, die weit über unser Verstehen und Begreifen hinausgeht, hat er sich entschlossen, seine Gegenwart auf dieser Erde von dem

‚Draht nach oben' abhängig zu machen; von dem also, was die Zellen und Glieder seines ‚Leibes', der Gemeinde, ihm vermelden.

Es gibt viel Wunderbares an meinem Leibe, doch das größte Wunder ist, daß jede einzelne dieser Billionen Körperzellen Verbindung hat zum Gehirn. Viele von ihnen – so etwa die Sehzellen – haben über Nervenbahnen einen ‚direkten Draht' nach oben. Auch viele andere können unmittelbar über ihren Zustand oder besondere Bedürfnisse Meldung machen. Und wie ist es damit im Leibe Christi bestellt? Nun, ich kenne kein größeres Wunder als dies: Jeder von uns hat unmittelbaren Zugang zu Jesus Christus, unserem Haupt. Man kann nur staunen: Er hört, was wir ihm sagen, er nimmt sich unsere Bitten zu Herzen. Mehr noch, was wir ihm in unseren Gebeten sagen, nützt er, um diese Welt zu lenken! Denn ,,das Gebet eines Menschen, der so lebt, wie Gott es verlangt, kann viel bewirken" (Jakobus 5,16).

Durch uns also, die ihm als Hände, Ohren und Augen, ja auch als Schmerzzellen dienen, bleibt Gott in ständiger Verbindung mit dieser Welt und ihren Menschen. Er verläßt sich bei dem, was er tut, auf uns. Gott hat – um es mal so auszusprechen – einen ‚Nutzen' von uns.

Mehr als dreißig Mal wird im Neuen Testament daran erinnert, daß wir ‚Sein Leib' sind, so fest mit ihm verbunden, daß alles, was uns zustößt, auch ihm geschieht. So unwahrscheinlich es auch scheint, der Schluß ist unausweichlich: Gott will Bruderschaft mit uns. Er will, daß wir mit ihm reden. Er hat uns dazu geschaffen, daß wir ihn liebhaben sollen. Er wartet darauf. Das ist unser ‚Draht nach oben'.

Haben wir etwa diese gewaltige Veränderung, die alle Welt betroffen hat, nicht mitgekriegt? In den alten Religionen, da war es doch so: Die Götter griffen vom Himmel herab in das Geschehen auf der Erde ein. Das war damals allgemeiner Glaube: Die Götter, die da irgendwo im Himmel herumtollten, bescherten Regen, Erdbeben und Donnerwetter. Sie ließen Strafgerichte und Flutkatastrophen auf die Erde niederprasseln. Sie benahmen sich wie ungezogene Kinder, die von einer Autobahnbrücke aus Steine auf die unter ihnen durchfahrenden Autos werfen. Es galt der Satz „Die oben befehlen, hier unten geschieht's." Diese Regel hat Christus umgekehrt. Seit er auf Erden war, gilt: „Was unten geschieht, wird oben vermerkt." Des Menschen Gebet steigt zum Himmel, rührt an Gottes Herz. Und über die Bekehrung auch nur eines Sünders freut sich alles im Himmel!

Das Gebet verbindet uns mit Gott. Durch das Gebet nehmen wir teil an dem, was er veranlaßt. Gebet kann zum Lebensberuf eines Menschen werden; Jahrhunderte hindurch haben Klostermönche es auf diese Art gepflegt. Immer wieder, oft mit denselben Worten, betont die Bibel, daß Gott unsere Gebete hört. Unglaublich, doch Gott scheint sich regelrecht danach zu sehnen, daß wir, die so verschiedenen Glieder seines Leibes, mit ihm Fühlung aufnehmen, ihn über diesen Draht anrufen. Fehlt solcher Kontakt, weil es dem Menschen an Glauben mangelt, dann leidet darunter der ganze Leib. Das ist ganz ähnlich wie bei dem natürlichen Leibe: Fehlt das Sehvermögen, dann bekommt das der gesamte Leib zu spüren.

Diese innige Verbindung, die wir zu Gott haben, geht zurück auf die Versöhnung, die Christus für uns gestiftet hat. Als er Mensch wurde, da nahm er die Rolle einer einzelnen ‚Zelle' an, er wurde ein Stück seiner eigenen Schöpfung. Solange Christus auf Erden war, spürte er das Verlangen, mit dem Vater vereint zu sein. Gott spricht mit Gott, Gott redet mit sich selbst – das ist das eigentliche Geheimnis der Trinität, der Dreieinigkeit Gottes. Am Beispiel seines Sohnes zeigt uns Gott, wie die lebenswichtige Verbindung des ständigen Gesprächs mit dem Vater im Himmel aufrechterhalten werden kann.

Im Rahmen seiner Überlegungen zur Menschwerdung Gottes beschreibt der Autor des Hebräerbriefes, wie das innige Verhältnis zwischen Gott und Mensch in drei Stufen schrittweise wächst: Im Alten Testament erfolgt die Annäherung des Menschen zu Gott durch die Vermittlung des Priesters. Dann besucht Christus die Menschen, wird einer wie sie. Und schließlich ist da dieser ‚Leib Christi' auf Erden, die innigste Verbindung zwischen Gott und den Seinen. „Er gehört nicht zu denen, die kein Verständnis für unsere Schwächen haben.

Im Gegenteil, unser Oberster Priester wurde genau wie wir auf die Probe gestellt, und blieb doch ohne Sünde. Darum wollen wir mit Zuversicht vor den Thron treten, auf dem die Gnade regiert. Dort werden wir immer, wenn wir Hilfe brauchen, Liebe und Erbarmen finden" (Hebr. 4,15–16).

In 5,8 weist der Autor des Hebräerbriefes dann auf eine Grundwahrheit hin, die wir in ihrer ganzen Tiefe wohl kaum verstehen können: ,,Obwohl er Gottes Sohn war, hat er durch seine Qualen gelernt, was Gehorsam heißt". Es ist schon eine aufregende Sache, daß da gesagt wird, Gott, der allwissende und in allem vollkommene Gott, habe durch Leiden noch etwas dazugelernt. Und doch: Die Menschwerdung Gottes war auch eine Art von Lernen. Da macht Gott die Erfahrung, was es heißt, in den Begrenztheiten dieser Welt gefangen zu sein! In Jesus fühlte Gott am eigenen Leibe, wie herrlich es ist, Hochzeit zu feiern, und wie bitter, zu Tode zu kommen. Er erfuhr, wie es ist, von Menschen geliebt und von denselben Menschen verraten zu werden. Er bekam sogar Peitschenschlag und höhnenden Geifer zu fühlen.

Heute nun begnügt Gott sich meist, durch uns, die Glieder seines Leibes, in dieser irdischen Welt zu wirken. Und auch das ist bezeichnend für die Wirkungen der Menschwerdung: Gott hört seitdem unser Gebet in ganz neuer Weise. Er hat ja als einer von uns hier gelebt und – gebetet. Ja, wir haben nun einen Hohenpriester, der unsere Schwachheit mitfühlen kann. Darum können wir mit vollem Vertrauen ihn anrufen.

Der Leib Christi hat unserem natürlichen Leib noch etwas voraus: Das ‚Haupt' ist allezeit und für jeden erreichbar; es empfängt auch das schwächste Signal, das eine Zelle irgendwo da ganz weit draußen gibt. Dieses Haupt muß nicht erst wachgerüttelt und fit gemacht werden. Es gibt da keine Wissenslücke, auch keinen Mangel an Durchsetzungsvermögen. Nein, Gottes Tun kennt keine Grenzen. Die einzige Bindung, die Gott sich selber auferlegt hat, besteht darin, daß er die Zellen dieses Leibes Christi auf Erden an seinem Tun teilnehmen läßt. Christen müssen also nur eins lernen: alles, was sie bewegt, alles, was sie tun, und alles, was sie in ihrem Leben erfahren, im Gebet Gott ans Herz zu legen.

David ist das Musterbeispiel für einen sündigen Menschen:

ein Mörder und Ehebrecher. Und doch findet er Gnade vor Gott. Ja, er wird sogar als ‚ein Mann, der Gott Freude machen wird', bezeichnet (1. Sam 13,14). Wenn ich die Psalmen lese, die ihm zugeschrieben werden, dann verstehe ich, weshalb ihm solches Lob zuteil wird. Davids Dichtung umschließt Angst und Verzweiflung ebenso wie Lobpreis und Dank; Hilflosigkeit und nagende Sorge ebenso wie Festigkeit und Zuversicht; Wut und Rachsucht ebenso wie Demut und Erbarmen. Widersprüchliche Gefühle ringen in ihm um die Oberhand, seine Stimmung wechselt ständig. Doch nichts hielt er, weder Gutes noch Böses, vor Gott verborgen. Und eben dies mochte Gott an ihm. Diese ‚Zelle', die auf den Namen David hörte, nahm Gott ernst. Alles, was sich in seinem Leben begab, breitete er in täglichem Gebet, Punkt für Punkt, vor Gott aus. Mehr: Er erwartete – manchmal geradezu fordernd –, daß Gott ihm Antwort gab.

Der Draht nach oben – also der Weg vom Menschen zu Gott – wie auch die Verbindung nach unten – von Gott zum Menschen – sind lebenswichtig für die Gesundheit des Leibes Christi. Die ganze Gemeinde leidet, wenn eins ihrer Glieder die Verbindung zu Gott aufgekündigt hat. Wenn eine Zelle, der Gott die Gabe der rechten Erkenntnis geschenkt hat, versagt, dann gehen wir alle in die Irre. Es geht uns dann wie den Blinden des Marius von Senden, wir tappen wie Narren dahin. Und wird irgendwo am Körper, etwa an der Lippe oder einem Finger, ein Nerv schmerzunempfindlich, dann wird der betroffene Körperteil mit Sicherheit krankhaft entarten.

Wie schon gezeigt, senden über den Draht nach oben die Zellen in den Sinnesorganen, den Gliedmaßen und den anderen lebenswichtigen Teilen des Körpers eine ununterbrochene Flut von Daten zum Kopf. Sie informieren so das Hirn über alles, was im Körper und in der Außenwelt vorgeht. Ebenso jagen aber auch die Gehirnzellen über die Verbindung nach unten einen Strom von genau aufeinander abgestimmten Befehlen los. Damit wir gehen können, ist es erforderlich, daß aus den Muskeln und Gelenken eine Rückmeldung erfolgt, damit das Gehirn weiß, in welchem Maße die Muskeln gespannt und in welchem Winkel die Gelenke gebeugt sind. Jede Bewegung verlangt ein solches Zusammenspiel von Befehl,

Rückmeldung und so weiter. Nur dann, wenn das reibungslos funktioniert, können wir uns zielbewußt und sinnvoll bewegen.

Ich denke oft an einen Fall, der mehr als tausend andere zeigt, welch wichtige Rolle für den menschlichen Körper der Kopf spielt; und ebenso das ‚Haupt' für den ‚Leib Christi'. Es handelt sich um einen blinden Patienten, den ich hier José nennen will.

José stammte aus Puerto Rico. Als er zu uns in die Klinik nach Carville kam, war sein Leib bereits von der Lepra schwer gezeichnet. Sein Tastsinn war so sehr zerstört, daß er mit verbundenen Augen es nicht wahrnahm, wenn jemand ins Zimmer trat und seine Hand ergriff. Und wie die Tastzellen so waren auch die Schmerzzellen völlig taub. Kein Wunder daher, daß Narben und Geschwüre seine Hände, Gesicht und Füße bedeckten. Sie bewiesen, daß wir, sobald es nicht mehr wehtut, unabsichtlich mit unserem Körper Mißbrauch treiben. Darum befanden sich an Josés Händen da, wo eigentlich Finger hingehörten, nur noch Stummel. Weil auch die Schmerzzellen der Augen nicht mehr signalisierten, wann es an der Zeit sei, zu blinzeln und so die Augäpfel anzufeuchten, war natürlich auch die Augenoberfläche eingetrocknet. Dann waren Linsentrübung und Star dazugekommen, so daß José jetzt nahezu blind war. Margaret, meine Frau, die Augenchirurgin ist, untersuchte ihn und konnte ihm versichern, daß die Linsentrübung operativ zu beheben sei. Er werde danach ein wenig sehen können. Leider aber könne sie nicht operieren, bevor nicht die Entzündung der Iris abgeklungen sei. Ein elendes Mißgeschick, das Josés letzte Brücke zur Welt abzubrechen drohte. In einem verzweifelten Versuch, die Sulfonamidresistente Lepra, an der José litt, wenigstens zum Stillstand zu bringen, griffen die Ärzte zu einem neuen Mittel. Prompt reagierte José mit einer heftigen Allergie, ihm fielen alle Haare aus.

Im Alter von fünfundvierzig Jahren hatte José nun auch den letzten Kontakt zur Umwelt verloren. Er konnte weder hören noch sehen. Er war schlimmer dran als Helen Keller, die ja wenigstens noch tasten konnte. José aber konnte nicht einmal die Fingersprache wahrnehmen, mit der Helen Keller sich verständigt hatte. Infolge der Lepra blieben auch seine Tastzellen stumm und taub. Und da die Lepra auch die Nasenhöhle befallen hatte, vermochte José auch nicht mehr zu riechen. Alle Verbindungen zur Welt waren abgerissen, nur der Geschmackssinn war noch da. Woche um Woche verging, und wir warteten ab, wie José mit dem Verlust all dessen, was ihn mit der Welt und den Menschen verband, fertig würde. Kein Tor mehr offen zu der Welt der Blumen, Bäche, Inseln und Menschen!

Josés Körper signalisierte in erschreckender Weise, was in seinem Inneren vorging. Seine Gliedmaßen bildeten sich bis zum Rumpfansatz zurück. Im Bett begann er sich wie ein Ungeborener einzurollen. Wenn er aus dem Schlaf erwachte, dann wußte er nicht, wo er sich befand. Er konnte nicht die Nacht vom Tag unterscheiden, und wenn er sprach, dann hatte er keine Ahnung, ob da jemand war, der ihm zuhörte und antworten konnte. Manchmal redete er ununterbrochen, lauthals, weil er ja taub war. So schüttete er die Not seiner Einsamkeit heraus; eine zur Isolationshaft verurteilte Seele.

Wer in so einer Welt zu leben verdammt ist, dem laufen die Gedanken in wirren Kreisen, überall schöpft er Verdacht und ängstigt sich. Wer nicht mehr in der wirklichen Welt leben kann, der endet im Wahnsinn. Josés Körper war immer mehr ans Bett gebunden. Und in derselben Haltung, in der er einst ins Leben gekommen war, schickte er sich an, aus ihr zu scheiden, zusammengerollt wie ein Embryo. Wer von uns an seinem Zimmer vorbeikam, blieb einen Augenblick an der Tür stehen, schüttelte stumm den Kopf – und ging weiter. Es gab nichts, was wir für ihn hätten tun können.

Meine Frau Margaret besuchte José noch immer voller Zuversicht. Sie konnte es nicht länger ertragen, tatenlos zuzusehen, wie dieser Körper sich selbst zerstörte. Sie fühlte, daß sie einen letzten, verzweifelten Versuch machen mußte, José wenigstens einen Teil seines Sehvermögens wiederzugeben. So wartete sie ungeduldig, daß die Infektion in seinem Auge endlich abklinge. Sobald es geschah, wollte sie die entscheidende Operation ansetzen.

Doch auch hier sind bestimmte staatliche Vorschriften zu beachten. Und da mußte Margaret entdecken, daß sie vor einem fast unlösbaren Problem stand. Es ist Vorschrift, daß der Patient vor der Operation bescheinigt, er sei über die Operation informiert worden und mit ihr einverstanden. Doch wie war das bei José? Es war ja unmöglich, den Panzer seiner Einsamkeit zu durchstoßen und ihn zu bitten, zur Operation seine Zustimmung zu geben. Endlich bekamen wir nach qualvoller Suche heraus, daß in Puerto Rico eine Schwester Josés lebte. Die dortige Polizei stöberte sie auf und legte ihr die vorgeschriebene Einverständnis-Erklärung vor. Die Schwester Josés, die nicht schreiben konnte, malte ein dickes Kreuz auf das Formblatt. Es war geschafft, wir konnten die Operation vorbereiten. Für einen Erfolg allerdings bestand nur geringe Hoffnung.

José begriff natürlich nicht, was man mit ihm vorhatte, als man ihn auf eine Bahre legte und zum Operationsraum schob. Er blieb während der ganzen Augenoperation völlig teilnahmslos. Nach zwei Stunden waren wir fertig, José wurde verbunden und konnte in sein Zimmer zurückgebracht werden.

Nun hieß es abwarten.

Ein paar Tage später nahm Margaret den Verband ab. Sie wird nie vergessen, was sie dann erlebte. Natürlich hatte José es mitbekommen, daß man ihn hin- und herbewegt hatte. Er hatte sich überlegt, daß man ihm auf irgendeine Weise helfen wollte. Aber was man wirklich mit ihm gemacht hatte, das hatte ihm niemand sagen können. Daher ahnte er nicht, daß die Augenoperation geglückt war und er nun wenigstens auf einem Auge wieder etwas sehen konnte. Als der Verband fiel, blinzelte José ins Licht; dann nahm er allmählich das ärztliche Personal wahr, das sich um sein Bett geschart hatte. Sein Gesicht, das seit Monaten nicht mehr gelächelt hatte, verzog sich zu einem breiten, zahnlosen Grinsen. Er hatte wieder Verbindung zur Welt.

Während der ganzen langen Zeit seiner Isolierung waren die grauen Zellen da in Josés Schädel voll in Betrieb gewesen. Sie strotzten von Erinnerungen und Bildern, quollen von Gemütsbewegungen und Anweisungen an den Körper geradezu über. Doch nichts lief, weil die ‚Verbindung' blockiert war.

Mir fällt José ein, sooft ich daran denke, was Gott durchzumachen hat, seit er sich dazu herabließ, als ‚Haupt' seinem ‚Leibe', nämlich uns, zu dienen. Das Haupt, dieses vornehmste Organ des Leibes, vereinsamt und scheint nutzlos, sobald die Sinne und die Nervenzellen ihren Dienst aufkündigen. Und doch hielt Gott es für richtig, sich in solche Abhängigkeit von uns zu begeben. Er will eben nicht über uns hinweg oder gar gegen uns, sondern durch uns wirken. Aus Liebe also hat Gott sich selbst erniedrigt.

Doch es gibt auch Grund zur Freude, und diese Freude bricht aus, wenn die Isolation durchbrochen und die Verbindung wiederhergestellt ist. Als Josés Augennerv wieder funktionierte, da waren die Fesseln gesprengt. Was bisher gefangen und nutzlos gewesen, war jetzt befreit und konnte sich der Welt da draußen vernehmbar machen. José führte uns das in ganz schlichter Weise vor Augen: Er wünschte, den ganzen Tag über in seinem Rollstuhl in der Tür seines Zimmers zu sitzen. Da saß er dann und blickte alle paar Augenblicke den langen Gang nach links und rechts hinunter. Und sobald er jemand kommen sah, verzog sich sein Gesicht zu einem strahlenden Lächeln.

Heute hat José wieder festen Kontakt zur Welt. Er besteht darauf, jeden Sonntag unsere kleine Kirche zu besuchen, auch wenn er kein Wort des Gottesdienstes versteht. Mit seinen Stummelfingern kann er so gerade noch die Knöpfe seines elektrischen Rollstuhls bedienen. Und weil er nur einen eng begrenzten Ausschnitt sehen kann, eckt er dauernd an, wenn er den Korridor entlangfährt. Doch er tut's, fährt aus, egal, welches Wetter gerade herrscht. Die anderen Gottesdienstbesucher haben es gelernt, wie sie ihn begrüßen können. Sie bücken sich und bringen ihr Gesicht ganz dicht vor das seine. Und dann nicken sie. Dann erscheint auf Josés Gesicht jenes ergreifende Lächeln, manchmal ertönt auch sein polterndes Lachen. Er kann nur schlecht sehen, noch weniger hören oder fühlen. Aber er spürt die Bruderschaft, in die ihn seine Gemeinde aufgenommen hat. Und das ist ihm genug.

Josés Geist ist nicht mehr einsam und verlassen, sondern jetzt vereint mit den anderen Zellen dieses Leibes. Alles, was sich in seinem wundersamen Gehirn abspielt, kann jetzt heraus. José ist verbunden mit uns. Was vorher fest da drin verschlossen war, ist jetzt befreit.

14 Mehr als nur Luft

Kein anderer Baum ist so ungewöhnlich wie der Indische Feigenbaum, der Banyan. Er schießt Wurzeln nicht nur aus seinem unteren Stammende, sondern auch aus den Zweigen. Bald senken sich ein paar Dutzend, dann mehr als hundert dünner Luftwurzeln zur Erde und entwickeln dort ihre eigenen Wurzelsysteme. Ohne Unterbrechung und scheinbar für ewig wächst so ein Feigenbaum. Selbst wenn das Stamminnere aus Altersschwäche vermorscht ist, erneuert sich der Baum fort und fort aus seinen äußeren Ausläufern. So kann es dazu kommen, daß ein einziger Baum einen halben Hektar Land bedeckt. Er wird dann zu einem ständig sich selbst erneuernden Wald, groß genug, um als Schutzdach für einen kompletten Basar zu dienen. Es ist daher bezeichnend, daß er seinen Namen nach einer indischen Händlerkaste hat, die ‚banian' genannt wird.

Im Botanischen Garten von Kalkutta kann man so ein Prachtexemplar von Banyan sehen. Der von ihm bedeckte Bodengrund hat einen Umfang von etwa vierhundert Metern. Es sieht fast aus, als habe man ein gigantisches Buschzelt vor sich, das ringsum von Säulenreihen aus Holz getragen wird. Irgendwo da im Mittelpunkt dieses zeltartigen Dickichts von Stämmen und Ästen stand einmal der Mittelstamm, der vor etwa zweihundert Jahren zu wachsen begann. Inzwischen hatten Pilze ihn zerstört, ein Wirbelsturm gab ihm den Rest. Seit 1925 ist nichts mehr von ihm da. Doch der äußere Teil des Baumes grünt und wächst weiter.

Für Kinder, die gern klettern und sich auf Ranken schaukeln, bietet ein solcher Baum einen herrlichen Spaß. Als Junge von sechs Jahren hatte ich einmal die prächtige Gelegenheit, so einen Baum ein paar Tage lang richtig zu erkunden. Meine Eltern hatten nämlich bei einer Missionsreise ihr Camp unter einem Banyan aufgeschlagen. Während meine Eltern ihrer ärztlichen und missionarischen Arbeit nachgingen, spielte ich mit meiner Schwester in diesem Riesenbaum ‚Familie Robinson'. An den Luftwurzeln, die von den Ästen herabhingen, konnte man wunderbar emporklettern. Noch schöner war, daß kinderliebe Menschen Ranken eingeflochten hatten, an denen man herrlich schaukeln und schwingen konnte. Wir kamen uns wie Trapezkünstler vor.

Ich schaukelte begeistert auf einer solchen Ranke, schwang dabei durch eine Art freien Korridor innerhalb des Geästes. Meiner Schwester, die mir jedesmal einen Schubs gab, schrie ich zu: ,,Höher! Höher!" Sie schaffte es, ich schwang immer höher hinauf. Doch plötzlich – ich war gerade ganz hoch nach rückwärts geschaukelt, fühlte ich im Nacken die Schlinge einer anderen Ranke. Ich duckte mich rasch nach vorn, um der Schlinge zu entgehen, doch ich schaffte es nicht, da meine Schaukel ihren Höhepunkt überschritten hatte und schon wieder abwärts schwang. Die Schlinge war mir bereits übers Gesicht gerutscht und hatte mich unter dem Kinn gefaßt. Die Schaukel, auf der ich saß, stoppte mit einem Ruck. Ich hing da oben an der Schlinge, die mir die Luft nahm. Ein Glück, daß mein Körpergewicht zum großen Teil noch von der Schaukel getragen wurde, auf der ich saß. Doch die Rankenschlinge, die meinen Hals gepackt hatte, klemmte mir die Luftröhre ab. Ich bekam keine Luft mehr, konnte nicht einmal schreien. Ich hing da, hilflos, wie eine Marionette an ihren Drähten. Meine Schwester machte eine verzweifelte Anstrengung, mich loszureißen. Vergebens! Da rannte sie los, Hilfe zu holen. Als ich einige Zeit später wieder zu mir kam, sah ich als erstes meine Mutter, die sich über mich gebeugt hatte und mich anflehte, doch etwas zu sagen. Als ich ihren Namen nannte, brach sie in Tränen aus. Sie hatte nämlich befürchtet, mein Gehirn könne durch die Strangulation Schaden gelitten haben. Ihr fiel darum ein Stein vom Herzen, als sie mich sprechen hörte.

Außer einem wunden Nacken und einer leichten Hautabschürfung, die der rauhe Rankenstrick verursacht hatte, trug ich keine körperlichen Wunden davon. Doch über Jahre hinweg hatte ich eine Heidenangst, sobald ich in Atemnot geriet. Es brauchte nur irgend etwas meinen Mund zu bedecken, und Sterbensangst überfiel mich. Tauchte ich beim Baden unter, dann war mir, als müsse ich um mein Leben kämpfen. Ich hatte die bittere Erfahrung gemacht: Atemnot ist anders als Schlaf oder Bewußtlosigkeit; Atemnot ist wie der Tod.

Seit jenem Nachmittagserlebnis dort in dem Banyanbaum habe ich viele medizinische Fälle gesehen, die mir bestätigten, was panische Angst bedeutet. Notsituationen verschiedenster Art können Panik hervorrufen: Opfer von Herzattacken greifen sich verzweifelt an die Brust, Hirngeschädigte erleiden Tobsuchtsanfälle, Soldaten im Kampf starren ungläubig auf ein abgerissenes Glied. Doch nichts verursacht derartig unkontrollierbare Panik wie Atemnot.

Wir alle kennen jene Filmausschnitte, in denen ein Marathonläufer über die Ziellinie taumelt, mit aufgerissenem Mund, bebenden Rippen und einem Kopf, so glühend rot wie der eines Legehuhns. Er pumpt wie ein Blasebalg Luft, um sich den Sauerstoff zuzuführen, den er unbedingt braucht. Doch der Marathonläufer gerät nicht in Panik. Denn er hat von vornherein damit gerechnet, daß ihm am Ende des Laufs die Luft knapp wird. Gewiß, seine Gesten gleichen denen von Leuten, die verzweifelt nach Sauerstoff gieren: Die Augen quellen hervor, die Hände greifen krampfhaft in die leere Luft, und das Herz hämmert rasend. Sauerstoffmangel treibt uns eben in einen Teufelskreis: Das Herz, bemüht durch rascheren Schlag den noch im Blut vorhandenen Sauerstoff schneller dorthin zu schaffen, wo er benötigt wird, verbraucht infolge dieser Mehrarbeit jetzt selber mehr Sauerstoff. Und damit hat eine Teufelsspirale begonnen.

Jeder von uns ist nur fünf Minuten vom Tode entfernt. Denn unser Leben hängt davon ab, ob es uns gelingt, mit dem lebensnotwendigen Element Sauerstoff, das uns umgibt, in ständigem Kontakt zu bleiben. Wird die Luftzufuhr unterbrochen, dann verfärbt sich der Betroffene blau. Das fängt bei Fingernägeln, Zunge und Lippen an. Doch hier an der Oberfläche der Haupt spiegelt sich nur sichtbar wider, was überall im Inneren des Körpers vor sich geht. Jeder Biologiestudent weiß, warum das Blut seine Farbe wechselt: Blaues Blut hat nicht genug Sauerstoff in der Lunge aufnehmen können. Der Sauerstoff erst gibt dem Blut seine hellrote Farbe. Das Leben aller Tiere hängt völlig von diesem Element Sauerstoff ab.

Einige niedere Tiere haben unglaublich schöne Atmungsorgane. So gibt es einen Meereswurm, der mit juwelenblitzenden Palmwedeln atmet; tropische Fische mit sacht flutenden Pupurkiemen und Kammuscheln mit einem Saum von leuchtendem Orange. Unsere eigenen Lungen sind nicht auf Schönheit, sondern auf zweckmäßiges Funktionieren angelegt. Diese Aufgabe erfüllen sie aber so großartig, daß jeder Ingenieur vor Neid erblassen muß. Wenn ein Student der Anfangssemester zum ersten Mal einen Brustkasten öffnet, dann bekommt er sofort einen augenscheinlichen Beweis, wie wichtig die Lungen sind. Natürlich, er hat Vorlesungen gehört über das Herz, die Nieren, die Bauchspeicheldrüse. Doch jetzt die Lungen hier! Sie übertreffen an Masse alles, füllen auch die letzte Höhlung und Spalte. Pumpt man, um den Atmungsvorgang zu simulieren, Luft ein, dann ist es, als wollten die Lungen den Brustkasten sprengen.

Ganz nebenbei sei bemerkt: Falls es dem Studenten einfällt, die Lungen verschiedener Menschen zu vergleichen, dann wird er noch einmal das große Staunen erleben. Die Lungen von Nichtrauchern, zumal vom Lande, strahlen in einem gesunden rosafarbenen Schimmer. Die zarten Blutgefäße sind klar gegen den helleren Hintergrund zu erkennen. Ganz anders die Lungen eines Gewohnheitsrauchers. Sie sind so schwarz wie die eines Kohlengrubenarbeiters.

Dicht unter der Kehle teilt sich die Luftröhre in die beiden großen Bronchien auf. Dann verästeln sich diese weiter bis hin in feinste Zweige, die in dreihundert Millionen Bläschen enden, den sogenannten Alveolen. Diese nur eine Zelle dicken Bläschen hängen – wie Tautropfen im Spinnennetz – in einem Gewebe feinster Blutgefäße. Hier erfolgt die so lebenswichtige Übernahme des Luftsauerstoffs. Das Hämoglobin, ein sehr kompliziert gebautes Molekül, belädt sich mit dem Sauerstoff und übernimmt dessen Transport im Blutkreislauf. Ihm verdankt das arterielle Blut seine hellrote Farbe. Das Hämoglobin reißt in der Lunge die Sauerstoffatome wie ein Magnet an sich. Seine Leistungsfähigkeit wird uns deutlich, wenn wir hören, daß jede rote Blutzelle – jene linsenförmigen Blutkörperchen – 280 Millionen Hämoglobinmoleküle enthält.

Die gesamte Oberfläche aller Winkel und Falten der Lunge ist etwa vierzigmal größer als die der Haut. Man könnte mit ihr ein kleines Apartment tapezieren.

Eine solche Riesenfläche ist aber auch nötig. Schon an einem ganz gewöhnlichen Tag flutet eine Luftmenge durch unsere Lungen, die ausreichen würde, ein mittelgroßes Zimmer zu füllen oder ein paar tausend Kinderluftballons aufzublasen. Bei jedem Atemzug saugen wir einen halben Liter Luft ein, und ohne daß wir das überhaupt zur Kenntnis nehmen, geschieht das fünfzehnmal in der Minute. Eine kleine Anstrengung genügt, um die Atemmenge wie auch die Zahl der Atemzüge zu verdoppeln. Schon wenn wir eine Treppe hinaufsteigen oder unseren Schritt beschleunigen, um den Bus noch zu erreichen, ist das der Fall. Meldestationen, die überall im Körper verstreut sitzen, nehmen ständig den Bestand an Sauerstoff und Kohlensäure auf. Sie berechnen zugleich, wie die ideale Mischung zu erreichen ist. Diese innere Kontrolle erfolgt ununterbrochen, auch während des Schlafs, und ohne daß wir uns dessen bewußt werden. Wäre es anders, wären wir längst tot. Und der stets auf Zweckmäßigkeit bedachte Körper stellt dieses Luftaustauschsystem auch noch für weitere Verwendung zur Verfügung: zum Sprechen, Singen, Lachen, Seufzen und Pfeifen.

Meine eigene ‚Liebesgeschichte‘ mit der Atmung fing gleich nach jenem Abenteuer dort am Banyanbaum an. Von da an empfand ich es mit Dankbarkeit, daß ich atmen konnte. Ich hatte es ja am eigenen Leibe erfahren, wie es ist, wenn die Atmung nicht mehr funktioniert. Und seither habe ich eine ganze Reihe von Patienten beobachtet, die das Ringen um Atem durchstehen mußten.

Ich hatte mich kaum als Arzt in Indien niedergelassen, da kamen an ein und demselben Tage zwei Telefonanrufe, der eine aus Kalkutta, der andere aus London. Beide betrafen den kritischen Gesundheitszustand eines jungen Polospielers in Kalkutta. Er war Brite, einziger Sohn eines sehr wohlhabenden Lords. Nach Kalkutta war er gekommen, um dort praktische Erfahrung im internationalen Bankgeschäft zu erwerben. Denn später einmal sollte er das erdumspannende Netz der väterlichen Banken übernehmen. Am Tage nach einem anstrengenden Poloturnier war er plötzlich von völliger Lähmung befallen worden. Poliomyelitis, Kinderlähmung! Und nun bestürmten mich die Ärzte in Kalkutta und die Verwandten in England, ich solle unbedingt den nächsten Flug nach Kalkutta buchen, um dort den jungen Mann zu behandeln.

Telefonisch gab ich dem Krankenhaus Anweisung, eine Eiserne Lunge fertig zu machen und eine Tracheotomie vorzunehmen, einen Luftröhrenschnitt, damit im Kehlkopf sich sammelnde Flüssigkeit abgezogen werden könne. Dann jagte ich zum Flughafen Madras und erwischte gerade noch den Nachtflug. Als ich in Kalkutta ankam, stand da schon ein Wagen bereit, der mich mit Vollgas ins Krankenhaus brachte. Der junge Mann, der da in seinem Zimmer lag, machte auf mich einen erschütternden Eindruck. Von Jugend auf gut ernährt, hatte er seine Freizeit bei Rugby und Polo verbracht. Verständlich, daß er vor Gesundheit strotzte. Er war groß und stattlich, die Muskeln an Armen und Beinen schwollen, auch wenn er sie nicht anspannte. Und jetzt waren Rumpf und alle Gliedmaßen gelähmt! Er hatte durch sein sportliches Training eine enorme Lungenkapazität entwickelt. Jetzt half sie ihm gar nichts, da er selber sie nicht nutzen konnte. Weil seine Muskulatur gelähmt war, mußte die Eiserne Lunge, die nach dem Blasebalgprinzip arbeitet, seine Lungen zum Ein- und Ausatmen bringen.

Die grausame Ironie der Szene schockte mich: Dieser Modellathlet eingezwängt in die Eisenröhre, die geräuschvoll schnaufend Luft ein- und ausblies. Ein Herkules in eisernen Fesseln. Wie mir die Schwestern berichteten, hatte er am Freitag so etwas wie erste Anzeichen einer Grippe gespürt. Trotzdem war er am Samstag zum Polomatch angetreten, um seine Kameraden nicht im Stich zu lassen. Größere Anstrengungen beim Ausbruch einer Poliomyelitis können aber tödlich sein!

Leider mußte ich feststellen, daß man die Tracheotomie noch nicht vorgenommen hatte. Darum forderte ich sogleich einen Anästhesisten an. Da die Muskeln, die das von Schleim reinigende Husten hervorbringen, bei dem Patienten nicht mehr funktionierten, befürchtete ich, es könne sich Schleim im Kehlkopf sammeln und ihn verstopfen. Ich erklärte dem jungen Sportsmann, was wir mit ihm vorhatten. Ein Mann aus seinem engeren Mitarbeiterkreis versicherte mir, daß Geld keine Rolle spiele. Wir sollten alles versuchen, was Hilfe verspreche. Der junge Mann in der Eisernen Lunge brachte nur zwei Sätze heraus. Bei jedem Atemzug konnte er nur ein einziges Wort sagen, und auch das nur mit größter Mühe. Und jedesmal brachte er es nur keuchend und krächzend heraus. ,,Gebt... mir... Luft!" Dann schwieg er erschöpft. Ich beugte mich dichter zu ihm nieder, um ihn trotz des Pumpens der Eisernen Lunge zu verstehen. Mit einem Blick auf den Freund, der vom Geld gesprochen hatte, stieß er hervor: ,,Was... ist... Geld... wert,... wenn... man... keine ... Luft... bekommt!"

Ich versicherte ihm, daß wir alles Erdenkliche tun würden. Dann ordnete ich an, daß eine Schwester mit einer Saugkanüle neben ihm Platz nahm, und ging, um eine Tasse Kaffee zu trinken und eine Kleinigkeit zu frühstücken. Weil der angeforderte Anästhesist noch nicht gekommen war, wollte ich mich nach der durchwachten Nacht etwas erholen. Ich hatte noch nicht die Tasse Kaffee ausgetrunken, da kam eine Schwester gelaufen und meldete, der Patient sei tot. Mir war sofort klar, daß er sich an Schleim verschluckt hatte. Die Luftröhre war verstopft, er war erstickt. Der Versuch, den Schleim mit dem Sauger abzuziehen, war also gescheitert.

Der Atmungsvorgang setzt sich aus zwei entgegengesetzten Phasen zusammen: der Einatmung und der Ausatmung, medizinisch gesagt: der Inspiration und der Exspiration; Worte, die auch im Englischen gebraucht werden. Interessant die Bedeutungsverschiebung von ,,Ich habe inspiriert" zu ,,Ich bin inspiriert". Bedeutet das erste ,,ich habe eingeatmet", so besagt das zweite ,,ich habe etwas vom lebenden Atem der Muse gespürt". Das ist gemeint, wenn ein Gedicht, ein Musikstück oder ein Bild uns inspiriert. Noch wieder anders, wenn mit der Inspiration eine religiöse Eingebung gemeint ist. Dann bedeutet Inspiration: erfüllt mit Heiligem Geist. In diesem Sinne fühlen sich etwa Schreiber der Heiligen Schrift inspiriert. Viele Sprachen neigen dazu, für ‚Geist' das gleiche Wort wie für ‚Wind' zu gebrauchen. So haben die Griechen das Wort ‚pneuma', die Hebräer ‚ruach', die Lateiner ‚spiritus'. ‚Spirit' ist auch im Englischen üblich, und auch das deutsche Wort ‚Geist' bedeutet ursprünglich ‚Luft', ‚Hauch'. Sprachforscher lieben es, sich über die Doppelsinnigkeit dieses Wortes ‚Geist' in tiefsinnigen Spekulationen auszulassen. Sie versuchen dahinterzukommen, warum wohl unsere Altvorderen gerade den flüchtigen Windhauch als Symbolwort für das Wirken der Gottheit im Menschen wählten. Dabei liegt die Beziehung zwischen Wind und Geist doch auf der Hand. In seinem Gespräch mit Nikodemus weist Jesus auf sie hin: ,,Der Wind weht, wo es ihm gefällt. Du hörst ihn nur rauschen, aber du weißt nicht, woher er kommt und wohin er geht. So ist es auch bei denen, die vom Geist geboren werden" (Johannes 3,8). Eine unsichtbare Kraft, die weit hinter unserem Horizont wohnt, wirkt hier bei uns sichtbar und handgreiflich: der Wind wie auch der Heilige Geist. Wer am Sterbebett eines lieben Menschen sitzt, kann noch eine andere Beziehung entdecken. Wenn der Sterbende seinen letzten Atem ausstößt, stirbt er. Mit seinem letzten Atem haucht er seinen Geist aus. Atem und Geist verlassen den Leib ‚im gleichen Atemzug', sozusagen ‚Hand in Hand'.

Man hat darüber schon dicke Bücher geschrieben, doch ich will mich begrenzen auf das, was ich alltäglich erlebe. Ich denke dabei an das, was ich damals als sechsjähriger Junge auf der Schaukel im Banyanbaum erlebte und was mir immer wieder bei Patienten begegnet, die ihren letzten Atem von sich geben. Ich sehe den Atem als eine Art Kraftstoff, der nötig ist, das Leben anzutreiben. Wird die Kraftstoffzufuhr unterbrochen, so bleibt der Motor stehen, das Leben erlischt.

Das Leben hängt am Sauerstoff. Wie eine Pflanze Wurzeln braucht, so benötigt jedes Lebewesen des Tierreichs Atmungsorgane, um den lebenswichtigen Sauerstoff aus seiner Umgebung aufzunehmen. Diese Umgebung kann das Wasser sein oder die Luft. Unser Planet bietet uns eine Atmosphäre, aus der wir den nötigen Sauerstoff beziehen können. Und wenn wir diese Erde – im Raumschiff etwa – verlassen wollen, dann sind wir gezwungen, diese atmosphärische Umgebung mitzunehmen. Oder sie uns künstlich zu schaffen!

Ich habe mich so ausgiebig mit diesem Punkt befaßt, weil genau an dieser Stelle – im bildlichen Sinne – unser Glaube seinen Anfang nimmt. Uns ist oft genug gesagt worden, daß das ewige Leben nicht aus Sauerstoff, Erde, Wasser und irdischer Nahrung besteht. Für das ewige Leben benötigen wir eine andere, eine neue Umgebung, eine Atemluft, in der Sauerstoff wahrhaftig nicht ausreicht. Jesus sagt klipp und klar: ,,Ich versichere dir: Nur wer von neuem geboren ist, wird Gottes neue Welt zu sehen bekommen. . . . Nur wer von Wasser und Geist geboren wird, kann in Gottes neue Welt hineinkommen. Was Menschen zur Welt bringen, ist und bleibt menschlich. Geistliches aber kann nur vom Geist geboren werden" (Joh. 3,3.5–6).

Auf der Erde sind wir Fremdlinge und Gäste. Wir ähneln dem Astronauten, der sich ungeschickt auf dem Mond vorwärtsbewegt. Um dort zu überleben, benötigt er die Sauerstoffflasche. So geht es uns hier, wenn wir geistlich am Leben bleiben wollen. Wir müssen Gottes Heiligen Geist atmen.

,,Wie ein Hirsch nach frischem Wasser lechzt, so sehne ich mich nach dir, mein Gott" (Psalm 42,1). Der Psalmist weiß, wo die Quelle des Lebens ist. Hier ringen wir nach Luft, wollen frei sein und leben. Gottes heiliger Geist schafft uns Luft zum Atmen. Nun trinken wir die herrliche Freiheit der Kinder Gottes, schon hier.

Ich muß gestehen, ich habe Hemmungen, über den Heiligen Geist auch nur einen kurzen Abschnitt, geschweige denn ein paar Kapitel zu schreiben. Ich habe nämlich volles Verständnis für jenen, von Dorothy Sayers zitierten namenlosen Japaner, der gesagt haben soll: ,,Gott-Vater, geht in Ordnung; Gott-Sohn, geht auch in Ordnung; aber Heiliger Geist, das ist mir zu hoch." Mir scheint, es gibt keinen anderen Glaubenssatz, über den mehr Verwirrung herrscht. Dieser Begriff Geist, der da irgendwo aus der ‚Luft' gegriffen scheint, macht doch die Sache unscharf und verschwommen. Er zieht sektiererische Außenseiter magisch an und verleitet dazu, sich ins Mystische zu verlieren. Obwohl ich auf dem Gebiet der Geisteswissenschaft zu Hause bin, fällt es mir leichter, über die materielle Welt zu schreiben, die ich sehen und anfassen und mit der ich handfest experimentieren kann, als über den Heiligen Geist. Und dennoch: Christlicher Glaube ist nichts ohne den Heiligen Geist. Weil Gott Geist ist, kann auch nur der Geist das Ebenbild Gottes in der Kirche, den Leib Christi auf Erden, zuwege bringen.

Schon am Anfang, als Gott Himmel und Erde schuf, war der Geist Gottes dabei. ,,Über dem Wasser schwebte der Geist Gottes" (1. Mose 1,). Selbst in den geistigen Dürre- und Hungerzeiten Israels inspirierte dieser Geist die Boten Gottes. Er bestätigte Jesus, als der seinen Heilandsdienst begann, und wurde später von Jesus den Jüngern übertragen: ,,Dann hauchte er sie an und sagte: Empfanget Gottes heiligen Geist!" (Johannes 20,22) Der Geist ist, wie Jesus sagt, unbedingt erforderlich, wenn einer neu geboren werden will, um ins Reich Gottes zu kommen (Joh. 3,5).

Zu Pfingsten geschah es dann: Der Geist brach herein, ,,wie wenn ein Sturm vom Himmel herabweht" (Apostelgesch. 2,2). Er verwandelte eine kleine Schar von Menschen, aus denen dann die Kirche entstand. Besonders diese Pfingstgeschichte zwang die führenden Kirchenmänner dazu, die Lehre von der Dreieinigkeit zu formulieren und den Heiligen Geist als besondere ,Person' innerhalb der Gottheit anzunehmen. Es war einfach nicht möglich, ihn draußen zu lassen. Er existierte so offensichtlich wie irgendeine andere Person, die man sehen und anfassen konnte.

Die Existenz des Heiligen Geistes macht es also möglich, daß Gott in jedem beliebigen von uns Wohnung nimmt. Gott ist außerhalb der Zeit, doch sein Geist macht uns Gott ,auf Zeit' gegenwärtig. Der Heilige Geist ist ,Gott als gegenwärtige Person', der Gott, der mit uns geht. Wer mit ihm verbunden ist, der hat hier schon Teil am geistlichen Leben.

Gott wohnt nicht in einem Tempel oder Heiligtum, auch nicht irgendwo da oben im Himmel. Er wohnt in uns. Und was der Atem für unseren natürlichen Leib ist, das ist Gottes Geist für unser geistliches Leben. Der Geist schlägt die Brücke zwischen Himmel und Erde, über ihn hält der Schöpfer und Erhalter des Alls Verbindung zu uns.

Nun haben wir gesehen, daß unser natürlicher Leib atmen muß. Der Zwang zum Atmen ist unwiderstehbar. Niemand kann Selbstmord begehen, indem er die Luft anhält. Leider besteht ein solcher Atemzwang für den geistlichen Leib nicht. Wir können da zu atmen aufhören, ja, wir merken das vielleicht gar nicht mal. Der Atem läßt ganz allmählich nach, so langsam, daß es uns zunächst nicht auffällt. Eines Tages aber ist ein völliger Kraftverfall da. So etwas kommt wie in unserem geistlichen Leben auch im natürlichen Körper vor.

Es war in London, als eines Tages eine Patientin mittleren Alters in meine Sprechstunde kam. Sie war Witwe und hatte immer hart gearbeitet. Sie suchte mich auf, weil sie in letzter Zeit dazu neigte, Gegenstände fallen zu lassen. „Mir zittern die Hände", berichtete sie, „und gerade in dieser Woche habe ich zwei meiner schönsten Chinatassen zerbrochen. Sie fielen mir aus den Händen." Ein tiefer Seufzer. „Ich muß wohl schon alt werden", sagte sie mit zitternder Stimme, „dauernd bin ich müde, habe meine Hände nicht mehr in der Gewalt und bin furchtbar nervös." Ich versicherte ihr, daß fünfzig Jahre wahrhaftig kein Alter seien und ich alles tun würde, die Ursache der Störungen festzustellen. Nachdem sie mir die verschiedenen nervösen Störungen, unter denen sie litt, beschrieben hatte, fiel mein Verdacht auf Thyreotoxikose, eine Überfunktion der Schilddrüse.

Zunächst prüfte ich von Hand, ob eine Schwellung der Schilddrüse vorliege. Doch das war nicht der Fall. Eine Röntgenaufnahme des Brustkorbs zeigte einen Schatten hinter dem oberen Ende des Brustbeins. Ich untersuchte ihren Nacken daraufhin, indem ich meine Finger tief in die Basis des Nackens drückte und die Patientin schlucken ließ. Tatsächlich, da stimmte etwas nicht. Ich fühlte einen rundlichen Klumpen, der aus der Tiefe des Brustkastens aufquoll und meine Fingerspitzen berührte. Auch schien es mir so, als sei die Luftröhre nach einer Seite hin verkrümmt.

Eine weitere Aufnahme zeigte, daß der runde Klumpen ihre Luftröhre tatsächlich zusammengepreßt, ja sogar fast abgeschnürt hatte. Ich fragte daher: „Hatten Sie beim Atmen keine Schwierigkeiten?" – „Keinesfalls", erwiderte sie zu meiner Überraschung „ich war nur immer sehr schnell müde." Ich setzte ihr auseinander, daß ihre Beschwerden meiner Meinung nach von einer Geschwulst herrührten, die sich in ihrer Schilddrüse gebildet habe. Diese Geschwulst habe sich bis hinab in den Brustkasten ausgedehnt, und wir müßten sie, damit sich kein Krebs daraus entwickelte, unbedingt entfernen. Geschähe das nicht, so sei zu befürchten, daß über kurz oder lang ernsthafte Schwierigkeiten beim Atmen aufträten. Bei der nun folgenden Operation assistierte ich meinem Chef. Wir hatten uns darauf eingestellt, mehrere Knochen zu durchsägen, um den oberen Brustraum freizulegen. Doch schon nach leichtem Ziehen sprang die Geschwulst förmlich heraus, ein gut genährtes Fasergewebe von der Größe einer Orange. Es hatte tatsächlich die Luftröhre umklammert und beiseite gedrückt. Wir entfernten den Tumor und schlossen die Wunde.

Ich sah dann die Frau ein paar Wochen später wieder, als sie zur Nachuntersuchung erschien. Sie stürzte auf mich zu, wartete nicht erst ab, bis ich sie begrüßte, sondern schrie mich an: „Ich kann atmen!" Verwirrt fragte ich: „Hatten Sie denn befürchtet, nach der Operation mit dem Atmen Schwierigkeiten zu haben?" „Nein, nein. Sie mißverstehen mich." Und dann, mit Nachdruck: „Jetzt kann ich zum ersten Mal nach langen Jahren richtig atmen! Ich kann Treppen hinaufrennen, fühle mich wieder wie ein Teenager. Ja, ich kann endlich richtig atmen!"

Stück für Stück kam sie mit ihrer Geschichte heraus. Die Geschwulst muß wohl über einen Zeitraum von fünfzehn Jahren oder mehr ganz langsam gewachsen sein. Wie eine Boa sich um ihr Opfer legt und ihm langsam die Luft nimmt, so hatte dieser Tumor die Luftröhre umklammert und Zug um Zug zugedrückt. Ganz unbewußt hatte die Frau sich diesem unmerklich zunehmenden Würgegriff angepaßt. Sie hatte gelernt, es langsamer angehen zu lassen und sparsamer zu atmen. Sie ärgerte sich, als sie merkte, daß sie wie eine Greisin beim Treppensteigen nach Luft schnappte. Sie meinte, ihr Herz sei schuld und mache nicht mehr mit. Darum zwang sie sich, schön langsam Treppen zu steigen und Stufe für Stufe sich Zeit zu lassen. Sie war eben, meinte sie, vorzeitig gealtert. Und diese Ansicht wurde dann noch durch Händezittern untermauert.

Jetzt konnte sie wieder die Lungen vollpumpen und Treppen hinaufstürmen. Fünfzehn Jahre lang hatte sie vergessen, wie es ist, wenn man tief und unbeschwert atmen kann. Stolz berichtete sie: ,,Jetzt kriege ich wieder richtig Luft!"

Seit ich damals – am Anfang meiner Laufbahn – jene Frau behandelte, habe ich oft ähnliche Reaktionen beobachtet; etwa bei Asthmatikern, die beschwerdefrei wurden, oder bei Rauchern, die ihre Angewohnheit aufgegeben hatten und nun wieder frei amten konnten. Doch nie werde ich eine Frau vergessen, die an retrosternalem Kropf gelitten hatte. Ihre Haltung, ihr Gesichtsausdruck, ihre ganze Lebenseinstellung waren nach gelungener Operation mit einem Schlag verändert. Ihr Gesicht strahlte vor Begeisterung, als sie tief Luft holte und lauthals verkündete: ,,Ich kann wieder atmen!"

Manchmal versuche ich, die Freude an den guten Gaben Gottes, deren eine auch der Atem ist, in mir aufzufrischen. Ich stelle mir dann vor, ich bekäme keine Luft mehr. Ich halte den Atem an und tue, als seien meine Luftröhren blockiert. Ich beobachte, wie mein rotes Blut sich blau färbt, und höre es in meinem Kopf dumpf klopfen. Und dann, wenn ich es nicht mehr aushalten kann, reiße ich den Mund auf und hole ganz tief Atem. Dann stoße ich die Kohlensäure aus – und weite wieder meine Brust, um abermals Luft einströmen zu lassen. Dann verspüre ich die große Erleichterung und die Riesenfreude, die jene Frau mit dem Schilddrüsentumor damals empfunden hatte.

Die Zellen meines Körpers müssen atmen, um den lebensnotwendigen Sauerstoff zu bekommen. Die Kraft, die ein Organismus nach außen hin aufwendet, entspricht stets in irgend einer Form der Kraft, die er zuvor von außen her empfangen hat. Dasselbe Prinzip herrscht auch in der geistlichen Welt. Der Leib Christi auf Erden braucht Atemluft, das ist: die Inspiration seines Heiligen Geistes. Wir können nicht existieren ohne diesen Strom des Lebens, der von Gott kommt. Und nur sein Geist kann uns damit versorgen. Darum mahnt Paulus: ,,Unterdrückt nicht das Wirken des heiligen Geistes!" (1. Thessalonicher 5,20)

15 Was mein Zuhause ist

Es gibt nur wenige Einsiedler. Diese Feststellung gilt für die Menschheit ebenso wie für die Natur. Überall herrscht das Prinzip der gemeinschaftlichen Zusammenarbeit. Wir sind auf solche Zusammenarbeit angewiesen, könnten ohne sie weder atmen noch uns ernähren. Der Sauerstoff, den wir atmen, wird erst durch die Photosynthese, die das Pflanzenreich bewerkstelligt, in die Atmosphäre freigesetzt. Und mit der Nahrung, die wir zu uns nehmen, sind wir gleicherweise auf Hilfsquellen angewiesen. Unter den Insekten gibt es Arten, in denen solche Zusammenarbeit in einem derartigen Maße stattfindet, daß selbst der gescheiteste Beobachter nur staunend Phrasen wie etwa ‚Gemeinsinn' vor sich hin murmeln kann. Hören wir mal, wie Lewis Thomas das Wirken einer Termitenkolonie beschreibt: ,,Wenn sich drei oder vier Termiten in einer Stube befinden, dann wandern sie planlos herum. Doch sobald da mehr Termiten versammelt sind, beginnen sie zu bauen. Die Gegenwart anderer Termiten, die in ausreichend großer Zahl auf einem engen Raum vereint sind, löst also die Bautätigkeit aus. Sie nehmen gegenseitig die Kotklümpchen auf und stapeln sie in dichten Reihen auf. Und sobald die Reihen die richtige Höhe erreicht haben, reichen sich die Termiten die Vorderbeine, bilden so eine Brücke und wölben nun jene vollkommen gleichmäßigen Bögen, die das Fundament für den Termitenbau abgeben. Es gibt keinen einzelnen Termiten, der wüßte, was zu tun ist, doch sobald eine Menge Termiten vorhanden ist, entwickeln sie sich zu großartigen Architekten. Sie wissen die Abstände ‚im Traum' und bauen eine äußerst komplizierte Konstruktion mit eigener Klimaanlage und Feuchtigkeitskontrolle."

Diese Termitenbauten, barocke Kegelburgen aus roter Erde, zieren die Wüsten Indiens und Afrikas. In diesen Hügeln wird man vergeblich nach einem Chefarchitekten mit Blaupausen suchen, der mit seinen Vorderbeinen oder Fühlern den anderen seine Weisungen signalisiert. Die Zusammenarbeit basiert auf einer tieferen, urzeitlichen Ebene.

Wohin wir auch schauen, es sieht so aus, als sei Zusammenarbeit das Grundprinzip aller Ordnung. Unsere Erde ist keineswegs der Mittelpunkt der Welt, eher ein Staubkorn in einer unbegrenzten Gemeinschaft von Planeten, Sonnen und Galaxien. Und alle stehen zueinander irgendwie in Beziehung und beeinflussen einander. Und das winzige Atom, das man einst für unteilbar hielt, erscheint uns jetzt als ein Universum ganz eigener Art, in dem Elektronen, Mesonen und Quarks kreisen; Schimmer einer Wirklichkeit, die nur eine Millionstel Sekunde währt.

Die lebende Materie macht uns dann mit neuen Überraschungen bekannt. Die kleinste lebende Einheit, die Zelle, enthält einen Kern, in dem Chromosomen zusammengepackt sind wie die Gemüseplocken in einem Eintopfgericht: Eiweißkörperchen und Lipoide, Röhrchen, Bläschen und Härchen; und alles wimmelt durcheinander in geradezu chaotischer Ungebundenheit. Auch mein Körper besteht aus einer Gemeinschaft solcher Zellen – einhundert Billionen insgesamt –, und alle müssen zusammenwirken, um so etwas wie einen funktionierenden Menschenleib zustande zu bringen. In Kürze zusammengefaßt: Jedes in sich geschlossene System in dieser Welt – Atome, Zellen, Organismen, Galaxien – ist eine Untereinheit in einem höheren System. Verstehen und begreifen können wir allenfalls ein paar von ihnen, indem wir ihr ‚Gruppenverhalten' studieren.

Welche Kraft macht nun dieses Zusammenspiel möglich? Wie können die Termiten, die Elektronen oder die Chromosomen im Zellkern zum gemeinsamen Agieren kommen? Welche geheimnisvolle Kraft in meinem Körper zwingt die Zellen zu gemeinsamem Tun, so daß sie alle als Paul Brand auftreten? Es gibt wohl keine andere Frage der modernen Wissenschaft, auf die es so widersprüchliche Antworten gibt. Eine Reihe hervorragender Wissenschaftler wie Agar, Dobzhansky, Thorpe und Heisenberg nimmt an, schon in den allerersten und einfachsten Materieteilchen stecke so etwas wie ein geheimes ‚Wissen'. Dagegen wehren sich die Soziobiologen, die ja nicht einmal dem menschlichen Verhalten Freiheit zuerkennen. Darum hat Sir Arthur Eddington schon vor Jahren gesagt: ,,Wir denken oft, das, was wir über ‚eine' Sache herausbekommen haben, gelte nun auch für ‚zwei'. Denn ‚zwei' ist ja ‚eins' ‚und' eins! Wir übersehen dabei, daß wir uns zuvor erst noch Klarheit über das ‚und' verschaffen sollten." Mit diesem ‚und' beschäftigt sich, wer über den Heiligen Geist nachdenkt. Wie Paulus sagt, sehnen sich alle Geschöpfe, ,,daß sie eines Tages vom Fluch der Vergänglichkeit erlöst werden. Sie sollen dann nicht mehr Sklaven des Todes sein, sondern am befreiten Leben der Kinder Gottes teilhaben" (Römer 8,21–22). Diese Befreiung wird das Werk des Schöpfers Heiliger Geist sein. Könnte es nicht sein, daß der Geist Gottes schon auf der molekularen Ebene als die Kraft wirkt, die alles Auseinanderstrebende zusammenhält und so unsere Existenz ermöglicht? Die Bibel deutet so etwas einmal kurz an. An der Stelle geht es um ein solches ‚und', nämlich um die ständige Verbindung zwischen Gott und allen Zellen seines ‚Leibes'. Ich meine 2. Korinther 13,13, eine der wenigen Stellen, an denen Paulus alle drei Personen der Dreieinigkeit aufführt: ,,Die Gnade unseres Herrn Jesus Christus und die Liebe Gottes und die Gemeinschaft des Heiligen Geistes sei mit euch allen!" In dieser Segensformel faßt Paulus das Wesen der Dreieinigkeit in einem knappen Satz zusammen. Mir scheint wichtig, daß er nicht von der Kraft des Heiligen Geistes spricht, auch nicht von seiner Weisheit oder Lauterkeit, sondern von der Gemeinschaft, der Bruderschaft. Im Heiligen Geist ist Gott der Gott-mit-uns.

In meinem Körper dirigieren ein paar wirklich bemerkenswerte Systeme die hundert Billionen Zellen, indem sie ihnen den Willen des Hauptes in die so verschiedenartigen Teile des Leibes vermitteln. Ganz ähnlich vermittelt der Heilige Geist den Willen Gottvaters seinem Volk hier auf Erden. Wir *haben* nicht Verbindung mit dem Heiligen Geist, nein, er *ist* die Verbindung zwischen Gott und uns.

Wir können uns das Unsichtbare nicht vorstellen. Wir benötigen dazu ein Symbol, ein Bild, das aus unserer Welt des Sehens und Anfassens genommen ist. Und der Menschenleib bietet uns so ein Symbol an: den Atem. Wenigstens in einer Hinsicht kann er uns die Bedeutung des Heiligen Geistes deutlich machen. Wir werden in den nächsten Kapiteln einen gesunden, in allen Stücken voll funktionierenden Körper betrachten. Vielleicht gelingt es uns da, dem Geheimnis auf die Spur zu kommen, was es mit einem vom Heiligen Geist gesteuerten Leib auf sich hat.

Die Zellen, aus denen der menschliche Körper gebildet ist, stimmen alle in einem Punkt grundsätzlich überein: Sie besitzen einen untrüglichen Sinn dafür, daß sie zusammengehören. Alle Zellen meines Körpers wissen durch ihr DNA, daß sie zu Paul Brand gehören.

Gegen fremde Eindringlinge ist dieser Körper ständig auf der Hut. Ärzte, die Transplantationen vornehmen, haben es nicht leicht, dieses Frühwarnsystem des Körpers auszuschalten. Sie bombardieren die Stellen, an denen das Transplantat eingesetzt werden soll, mit Röntgenstrahlen und Drogen, die geeignet sind, das Immunsystem einzuschläfern. Nur so können sie hoffen, daß die Einpflanzung eines Fremdherzens, einer Niere oder einer Hautfläche, die von einem anderen Spender stammen, überhaupt Aussicht auf Erfolg hat. Sie wissen nämlich aus bitterer Erfahrung, daß der Körper das Implantat bestimmt abstößt, sobald er feststellt, daß es sich um Fremdgut handelt.

Gelegentlich werden Kinder geboren, denen das Immunsystem fehlt. Sie müssen unter einem Plastikzelt leben, dürfen mit keinem anderen Menschen Kontakt haben, atmen vorgereinigte Luft. Die NASA stellte einmal eine ganze Raumschiffsausstattung für so ein Kind zur Verfügung, dazu ein Monstrum von Filter, in dem die Luft keimfrei gemacht wurde. Den Zellen dieses Jungen fehlte ganz einfach das Gefühl für ihre Zusammengehörigkeit. Sie nahmen daher fremde Eindringlinge anstandslos auf, sogar Bakterien und Viren, die ihnen ans Leben wollten. Eine Randbemerkung: Auch AIDS, vor dem sich heute viele fürchten, ist eine Erkrankung des Immunsystems.

Der Leib Christi auf Erden besitzt im Grunde auch ein Wissen der Zusammengehörigkeit. Wir nehmen als die ‚Glieder' den Namen Christi an, gehören zu ihm. Und er erwartet von mir die gleiche loyale ‚Eingliederung', wie sie die Zellen meines Leibes mir gegenüber schuldig sind. Der Heilige Geist wirkt in Jesu Namen, daß es zu dieser völligen Übereinstimmung kommt. Der Heilige Geist lebt in denen – und nur in denen –, die zum Leibe Christi gehören. Im Neuen Testament wird das immer wieder und unmißverständlich festgestellt: ,,Ihr aber steht nicht mehr unter der Herrschaft eures selbstsüchtigen Willens, sondern unter der Leitung des Geistes" (Römer 8,9). ,,Durch den Geist, den er uns gegeben hat, wissen wir, daß Gott in uns lebt" (1. Joh. 3,24). ,,Gott hat uns seinen Geist gegeben. Daran können wir erkennen, daß wir mit ihm verbunden sind und er mit uns" (1. Joh. 4,13). Der Heilige Geist sorgt also dafür, daß wir zu Christus gehören.

In mannigfachen Redewendungen und Bildern schildert Paulus, wie durch den Heiligen Geist Gott ins Leben der Gläubigen eintritt. Es ist der Geist, so schreibt Paulus in Römer 8, 15–16, der uns das sichere Gefühl gibt, daß wir Gottes Kinder sind:,,Alle, die sich von Gottes Geist leiten lassen, sind Gottes Kinder. Ihr müßt euch also nicht mehr vor Gott fürchten. Er hat euch seinen Geist gegeben, und der zeigt euch, daß ihr nicht seine Sklaven, sondern seine Kinder seid. Weil sein Geist in uns lebt, sagen wir: Abba! Vater! Und Gottes Geist bestätigt unserem Geist, daß wir wirklich Gottes Kinder sind."

Im Brief an die Epheser benutzt Paulus das Wort ‚bürgen', um auszudrücken, daß der Heilige Geist für uns sozusagen eine ‚Anzahlung' ist, die Gott uns gegeben hat, damit wir nun sicher wissen, daß wir auch an der kommenden Erlösung teilhaben werden: ,,Dieser Geist bürgt uns dafür, daß wir auch alles andere bekommen werden, was Gott seinem Volk zugesagt hat" (Eph. 1,14). ,,Beleidigt nicht durch euer Verhalten den heiligen Geist, den Gott euch gegeben hat. Denn er bürgt euch dafür, daß Gott zu seiner Zeit eure Rettung vollenden wird" (Eph. 4,30).

Wir sollen dieses Siegel der Gegenwart Gottes ja nicht geringschätzen. ,,Denn es ist dieselbe gewaltige Kraft, mit der er in Christus am Werk war, als er ihn vom Tod erweckte und in der himmlischen Welt an seine rechte Seite setzte" (Eph. 1,19–20).

Aus diesem oft so verschiedenen Wirken des Heiligen Geistes ergibt sich die Einheit, in der alle zerstreuten und unterschiedlichen Glieder seines ‚Leibes' zusammengefaßt sind. Der Heilige Geist schmiedet sie zur Einheit zusammen, daran können auch keine anderslautenden Etiketten etwas ändern, auch keine abgrenzenden Lehrmeinungen. Alles Geschrei nach der Einheit der Kirche, wie es immer wieder aufklingt, ist sinnlos, solange das Ringen um die Einheit nicht an der Wurzel der Zusammengehörigkeit ansetzt, beim Bitten um den Heiligen Geist. Wir *sind* Leib Christi.

Der Begriff Geist erscheint gelegentlich auch im Alten Testament. Doch Paulus macht uns klar, daß mit Pfingsten etwas Neues in die Welt gekommen ist. Gott bekräftigt seine Gegenwart durch den Heiligen Geist, der die Glieder seines ‚Leibes' zusammenschmiedet. Die Christen am Ende des ersten Jahrhunderts waren sich sicher: So etwas hat es zuvor nie gegeben; erst mit Jesus kam dies Neue.

Als Gott Mensch wurde, da bereitete er den Weg für die Ausgießung des Heiligen Geistes. Als dieser Mensch gewordene Gott Abschied nahm, da gab er damit den Weg frei für die neue Art der Gottesgegenwart ‚im Geist'. Darum sagt Jesus zu seinen Jüngern: ,,Aber glaubt mir, es ist gut für euch, daß ich fortgehe; denn sonst wird der Stellvertreter nicht zu euch kommen. Wenn ich aber fortgehe, dann werde ich ihn zu euch senden" (Joh. 16,7).

So wie die DNA in jeder Zelle meines Körpers bestimmt, daß diese Zellen zu meinem Körper gehören, so schafft der Geist die ‚Gemeinschaft des heiligen Geistes', die uns alle zu Gliedern dieses Leibes Christi macht.

Im Menschenkörper manifestiert sich das Zusammengehörigkeitsgefühl in zweifacher Weise: Erstens folgt jede einzelne Zelle den Befehlen, die von oben, vom Gehirn, kommen; und zweitens verfügt jede Zelle über ein in ihr wohnendes Wissen der Zugehörigkeit zu jeder anderen Zelle. Ganz ähnlich verhält es sich im Leibe Christi. Der Geist stellt die Verbindung zwischen dem Haupt und jeder Einzelzelle her, ebenso aber auch die Querverbindung zwischen allen einzelnen Zellen untereinander. Im Griechisch des Neuen Testamentes wird die Kirche ‚ekklesia' genannt. Das heißt ganz wörtlich: ‚die (aus allen) herausgerufene' (Gemeinde). Gott hat uns von Anfang an erwählt und aus der Welt zu seiner Gemeinde ‚herausgerufen'. Der Heilige Geist läßt mich nicht in der Abgeschiedenheit. Nein, er beruft mich in die Gemeinschaft der Gläubigen, verbindet mich in Liebe mit all den anderen. Nur so gelangt jede einzelne Zelle zu dem Bewußtsein, Glied eines Ganzen zu sein.

In unserer menschlichen Gesellschaft kommen wir einer Einheit nur selten nah. Familien schaffen es manchmal. Ein solches Gefühl der Zusammengehörigkeit verbindet mich mit meinen Kindern, die in alle Welt zerstreut sind. Die Bevölkerung einer Stadt, vielleicht sogar eines ganzen Volkes, mag gelegentlich in einer gemeinsamen Sache so zusammenstehen; doch meist nur, solange die kritische Lage währt.

Jesus bittet darum, daß wir die Einheit in seinem Leibe reichlicher erfahren: ,,Ich bete darum, daß sie alle eins seien. So wie du in mir bist und ich in dir, Vater, so sollen auch sie in uns eins sein" (Joh. 17,21).

Empfinden wir hier nicht einen Hauch jenes Wunders, das die Einheit der Kirche wirkt? Eine Einheit, die sich nicht auf die Gemeinsamkeit der Klasse, nicht auf gleiche Interessen noch auf gemeinsame Herkunft oder Rasse beruft. Eine Einheit, die einzig und allein darin ihren Grund hat, daß wir zum Leibe Christi gehören. Ich habe das auf Außenposten, ganz da draußen am Rande seines Leibes, erlebt. Da habe ich eine bleibende Vorstellung gewonnen, wie Gott in seiner Welt wirkt. Doch ich will hier nur ein Beispiel erzählen.

In Vellore, Indien, kam John Karmegan zu mir, ein Aussätziger im vorgeschrittenen Stadium der Krankheit. Da seine Hände und Füße schon hoffnungslos zerstört waren, konnten wir chirurgisch kaum etwas für ihn tun. Wir konnten ihm allenfalls Bleibe und Beschäftigung im New Life Center gewähren.

Da die eine Gesichtshälfte bereits gelähmt war, konnte John nicht wie andere Menschen lächeln. Wenn er es versuchte, dann verzog sich sein Gesicht zu einem schiefen, häßlich anzuschauenden Grinsen, auf das die Leute oft mit Abscheu oder gar Furcht reagierten. Und so gewöhnte sich John das Lächeln bald ab. Meine Frau Margaret hatte Johns Augenlider, um ihm die Sehkraft zu erhalten, mit einer Kunstnaht so fixiert, daß sie nur zur Hälfte geöffnet waren. Und nun wurde John immer schwermütiger, weil er spürte, was die anderen empfanden, wenn sie ihn sahen.

Wohl als Folge seines entstellten Aussehens erwuchsen größte Schwierigkeiten im Zusammenleben mit den anderen. Er spielte sich als Störenfried auf, um auf diese Weise seinem Ärger Luft zu machen. Ich erinnere mich an manche häßliche Szene, wenn wir John wegen Diebstahls oder Beleidigung zur Rede stellen mußten. Er quälte seine Mitpatienten, widersetzte sich jeglicher Autorität. Das ging so weit, daß er einen Hungerstreik gegen uns organisierte. Niemand konnte noch damit rechnen, daß er wieder zur Vernunft kam. Johns seelische Situation schien aussichtslos. Doch vielleicht fühlte sich meine Mutter gerade deshalb zu ihm hingezogen. Denn das war so ihre Art, ausgerechnet auf die völlig ausgeflippten Exemplare der Gattung Mensch anzuspringen. Kurz und gut, sie nahm sich Johns an, widmete ihm viel Zeit und führte ihn letzten Endes zum christlichen Glauben. John wurde auf dem Gelände des Aussätzigenheims in einem Zementbassin getauft.

Natürlich konnte diese Bekehrung Johns Groll gegen die übrige Welt nicht mit einem Schlag beseitigen. Immerhin gewann er unter den Mitpatienten ein paar Freunde. Doch die lange Zeit, in der er immer nur zurückgestoßen worden war, hatte ihm unauslöschliche Erbitterung gegen alle Gesunden eingeimpft. Eines Tages fragte er geradezu patzig, was wohl passiere, wenn er die Tamilenkirche in Vellore besuche.

Ich suchte die Kirchenvorsteher dieser Kirche auf und schilderte ihnen Johns Lage. Ich versicherte ihnen, daß – von seinen Mißbildungen abgesehen – seine Krankheit eine Phase des Stillstands erreicht habe und keine Ansteckungsgefahr bestehe. Am Ende waren sie einverstanden, daß John kam.

„Kann er auch am Abendmahl teilnehmen?" fragte ich. Ich wußte, daß in dieser Gemeinde der Gemeinschaftskelch die Runde machte. Einen Augenblick sahen sie sich fragend an, dachten kurz nach und nickten dann. Ja, er durfte auch zum Abendmahl kommen.

Bald danach nahm ich John zu der Kirche mit, einem weißgetünchten, niedrigen Ziegelbau mit verrostetem Wellblechdach. Dies war für John ein entscheidender Augenblick. Kein Gesunder kann nachempfinden, was da in einem Aussätzigen an seelischen Bedrängnissen und Ängsten aufbricht, wenn er vor eine derartige Situation gestellt wird. Ich blieb mit John an der Rückseite der Kirche stehen. Auf seinem entstellten Gesicht war keine Gefühlsregung abzulesen, doch ein Zittern zeugte von dem inneren Aufruhr, der in ihm tobte. In der Stille betete ich, daß doch ja kein Gemeindeglied gegen John auch nur die geringste Zurückweisung merken lassen möge.

Wir traten ein, als sie bereits den Eingangschoral sangen. Ein Inder wandte sich halb um und sah uns. Wir müssen ein verrücktes Gespann abgegeben haben: ein Weißer neben einem Aussätzigen mit verwüstetem Gesicht. Ich hielt den Atem an.

Und dann geschah es: Der Inder legte sein Gesangbuch hin, lächelte breit und klopfte mit der Hand auf den Stuhl neben sich. Tatsächlich, er lud John ein, sich zu ihm zu setzen! John war einen Augenblick verblüfft, dann faßte er sich und schlurfte hin, um sich neben dem Mann niederzulassen. Und ich ließ ein stilles Dankgebet zum Himmel emporsteigen.

Dieses Erlebnis gab Johns Leben die Wende. Jahre später besuchte ich Vellore und machte einen kleinen Abstecher zu einer Farm, auf der man Behinderte beschäftigte. Der Leiter wollte mir eine Maschine zeigen, an der winzige Schräubchen für Schreibmaschinen hergestellt wurden. Als wir durch die lärmerfüllte Halle gingen, erklärte er mir, er wolle mich mit seinem erfolgreichsten Arbeiter bekannt machen. Der Mann habe gerade den ersten Preis für die hochwertigste Ware mit dem geringsten Ausschuß gewonnen. Als wir den Arbeitsplatz erreichten, drehte sich der Mann um, uns zu begrüßen. Und ich sah in das unverkennbar gezeichnete Gesicht meines John Karmegan!

Er wischte das Schmierfett von seiner verstümmelten Hand

und grinste mich mit dem verrücktesten, liebsten und strahlendsten Lächeln der Welt an. Und dann hielt er mir eine Handvoll jener winzigen Schräubchen unter die Nase, für deren exakte Herstellung er den Preis der All-India-Corporation erhalten hatte.

Eine kleine Geste ‚Ich nehme dich an, so wie du bist!' scheint etwas Geringes zu sein. Doch Johns Leben wurde durch den Wink jenes Inders dort in der kleinen Kirche total verändert. Ein Leben lang war er nach seinem eigenen Aussehen beurteilt worden, doch jetzt hatte man ihn angenommen – als ein Ebenbild Gottes. Mir war es, als hätte ich einen Film gesehen, in dem gezeigt wurde, was Versöhnung in Christus bedeutet. Der Geist Christi hatte seinen Leib auf Erden dazu gebracht, ein neues Glied in Liebe aufzunehmen. Seitdem wußte John: Ich gehöre dazu!

16 Der Gott-mit-uns

Die Strecke ist mir wohl vertraut, Interstate 10, die New Orleans mit Baton Rouge verbindet. Ich bin gerade aus einer anderen Stadt zurückgekommen, hatte meinen Wagen zum Flughafen kommen lassen. Jetzt bin ich auf der Heimfahrt. Ich konzentriere mich mehr als sonst, weil infolge eines schweren Wolkenbruchs auf dem Asphalt der Straße eine dicke Wasserschicht schimmert. Die Straßenlaternen und die Randstreifen spiegeln sich als irritierende Lichter auf der Nässe. Ganz plötzlich und für mich völlig unvermutet huscht ein dunkler Schatten auf die Straße, ein Gürteltier oder ein Opossum. Doch bevor ich das gedanklich erfassen kann, hat mein Fuß schon instinktiv die Bremse getreten. Ein scheußliches Gefühl, wenn man merkt, wie man die Kontrolle über den Wagen verliert, wie die Hinterräder nach rechts wegrutschen. Meine Hände umklammern das Lenkrad; ich reagiere mit ein paar kurzen Steuerausschlägen, der Wagen schleudert, läuft endlich wieder geradeaus. Als ich die Lenkung wieder im Griff habe, atme ich tief durch, dann versuche ich, mich zu entspannen, bis die Angst abgeklungen ist.

Der ganze Vorgang mag drei Sekunden gedauert haben. Zu Hause werde ich erzählen: Ein kleines Tier kreuzte die regennasse Autobahn, Vollbremsung, Aquaplaning! Es ging gerade noch mal gut. So, das wären die äußeren Begebenheiten, schlicht und sachlich dargestellt. Doch ich muß, während ich heimwärts fahre und noch von dem erhöhten Adrenalinausstoß aufgeputscht bin, an etwas anderes denken, an die Vorgänge, dich sich da im Innern meines Körpers abspielten.

Das fing im Gehirn an. Als die Meldung ,,Tier auf der Straße!" die für das Sehen zuständige Region meiner Hirnrinde erreichte, reagierte die prompt mit der oftbewährten Reaktion: ,,Fuß auf die Bremse!" Und zugleich jagte mein Hypothalamus, mein Zwischenhirn, Chemikalien los, um mit Blitzgeschwindigkeit eine Reihe von Reaktionen in Gang zu bringen und so meinen Körper in volle Alarmbereitschaft zu versetzen.

Nur wenige Partien meines Körpers blieben von diesem Großalarm verschont. Meine Pupillen weiteten sich, so daß ich mehr sehen konnte, meine Muskeln lauerten angespannt, Streßhormone brachten meinen Kreislauf auf Trab. Mein Herz schlug schneller und kräftiger. Die äußeren Gefäßmuskeln entspannten sich, so daß die Blutgefäße sich erweiterten und mehr Blut durchfließen konnte. Aber auch die Blutzusammensetzung änderte sich. Es wurde vermehrt Blutzucker freigegeben, um Reserven für erwartete Muskelarbeit bereitzustellen. Die Zahl der Blutplättchen wurde erhöht, um bei Verletzungen sofort zur Stelle zu sein. Sogar die Lungenbläschen weiteten sich, um mehr Sauerstoff ins Blut aufzunehmen.

Bei meinem ausgedehntesten Organ, der Haut, verengten sich dagegen die Blutgefäße. Ich wurde ‚leichenblaß', doch damit wurde die Gefahr einer starken Blutung infolge einer oberflächlichen Verletzung eingedämmt. Außerdem wurde damit erreicht, daß mehr Blut für die Muskeln zur Verfügung stand. Auch der elektrische Leitwiderstand der Haut änderte sich, womit ein besserer Schutz gegen eine Bakterien-Invasion erreicht wurde. Über meinen ganzen Körper zog sich eine ‚Gänsehaut', Millionen feiner Härchen sträubten sich. In tausend Tröpfchen brach der Schweiß aus, meine Handflächen, die das Lenkrad umklammerten, bekamen so festeren Griff.

Funktionen aber, die in diesem Augenblick nicht lebenswichtig waren, kamen zum Erliegen. Die Verdauung kam völlig zum Stillstand, denn das Blut wurde für andere Zwecke benötigt. Darm und Nieren mußten warten.

Äußerlich betrachtet war herzlich wenig passiert. Ich hatte das Tier gesehen, das Aquaplaning ausgesteuert und war dann mit hämmerndem Herzen, erweiterten Pupillen und einem leichten Muskelzittern weitergefahren. Doch drinnen, in meinem Körper, war eine wahre Schlacht geschlagen worden, um mich auf Hochtouren zu bringen: ,,Kämpfe oder stirb!" Und das alles, dieses ganze großartige Zusammenspiel einer Unzahl von Zellen und Hormonen, war eingeleitet worden durch einen einzigen chemischen Boten: das Adrenalin.

Wir erleben die Wirkungen des Adrenalins Tag für Tag. Ein lautes Geräusch schreckt uns auf, wir hören eine erschreckende Neuigkeit, fahren durch eine gefährliche Gegend, stolpern und wären fast gestürzt. Die Adrenalin-Reaktionen treten so reibungslos und schnell auf, daß wir allen Situationen gewachsen sind. Und doch ist Adrenalin nur eins von jenen vielen Hormonen, die meine so verschiedenartigen Zellen zur reibungslosen Zusammenarbeit bringen.

Jener Zwischenfall auf der Autobahn macht deutlich, daß zwei Arten von Kommunikation meinen Körper zu einheitlichem Tun veranlassen. Meine erste Reaktion ,,Fuß auf die Bremse!" folgte aus einem direkten Kommando über das Nervensystem. Als ich vor langer Zeit das Fahren lernte, da prägte sich mein Gehirn die Reaktionsfolgen ein: ,,Fuß weg vom Gas, links rüber auf die Bremse! Gegensteuern! Kurz, aber kraftvoll!" Schlimm, wenn ich noch immer wie ein Anfänger überlegen müßte: Moment mal, wo sitzt denn das Bremspedal? Nein, im Augenblick der Gefahr greift mein Gehirn auf seine Gedächtnisbank gespeicherter Reaktionen zurück und verschickt Blitztelegramme über die Nervenbahn: Fußkick! Hände fest!

Der zweite Reaktionskreis – erhöhter Puls, Hautblässe, Atemtiefe – liegt im hormonalen Bereich. Mein Gehirn gab einen Kurzbefehl an eine Drüse, in diesem Fall an das Nebennierenmark, eine bestimmte Chemikalie in den Blutstrom einzuspeisen. Ein Hormon kann nicht eine spezifische und exakte Botschaft an bestimmte Zellen liefern, ist aber dafür in der Lage, alle Zellen meines Körpers in Sekundenschnelle zu erreichen.

Furcht, Erleichterung, erhöhte Wachsamkeit – all diese Empfindungen durchströmten mich und machten mich – wenigstens für die nächsten zwanzig Meilen – zu einem besseren Fahrer. Alle meine Muskeln, nicht nur die im Fuß oder Handgelenk, waren hellwach. Ich sah besser und konnte mich konzentrierter auf die schwierigeren Fahrverhältnisse einstellen.

Auch diese beiden Kommunikationsarten des Körpers, das nervliche und das hormonale System, haben ihre Parallelen im geistlichen Leibe. Mitunter haben wir einen direkten „heißen Draht" zu unserem Haupt, bekommen klare Weisung für einen ganz bestimmten Fall. So etwas tritt – wenigstens nach meinen Erfahrungen – nicht gerade oft auf. Gewöhnlich spüre ich dann so etwas wie einen plötzlichen Einfall, eine Eingebung, eine erhöhte Wachsamkeit; oder auch eine plötzliche Beklemmung, einer Weisung Jesu nicht gefolgt zu sein. In der christlichen Literatur wird zur Zeit den ‚Gaben des Geistes' viel Aufmerksamkeit geschenkt. Wäre es denkbar, daß solche ‚Gaben des Geistes' entsprechenden Kommunikations-Systemen folgen? Da gibt es im Leibe Christi Pastoren und Lehrer, Propheten und Diakone. Nach geistigen Anlagen und Berufung stellen diese doch so etwas wie ein Nervensystem dar, über das unser Haupt mit uns in Verbindung steht. Wir Zellen bauen auf sie, daß sie uns lehren und leiten, damit wir unsere Aufgaben im Leibe Christi recht wahrnehmen.

Doch außerdem wirkt da noch der Heilige Geist, eine Kraft, die unmittelbar – wie ein Hormon – auf alle Zellen einwirkt, den Willen des Hauptes zur Geltung bringt und so den ganzen Leib Christi zu lebendigem Tun erweckt.

Bis vor kurzem glaubten die Anatomen, daß Drüsen, wie etwa die Nebenniere oder auch die Hypophyse, ihre Botenhormone eigenmächtig aussenden. Neuere Untersuchungen haben aber wahrscheinlich gemacht, daß das Gehirn die Steuerstelle ist. Das Gehirn, dem alle Bedürfnisse des Körpers gemeldet werden, gibt die Befehle aus; das gilt sowohl für das Wachstum wie auch für die Bereitstellung aller Hilfstruppen oder für das Bewältigen eines Krisenfalls. Alle Drüsen und ihre Sekrete werden auf Befehl des Gehirns aktiv und tragen dann ihre Meldung zu allen Zellen. So ist es auch im geistlichen Leib:

„Wir wollen zu der Wahrheit stehen, die Gott uns bekanntgemacht hat, und in Liebe zusammenhalten. So werden wir in allem zu Christus emporwachsen, der unser Haupt ist. Von ihm her wird der ganze Leib zu einer Einheit zusammengefügt und durch verbindende Glieder zusammengehalten und versorgt. Jeder einzelne Teil erfüllt seine Aufgabe, und so wächst der ganze Leib und baut sich durch die Liebe auf" (Epheser 4,15–16).

Es gibt nun aber noch ein drittes Kommunikationssystem zwischen Gehirn und Körper. Mir selber erscheint es als das eindrucksvollste. Es stellt fest, was die einzelnen Zellen gerade nötig haben, und informiert darüber den Rest des Körpers. Bei meiner Schleuderpartie auf der Autobahn flogen die Botschaften von meinem Kopf zu den Zellen und versetzten sie so in Bruchteilen von Sekunden in volle Alarmbereitschaft. Eine direkte interzellulare Kommunikation – eine unmittelbare Information von Zelle zu Zelle also – kehrt den Informationsstrom um. Jede Zelle gibt die Information an den Nachbarn weiter, und so geht das immerfort, bis die Rückmeldung wieder im Gehirn angekommen ist. Die medizinische Wissenschaft hat ein Wort gefunden, das diesen Zustand des aufeinander abgestimmten Verhaltens aller Körperzellen treffend bezeichnet: ‚Homöostasie‘, was man auf deutsch mit ‚Zustand der Ausgewogenheit‘ oder ‚Zustand allgemeinen Gleichklangs‘ wiedergeben könnte. Dr. Walter Cannon, ein hervorragender Arzt und ausgezeichneter Autor, hat diesen Ausdruck in seinem Buch ‚Die Weisheit des Körpers‘ geprägt. Er betrachtet den Körper als ein Gemeinwesen, das ganz zielbewußt nach den besten Existenzbedingungen Ausschau hält. Es gleicht Schwankungen im Lösungsverhältnis von Salzen aus, mobilisiert die Selbsthilfe des Körpers und läßt bei Bedarf Hilfstruppen ausschwärmen. Und das alles, um das rechte ‚Innenklima‘ des Körpers zu sichern.

Schon die alltäglichsten Vorgänge beruhen auf sorgfältig abgestimmten Abmachungen. Ich habe bereits auf die Monitore hingewiesen, die den Sauerstoffgehalt messen und die Atmung entsprechend regulieren. Wird Sauerstoff benötigt, so wird sofort der Herzschlag beschleunigt. Und der Zellenverband, der als Schrittmacher meines Herzens fungiert, weiß viel besser auf die Bedürfnisse des Körpers einzugehen als irgendein elektronischer Schrittmacher, den man als Ersatz eingepflanzt hat. Der natürliche Schrittmacher bekommt seine Weisungen über den Vagus-Nerv, der ihm die jeweiligen Anforderungen an Sauerstoff einspeist. Ebenso nimmt er aber auch alle anderen Meldungen über Zustandsveränderungen des Körpers zur Kenntnis, die eine Pulserhöhung erfordern. Und auch hier wieder spielt das Adrenalin eine wichtige Rolle. So stellte Walter Cannon in einer Versuchsreihe fest, daß der Schrittmacher einer Katze in der Lage ist, 1 Teil Adrenalin in 1 400 000 000 Teilen Blut festzustellen. Schon diese geradezu winzige Spur von Adrenalin läßt das Katzenherz schneller schlagen!

Man kann sich das Wirken der Homöostasie am lebenden Beispiel vor Augen führen, nämlich in einem modern eingerichteten Krankenhaus, wo eine Digitalanzeige über den Puls und die sonstigen lebenswichtigen Funktionen des Patienten laufend Signale gibt. Ich besuche eine Patientin, die an Bluthochdruck leidet. Als ich das Zimmer betrete, melden die rotglühenden Zahlen auf dem Schirm 82. Das ist also ihr normaler Ruhepuls. Jetzt sieht sie mich und begrüßt mich, und diese Gemütsbewegung reicht aus, ihren Puls auf 91 zu bringen. Sie neigt sich herüber und reicht mir die Hand, der Puls steigt über 100. Während der dreißig Minuten meines Besuchs steigen und fallen die Zahlen je nach dem Grade der Gemüts- und der körperlichen Bewegung. Ein Niesen verursacht den höchsten Anstieg, einen Puls von 110. Was sich da auf dem Monitor vor unseren Augen abspielte, das läuft in unserem Körper stets und ständig ab. Monitore melden die Bedürfnisse des Körpers und regulieren entsprechend den Herzschlag.

Ganz ähnlich teilen die Zellen auch ihre anderen Bedürfnisse einander mit. Vom Körper aus betrachtet sind Geschmack und Appetit nichts anderes als ganz einfache Methoden, das Nahrungsbedürfnis des Körpers zu befriedigen. In unserem Körper messen nach einem ausgeklügelten System chemische Sensoren, an welchen Salzen und Mineralien Mangel herrscht. Auf eine äußerst geheimnisvolle Weise wird dieses Bedürfnis dann als ‚Appetit auf...' weitergemeldet. Darum wandert eine Bergziege fünf Meilen weit, bloß um an einem Salzblock zu lecken. Und eine Schwangere spürt plötzlich ein unwiderstehliches Verlangen nach irgendeiner bestimmten Nahrung, weil nur in dieser die besonderen Vitamine und Mineralien enthalten sind, die ihr Körper braucht.

Des Körpers rastloses Streben nach Homöostasie, Ausgeglichenheit, ruht keinen Augenblick. So richtet sich auch die Menge des Harns, den die Nieren produzieren, nach der Flüssigkeitsreserve, die vorhanden ist. Sie können zum Beispiel das Ausscheiden von Natrium stoppen, während sie gleichzeitig einen Überschuß an Kalium ausscheiden. Wenn man sich übermäßig verausgabt hat, dann stoppen die Nieren jegliche Produktion, um eine Austrocknung des Körpers zu vermeiden. Daher kommt es, daß ein Marathonläufer nicht in der Lage ist, innerhalb der nächsten vierundzwanzig Stunden nach dem Lauf zu urinieren.

Schweiß! Er spielt eine ganz besondere Rolle im System der Homöostasie. Ich könnte ein ganzes Kapitel nur über ihn schreiben. Was gäbe eine Eidechse für warmes Blut her und für Schweißdrüsen! In der Morgenkühle muß das Tier zusehen, daß es sich irgendwie im Sonnenlicht aalen kann. Erst wenn es sich da erwärmt hat, kann es einen Baumstamm hochkriechen und Fliegen fangen. Umgekehrt, überhitzt sich die Eidechse, dann muß sie schleunigst zusehen, daß sie in den Schatten kommt. In uns Menschen dagegen nutzt ein hochwirksames Kühlsystem die Verdunstungskälte des Schweißes, um eine gleichbleibende Innentemperatur zu halten. Umgekehrt sorgen Muskelanspannung oder Zittern für Erwärmung, wenn dies nötig ist. Auf diese Weise ist für ein gleichmäßiges ‚Innenklima' gesorgt. Wäre es nicht so, fehlte uns diese automatische Regulierung, dann könnten wir nur in einem Klima existieren, in dem die Temperatur nie über 26 Grad steigt.

Der japanische Physiologe Yan Kuno hat dreißig Jahre lang nur den Schweiß studiert. 1956 veröffentlichte er das maßgebliche Buch „Das Schwitzen des Menschen". Er entdeckte, daß das menschliche Nerven- und Hormonalsystem derart empfindlich reagiert, daß bereits ein Temperaturwechsel von nur einem zwanzigstel Grad Celsius den Kalt-warm-Mechanismus in Gang setzt. Der Mensch hat damit das beste Kühlsystem aller höheren Lebewesen. Die meisten Tiere leiden an einem heißen Tage an Fieber. Diese Tiere versuchen, dem auf verschiedene Weise abzuhelfen. Hunde und Tiger hecheln, verschaffen sich auf diese Weise so etwas wie eine innere Ventilation. Ein Elefant sucht ein Erfrischung verheißendes Wasserloch auf, watet hinein und fängt an, sich mit Wasser zu bespritzen.

Vor mehr als hundert Jahren hat ein Deutscher mit gewissenhafter Genauigkeit 2 381 248 Schweißdrüsen auf dem Menschenkörper gezählt. Im Grunde eine höchst überflüssige Mühe, weil die Gesamtzahl der Schweißdrüsen von Mensch zu Mensch variiert. Egal, wir alle leben davon, daß die Sache funktioniert. Ein Marathonläufer mag in seinem Dreistundenrennen drei bis fünf Liter Flüssigkeit ausschwitzen, seine Körpertemperatur wird sich kaum verändern!

All diese Vorgänge – Pulsschlag, Flüssigkeitskontrolle, Schwitzen – passen sich von Sekunde zu Sekunde den Erfordernissen des Körpers an. Ich glaube, wir beginnen langsam zu verstehen, wie die Zellen sich untereinander verständigen.

Zwei Schweden und ein Engländer wurden 1982 mit dem Nobelpreis für Medizin ausgezeichnet. Sie erhielten ihn für die Entdeckung einiger Substanzen, die das Homöostasiesystem unter Kontrolle halten. Zu diesen Substanzen gehören die sogenannten Prostaglandine. Es ist inzwischen gelungen, mehr als ein Dutzend verschiedener Prostaglandine zu isolieren. Eins erniedrigt den Blutdruck, ein anderes erhöht ihn. Eins erweitert die Bronchien, ein anderes zieht sie zusammen. Eins steigert die Reizbarkeit, ein anderes dämpft sie. Prostaglandine sind auch am Werk, wenn es um Gerinnung, um die Absonderung von Magensäure oder die Kontraktion der Gebärmutter geht. Diese Botenstoffe eilen von Zelle zu Zelle, suchen jedes Gewebe auf und verbinden alle isolierten Zellen und Organe zu einem einheitlichen Ganzen.

Auch diese Verbindung von Zelle zu Zelle hat ihre Parallele im Leib Christi auf Erden. Hier ist es der Heilige Geist, der als ‚Gott mit uns' dient und jedes der Glieder mit den anderen und zugleich mit Gott vereint. Er meldet die Bedürfnisse der Glieder dem Haupt, und er schenkt einem jeden Glied das Gefühl der Zusammengehörigkeit. An zahlreichen Stellen des Neuen Testamentes wird ausgeführt, wie der Heilige Geist unser Bitten aufnimmt und uns sogar hilft, im Gebet die rechten Worte zu finden. ,,Der Geist Gottes kommt uns dabei zur Hilfe. Wir sind schwach und wissen nicht einmal, wie wir angemessen zu Gott beten sollen. Darum tritt der Geist bei Gott für uns ein mit einem Flehen, das sich nicht in Menschenworten ausdrücken läßt" (Römer 8,26). Dieses verzweifelte Flehen um Befreiung von unserer Gottesferne und Verlorenheit nimmt der Heilige Geist auf und bringt es an unserer Stelle vor Gott: ,,Gott weiß, was der Geist ihm sagen will, denn der Geist tritt so für das Volk Gottes ein, wie es Gott gefällt" (Röm. 8,27). Weil wir nun *ein* Leib sind, ist es nur natürlich, daß Gott sich anderer ,Zellen' bedient, wenn es gilt, die Bedürfnisse bestimmter anderer Zellen zu decken. So, wie in meinem natürlichen Leib die ganze Umgebung beispringt, wenn eine Nachbarzelle um Hilfe ruft, so sorgt auch im Leibe Christi der Heilige Geist für Homöostasie, für ,Ausgleich' innerhalb der benachbarten Zellen. Der Geist macht uns wach für die Nöte unseres Nächsten und beflügelt uns, zwischen den Notleidenden und den Begüterten Ausgleich zu schaffen. Pfingsten und die Ausgießung des Heiligen Geistes waren eben geschehen, da sah sich schon die junge Christenheit gefordert, ganz praktisch mit der Armut fertig zu werden und einem jeden das Seine zuzuweisen.

Noch eine Bemerkung zu dem Wörtchen ,einander'. Wir treffen auf dieses Wort, das ja eine gegenseitige Zusammenarbeit von Zelle zu Zelle umschreibt, überall im Neuen Testament. Es erscheint da als ein immer wiederkehrendes Leitmotiv. ,,Nehmt einer den anderen an!" werden wir gemahnt. ,,Einer diene dem anderen!" und ,,Wascht einander die Füße!" (Joh. 13,14) Auch unsere Sünden sollen wir ,,einer dem anderen" bekennen. Wir sollen füreinander beten und einer dem anderen vergeben. Wir sollen einander dienen, und ,,einer trage des anderen Last" (Gal. 6,2). Und Jesus hinterließ uns das alles umfassende Gebot: ,,Ihr sollt einander so lieben, wie ich euch geliebt habe" (Johannes 15,12).

Wenn wir das tun und für einander offen sind, dann wirkt der Heilige Geist in uns. Dieses ,intrazelluläre' Zusammenwirken, diese Homöostasie, ist das Zeichen seiner Gegenwart. Christus bildet hier auf dieser Erde seinen Leib durch den Geist, der uns alle zusammenhält.

Als Chirurg erlebe ich Tag für Tag, wie Zellen einander beistehen. Das schönste Beispiel solcher Homöostasie bietet der Heilungsprozeß. Sobald Zellen des menschlichen Körpers verletzt sind, bitten sie die Nachbarn um Hilfe. Jede Verwundung setzt chemische Prozesse in Gang, durch die Heilzellen angezogen werden. Das geschieht zunächst auf lokaler Ebene, sozusagen ‚auf dem Wege der Nachbarschaftshilfe'. Dazu sind keine besonderen Befehle des Kopfes erforderlich. Das alles läuft ab, auch ohne daß das Gehirn darüber informiert wurde. Das läßt sich an meinen Leprapatienten beweisen: Schneidet sich einer in den Finger, so setzt die Heilung ein, obwohl doch das Nervensystem zerstört ist und keinen Schmerz ins Gehirn melden konnte. Heilen scheint im DNA-System jeder Zelle einprogrammiert zu sein und erfolgt auf dem untersten Level, von Zelle zu Zelle.

In meinem Buch *Du hast mich wunderbar gemacht* habe ich geschildert, wie spannend es ist, am Mikroskop zu sitzen und zu beobachten, was geschieht, wenn eine Verletzung erfolgt ist. Fibroblasten weben ihre feinen Gespinste, weiße Blutzellen rücken an, um eine Infektion im Keim zu ersticken, Blutgefäße reparieren sich auf geheimnisvolle Weise selbst, und eine Temperaturerhöhung setzt ein, um das Ganze zu unterstützen.

Ich habe mich in meiner ganzen ärztlichen Laufbahn nie so hilflos und verzweifelt gefühlt wie damals in Indien, als ich eine Patientin zu behandeln hatte, die diese Fähigkeit der Selbstheilung nicht besaß. Ein junges Missionarsehepaar brachte seine kleine Tochter, die sich übergeben hatte und alle Anzeichen eines Darmverschlusses aufwies. Ich schritt sofort zur Operation und entfernte den eingeklemmten und vereiterten Darmabschnitt. Es war eine Routinesache, die Klein-Anna gut überstand. Die Eltern verabschiedeten sich überglücklich und nahmen Anna mit nach Hause.

Ein paar Tage später waren sie mit der Kleinen wieder da. Die Mutter hatte festgestellt, daß es durch den Verband näßte. Als ich die Verbände entfernte, roch ich sofort den üblen Duft von Darminhalt. Dann sah ich, wie es feucht aus der Wunde sickerte. Erschrocken nahm ich die Kleine sogleich mit in den Operationsraum und öffnete die Wunde. Kaum hatte ich die

Nähte aufgetrennt, da sah ich, daß die Wundränder noch völlig voneinander getrennt waren. Das zeigte, daß der Heilungsprozeß nicht eingesetzt hatte. Inwendig dann, an dem operierten Darmabschnitt, war in der Bauchhöhle alles naß und ohne Zeichen einer beginnenden Heilung. Das sah mir aber nicht nach abgestorbenem Gewebe oder nach einer Infektion aus. Nein, die Operationsnaht war undicht. Was blieb mir übrig? Ich schnitt die alten Wundränder weg und legte mit äußerster Sorgfalt eine neue Naht mit ganz engen Stichen.

Die Folge war nur eine Reihe weiterer Operationen. Es wurde bald klar, daß diesem Kind die Fähigkeit fehlte, die verschiedenen Zellen für den Heilungsprozeß zu koordinieren. Die sonst so hilfreiche Homöostasie war nicht vorhanden. Bei Klein-Anna zeigte sich in schlimmer Weise, was geschieht, wenn die Homöostasie einmal nicht da ist. Wenn ich den Darm vernähte, dann war das, als hätte ich versucht, einen Kinderluftballon zu nähen. Es leckte überall weiter, denn da eilten keine lebenden Hilfszellen herbei, die Naht und die Stichlöcher zu dichten. Darum hielten meine Nähte immer nur ein paar Tage, dann rissen sie aus dem Gewebe.

Wir beteten für Klein-Anna. Ich tat alles, ihren Zustand zu verbessern. Wir ernährten sie künstlich und gaben ihr intravenöse Transfusionen. Am Ende versuchte ich noch, die Darmwunde dadurch zu schließen, daß ich Teile des Omentums, des Bauchfellnetzes, benutzte, das sich sonst bei solchen Wunden gut bewährt hat. Alles umsonst, nichts half. Die Wundränder klafften auseinander, die Muskeln blieben getrennt, und zwischen den Nahtstichen tropfte über kurz oder lang wieder Darmflüssigkeit heraus.

Klein-Anna lag da und ließ mit wehem Lächeln alles über sich ergehen. Die stille Zuversicht auf ihrem Gesichtchen rührte an mein Herz. Sie wurde dünner und dünner. Ich glaube nicht, daß Anna Schmerzen empfand. Sie schwand einfach so dahin. Als ihr ausgemergelter kleiner Körper zur Beerdigung aufgebahrt wurde, brach ich vor Trauer und hilflosem Schmerz in Tränen aus.

Annas Körper fehlte, wie schon gesagt, die Homöostasie, der Gleichklang, die Einstimmigkeit des Körpers, dieser selbsttätige Mechanismus, der Wunden heilt. Sie besaß jede

Menge Fibroblasten, genug junge Zellen. Ihr Körper hatte sie ja benutzt für sein Wachstum, für Sehnen und Gewebe. Doch ihnen wurde keine Botschaft übermittelt, daß da eine Wunde zu heilen sei und daß sie sich eiligst an den Schauplatz zu begeben hätten. Nein, das Alarmsystem war nicht vorhanden, das sonst den Körper wachrüttelt: Auf! Hin und helft den andern!

Zum Glück begegnen wir in unserer medizinischen Praxis nur selten solchen Patienten wie der kleinen Anna. Sonst könnten wir Ärzte – einpacken. Nein, Ärzte und Schwestern können nicht heilen. Wir können allenfalls den Körper aufmuntern: Hilf dir nun selbst!

Nicht viel anders ist es mit dem Leibe Christi auf Erden bestellt, der sich aus so verschiedenartigen Gliedern zusammensetzt. Sie kommen aus allen Rassen, Ständen, Einkommensklassen, Intelligenzschichten und Kulturen. Wenn wir den Heiligen Geist in uns walten lassen, daß er als der ‚Gott mit uns' über unserem Leben schwebt, über all unseren Unzulänglichkeiten und Gegensätzen, über all unseren Empfindlichkeiten und Bedürfnissen, dann werden wir es erleben: Er heilt allen Schaden und macht uns groß!

Manchmal kommen seine Befehle – um im Bilde zu bleiben – über das zentrale Nervensystem, manchmal indirekt durch Hormone, gelegentlich aber auch durch den schlichten Kontakt von Zelle zu Zelle. Doch immer wirkt der Heilige Geist diese Homöostasie. Ohne ihn wären wir – trotz all unserer ärztlichen Kunst, trotz all unserer großartigen Einrichtungen und Techniken – ebenso hilflos wie damals im Fall der kleinen Anna.

17 Hinhören können

Etwa die halbe Menschheit ist mit der Fähigkeit ausgestattet, eine größere innere Umwälzung zu bestehen. Wenn diese eintritt, dann nimmt sie den Körper für eine längere Zeit völlig in Anspruch, gewöhnlich auf volle neun Monate. Ich spreche natürlich von der Schwangerschaft.

Jeden Monat werden im weiblichen Körper bestimmte Zellen aktiv. Sie leiten einen Zustand ein, der eine Schwangerschaft möglich macht. Wenn keine Empfängnis stattgefunden hat, dann stoßen sie die alte Schleimhaut der Gebärmutter ab und ersetzen sie durch eine neue, die für die nächsten vier Wochen vorhält. Setzt sich dann eines Tages eine befruchtete Eizelle in dieser eigens dafür vorbereiteten frischen Schleimhaut fest, dann beginnt ein neues Leben. Und mit einem Schlage wird alles anders.

Anfangs ernähren Flüssigkeiten aus der näheren Umgebung das Ei. Doch sehr bald erkennen die Zellen der Schleimhaut, wozu sie eigentlich da sind. Ein höchst bemerkenswertes Organ, das weder zur Mutter noch zu dem Kinde gehört, beginnt sich zu entwickeln, die Plazenta, der Mutterkuchen. Leute, die den Mutterkuchen erst zu Gesicht bekommen, nachdem er seine Aufgabe erfüllt hat und ausgestoßen worden ist, bezeichnen ihn ein wenig verächtlich als Nachgeburt. Dabei ist der Mutterkuchen in Wirklichkeit eins der aktivsten und differenziertesten Organe, die es überhaupt gibt. Es setzt eine Fülle fein abgestimmter Prozesse zwischen Mutter und Kind in Gang.

Tief im mütterlichen Gewebe verborgen, durchdringen in der Plazenta Blutgefäße zarte Membranen, die so fein sind, daß alle Chemikalien, die im Blut der Mutter aufgelöst sind, auch an das Blut des Kindes weitergegeben und – umgekehrt – alle Abbaustoffe, die im Kindesblut enthalten sind, an die Mutter abgegeben werden können. Dabei gibt es keinen direkten Durchlaß zwischen Mutter und Kind. Keine einzige Zelle kann die Membranen durchdringen, so daß Mutter und Kind sauber getrennt bleiben. Und das ist gut so. Denn oft haben Mutter und Kind verschiedene Blutgruppen. Eine Vermischung des Blutes würde also fatale Folgen haben.

Die Plazenta ist ein geheimnisvolles Organ. Es entwickelt sich bald nach der Empfängnis und ist für das mütterliche Immunsystem ein Fremdgewebe. Trotzdem nimmt ihr Körper es für neun Monate auf. Noch eine Merkwürdigkeit: Die Zellkerne der Plazenta verschmelzen miteinander, so stellt die Plazenta eigentlich eine einzige Zelle dar, die größte Einzelzelle, die es gibt.

Doch die Plazenta ernährt nicht nur den Fötus, sie spielt auch in den komplizierten Prozessen der Schwangerschaft eine wichtige Rolle. Von ihr kommen – ebenso wie von den Eierstöcken und dem Gehirn – Hormone, die alle entsprechenden Abschnitte der Schwangerschaft einleiten. Sie unterscheiden sich kaum von den vielen anderen Hormonen ähnlicher Art, die im Blutstrom gelöst sind. Nur ein erfahrener Chemiker kann sie auseinanderhalten. Und selbst wenn man die chemische Formel aufgezeichnet hat, muß man darauf achtgeben, an welcher Stelle des Molekulargerüstes dies oder jenes Atom aufgehängt ist. Es sind oft winzige Unterschiede, die viel ausmachen. So besteht zum Beispiel auch zwischen ‚männlich‘ und ‚weiblich‘ nur ‚ein kleiner Unterschied‘ im Molekülaufbau.

Die Chemiker haben da also ihre Probleme; nicht so die Zellen selbst. Chemikalien, die zuvor höchstens eine milde Reaktion auslösten, reagieren nach der Empfängnis oft geradezu heftig. Es ist, als wenn die Zellen in ganz neuer und wacher Bereitschaft auf hormonale Botschaften lauschen. Das Hormon Progesteron etwa sucht sonst die Gebärmutter in ganz geringen Konzentrationen auf. Es täuscht dann manchmal die Schleimhaut und ruft unangenehme Menstruationsbeschwerden hervor. Doch nach Einsetzen der Schwangerschaft setzen Progesteron und Östrogen eine ganze Reihe von Prozessen in Gang, die Millionen Zellen, die weitab sitzen, geradezu elektrisieren. In der Gebärmutter treiben diese Hormone die Zellen an, die Wände dieses Organs zu verstärken, um das werdende Leben besser zu schützen. Zellen türmen sich zuhauf, dehnen, strecken, teilen sich, alle dicht zusammengedrängt. Und am Ende ist die Gebärmuttermuskulatur fast hundertmal so groß wie ursprünglich. Auch die mütterliche Blutmenge nimmt zu, bis zu 50 Prozent im Laufe der Schwangerschaft. Das Blut verstärkt dabei seine Gerinnungsfähigkeit und ist damit besser auf mögliche Blutungen vorbereitet. Das Seltsame ist, daß jede Gruppe von Zellen die Botschaft des einen Hormons, das doch alle aufsucht, auf seine ganz eigene Weise auslegt. So löst ein Hormon recht unterschiedliche Wirkungen aus.

Dieselben Hormone rufen auch in Gelenken und deren Bändern recht unterschiedliche Reaktionen hervor. Wenn die chemischen Boten durch die Beckenpartie und deren Gelenke strömen, dann prägen sie den Zellgruppen, die für das Wachstum von Knochen und Knorpeln zuständig sind, neue Instruktionen ein. Diese Zellen beginnen jetzt ihre normale Bauweise zu ändern, sie weichen regelrecht auf. Die sogenannten Fibroblasten, die dazu da sind, das Zellmaterial für die Bänder und Sehnen bereitzustellen, um Knochen mit Knochen zu verbinden, verlängern ihre Gewebestränge. Bänder, die sonst dazu da waren, das Skelett fest und stabil zu halten, werden jetzt ihrem Auftrag untreu. Sie müssen es! Das Becken muß sich nämlich so weiten, daß es den Kopf des Babys durchlassen kann. Diese Lockerung des Bindegewebes ruft Rückenschmerzen hervor und verursacht jenen leicht watschelnden Gang, den Shakespeare mal ‚den stolzen Gang der Schwangeren‘ genannt hat.

Zum Glück folgen nicht alle Bänder dieser Weisung. Fibroblasten an anderen Gelenken, die auch die Hormonbotschaft bekamen, erkennen, daß die Weisung auf sie selber nicht zutrifft, und machen also nicht mit. Das erspart den Schwangeren einen Wackelkopf, Schleuderknie und lockere Ellbogen.

Entsprechend dem Wachstum des Kindes weitet sich auch die Haut um Leib und Brust. Das bereitet übrigens manchen Frauen Sorge; sie befürchten, ihre Haut werde nie wieder so straff werden wie vor der Schwangerschaft. Auch die glatte Muskulatur des Körpers läßt nach; so kommt es, daß manche Frauen während der Schwangerschaft über Schwierigkeiten beim Wasserlassen und bei der Verdauung klagen. Da der Körper auch weniger Enzyme für die Verdauung produziert, kommt es oft zu Übelkeit und Erbrechen. Der Körper der Mutter stellt sich also mehr und mehr darauf ein, dem erwachenden jungen Leben Vorrang zu geben. Alles andere, auch die Mutter, muß davor zurückstehen.

Endlich ist es soweit, daß der mütterliche Körper sich für die Geburt vorbereiten muß. Enzyme und Hormone, die lebhaft zwischen Mutter und Kind ausgetauscht wurden, haben dem Körper der Mutter gemeldet: Das Kind ist jetzt voll ausgebildet. Schon seit Monaten haben die Gebärmuttermuskeln in ganz zarten Wehen sich zusammengezogen. Sie müssen sich ja für den letzten Kraftakt, für den sie geschaffen sind, vorbereiten. Und im Falle einer Erstgeburt fehlt ihnen ja jegliche Erfahrung.

Während der Geburt werden dann alle Kräfte voll eingesetzt. Hormone feuern zu immer wiederholten Muskelkontraktionen, den Wehen, und zu entsprechenden Entspannungen an. Es kommt zu einem Drama, wie es der Körper bisher noch nicht erlebt hat.

Nun ist das Kind geboren. Und seltsam, dieselben Hormone, die eben noch das alles hervorgerufen haben, bewirken jetzt entgegengesetzte Reaktionen. Die Gebärmutter wächst nicht mehr, sondern zieht sich zusammen. Blutgefäße lösen sich von der Plazenta ab und schließen sich. Die Plazenta selbst, dieser großartige Dirigent, der das alles gelenkt hat, verabschiedet sich bald darauf, und zwar recht plötzlich, ohne ein Dankeschön abzuwarten. Ein völlig neues Programm rollt an: Es geht jetzt um Heilen und Wiederherstellen. Und ein neues Band zwischen zwei von nun an getrennten Individuen ist zu flechten.

Der erste Akt des selbständigen neuen Lebens läuft an. Luft dringt in die Lungen. Für die ist das etwas ganz Neues, doch sie beherrschen ihre Aufgabe sofort. Das ganze innere

Zusammenspiel von Bronchien, Muskeln und all dem, was sonst zum Atmen nötig ist, muß schlagartig funktionieren. Denn jetzt kommt der Sauerstoff nicht mehr aus der Plazenta, von nun an müssen die Lungen ihn aufnehmen und dem Blut zuführen.

Sogar das Herz des Neugeborenen muß sich umstellen. Solange es sich im Mutterleib befand, floß nur ein Drittel des Blutes durch den Lungenkreislauf, nämlich gerade so viel, wie erforderlich war, um die sich erst entwickelnden Lungen zu ernähren. Und eine besondere Arterie, der Ductus arteriosus, zweigte zwei Drittel des Blutvolumens in die Aorta ab, die es in den großen Körperkreislauf einspeiste. Doch vom Augenblick der Geburt an wird das anders; jetzt muß das gesamte Blut auch den kleinen, den Lungenkreislauf passieren, um dort Sauerstoff aufzunehmen. Damit dieser Wechsel auch wirklich funktioniert, erfolgt ein ganz erstaunlicher Vorgang: Eine Hautfalte klappt herunter wie ein Vorhang und lenkt den Blutstrom um. Und zugleich verschließt ein Muskel den bis dahin offenen Ductus arteriosus. Dieser Muskel hat sich – wie alle anderen auch – durch einen ausgeklügelten Prozeß von Zellteilungen schon im Embryo entwickelt. Und dabei wurde er lediglich für diesen einmaligen Vorgang benötigt. Sobald der Ductus arteriosus am Eingang verschlossen worden ist, versiegelt das Herz auch den Ausgang. Im Laufe der Zeit löst der Körper dann diese embryonale Arterie völlig auf.

Aus dem Fötus ist jetzt also ein Baby geworden, das frei und selbständig, aber noch nicht den harten Anforderungen des Lebens gewachsen ist. Doch glücklicherweise hat sich der Körper einer Frau schon seit dem elften Lebensjahr auf diese Situation vorbereitet. Kleinere Jungen und Mädchen haben nahezu die gleichen Zellen im Oberteil des Brustbereichs, auch die kleinen Brustwarzen ähneln sich. Besondere, in die Haut eingelagerte Zellen, die geeignet wären, Fett und Milch zu produzieren, verharren in einem unentwickelten Ruhezustand. Doch in der Pubertät beginnt ein bestimmtes Hormon, das nur im weiblichen Körper vorkommt, wirksam zu werden. Neunzig Prozent der Körperzellen nehmen es nicht zur Kenntnis, doch die Zellen da in der Brust horchen auf. Sie entwickeln sich und bilden die reife Form der Frauenbrust.

Auf Jahre hinaus bleiben sie jetzt in Ruhestellung, doch jederzeit zur Arbeit bereit. Auch wenn sie nie Gelegenheit bekommen, das zu tun, wozu sie geschaffen sind, nämlich Milch zu produzieren, so spielt sich doch unentwegt in ihnen der uns schon bekannte Vorgang der Zellerneuerung ab. Alte Zellen sterben ab und werden durch junge ersetzt, Jahr um Jahr.

Im Laufe der Schwangerschaft kommen Progesteron und Östrogen, dieselben Hormone, die schon dafür gesorgt haben, daß die Bänder sich dehnten und die Gebärmuttermuskulatur verstärkt wurde, natürlich auch in die Brüste. Die Zellen, die sich da bisher ‚im Wartezustand' befanden, erhalten nun den Befehl, sich für den Einsatz bereitzuhalten. Auch zuvor haben schon Hormone Tag für Tag die Brustzellen passiert. Doch nichts geschah. Die Brustzellen waren derart nach außen abgeschirmt, daß kaum eine Botschaft durchkam. Jetzt aber dringt der Befehl durch.

Und sofort kommt Bewegung in das Ganze. Doch es gibt kein wüstes Durcheinander, im Gegenteil, alles läuft genau nach Plan ab. Eine komplette Fabrik wird eingerichtet, für die bereits in der Pubertät das Fundament gelegt wurde. Jede alarmierte Zelle macht sich jetzt stark für weitere Vermehrung. Teilung folgt auf Teilung, bis am Ende genügend Zellen vorhanden sind, einen Kanal zu bilden. Von diesem zweigen Verästelungen ab, die bis in das Fettgewebe der Umgebung hineinreichen.

Andere Fettzellen in der Nachbarschaft lesen aus derselben Hormonbotschaft etwas anderes heraus. Sie hören: ,,Mach dich auf Einschränkungen gefaßt! Du mußt dein Fett abgeben und deinen Platz für neue Milchgänge und Milchzellen freimachen. Stell dich also darauf ein, einer Wiederverwendung auf anderer Ebene zugeführt zu werden." Es ist merkwürdig: dieselben Hormone, die bis dahin die Milchproduktion unterdrückt hatten, regen sie jetzt an.

Das Hormonsignal veranlaßt auch die Blutgefäße der Brust, sich zu verlängern; es läßt die Haut so wachsen, daß sie sich der Brustvergrößerung anpaßt, und verstärkt den Brustmuskel, so daß er in der Lage ist, das Mehrgewicht zu tragen. Auch die weit entfernten, für Appetit und Geschmack zuständigen Zellen reagieren auf die Hormonbotschaft. Sie hecken eigenartige und ungewöhnliche Wünsche aus, verrückte Stimmungen, die der Körper nicht versteht, aber auf die er doch hören sollte.

Ist dann die Schwangerschaft weiter vorgeschritten, so gelangen wieder andere Hormone von der aufbruchbereiten Plazenta zu den Brüsten. Sie kreisen zwischen den vielen, vielen Zellen, die sich dort neu formiert haben, wo zuvor einzelne Gangzellen saßen. Diese Hormone melden: ,,Es ist bald soweit!" Und die Milchfabrikation läuft an. Jene Zellen, die die Gänge bilden, öffnen ihre Zellwände und lassen das Milchsekret durch, so daß es sich in den Röhren sammeln kann. Es kommt vor, daß die Röhren selbst, die so etwas ja noch nie mitgemacht haben, mit Material gefüllt sind, das zu zäh ist, um leicht zu fließen. Wenn das der Fall ist, dann spürt die Mutter einen ziehenden Schmerz, der ihr anzeigt, daß da etwas nicht stimmt. Die Schwester oder die Oma zeigen ihr dann, wie man selber ein wenig die Brust ausmelken kann.

Genau in diese Situation platzt das Baby. Dies kleine neue Lebewesen hat keine Ahnung, was da alles auf es zukommt. Es ist ja noch nie Baby gewesen. Es hat noch nie eine Brust gesehen, hatte nicht einmal seine Augen jemals geöffnet. Und doch weiß ein Baby sofort, wozu eine Mutterbrust da ist.

Ein Ingenieur weiß, daß Flüssigkeit aus Zonen höheren Drucks in solche niederen Drucks strömt. Doch wenn er einen Säugling beobachtet, wird er aus dem Staunen nicht herauskommen. Wie großartig das funktioniert! Automatisch, ohne es je geübt zu haben, erzeugt das Baby im Rachenraum einen Unterdruck, indem es seinen Mund fest an die mütterliche Brust drückt und zugleich seine oberen Rachenmuskeln anspannt. Weil es auch nicht vergißt, die Stimmritze zu schließen, entsteht im Rachenraum ein Unterdruck, der das Einströmen der Milch zur Folge hat. Ein Ernährungswissenschaftler wäre wahrscheinlich sehr erstaunt über das Gemisch von Vitaminen, Nährstoffen, Abwehrkörpern und Phagozyten – Bakterienfressern –, die in der Muttermilch enthalten sind. Das Baby hat von all dem keine Ahnung. Es weiß nur eins: es ist wieder Zeit zum Trinken!

Mutter und Kind leben jetzt in einer wunderbaren Gemeinschaft; die Mutter kann nicht ohne das Baby sein und dieses nicht ohne die Mutter. Den vollgestopften Milchgängen der Mutterbrust bleibt ja keine andere Wahl, sich von Verstopfung und Schmerzen freizuhalten. Sie müssen entleert werden. Das war der letzte Befehl, den die Plazenta, bevor sie ausgestoßen wurde, gab: Ein leichtes Saugen, ja schon das Weinen des Babys genügen, die Milch fließen zu lassen.

Wenn man über die Geburt eines Menschenkindes spricht, dann muß man unwillkürlich an ‚Wunder' denken. Dieses Wunder fällt uns nur darum nicht mehr auf, weil es sich zu häufig ereignet. Auf unserem Planeten führen zur Zeit über vier Milliarden Menschen ihr Leben auf dieses Wunder der Geburt zurück. Verhältnismäßig wenige Boten leiten den Geburtsvorgang und rufen recht unterschiedliche Wirkungen an Brust, Becken, Gebärmutter und Blut hervor.

Doch so eindrucksvoll auch die Schwangerschaft selbst sein mag, das wahre Wunder gemeinschaftlichen Handelns vollzieht sich in dem heranwachsenden Fötus, dessen Hormone das Wachstum von hundert Billionen Zellen regulieren. Was würde wohl geschehen, wenn die Kniescheibe um zehn Prozent schneller wüchse als die dazugehörenden Sehnen und Bänder? Was, wenn das rechte Bein länger würde als das linke? Manche Körperteile müssen ihre ursprüngliche Größe um das Doppelte, andere um das Dreifache, einige gar um das Hundertfache vergrößern. Doch, von wenigen Ausnahmen abgesehen, wächst jeder Körperteil so, daß er im rechten Verhältnis zum Ganzen bleibt und in jedem Stadium seines Wachstums gut mit Blut versorgt ist. Der gesamte Körper wirkt als ein Ganzes zusammen.

Und nun nehme ich einmal an, daß ich selber eine einzelne Zelle in so einem Körper bin. Und damit sind wir wieder bei dem Bilde vom Leibe Christi auf Erden. Ich muß leider hinzufügen, daß ich mich manchmal darüber ärgere, so eine Zelle zu sein. Ich möchte lieber ein ganzer Körper sein oder doch wenigstens eine Zellgruppe, die im Leibe Christi eine herausragende Rolle spielt. Doch im Laufe der Zeit habe ich gelernt, daß ich eine recht untergeordnete Rolle in diesem großartigen Unternehmen spiele, das nur dann richtig läuft, wenn es vom

Heiligen Geist geführt wird und nicht etwa von mir oder einem Gremium anderer menschlicher Führer.

Im Leibe Christi begegnen mir recht verschiedene Botschaften; ähnlich wie ja auch in meinem natürlichen Körper so verschiedene chemische Boten wirken. Manche werden mir durch Menschen übermittelt, durch geistliche Führer, besonders solche, die ich schätze, und durch die Gemeinde, in der ich lebe. Manche erreichen mich über Gottes Wort, auf das ich beim Bibellesen stoße. Noch andere, wenn auch nur recht wenige, treffen mich ganz direkt: wenn Gott, der ja als das Haupt unmittelbare Verbindung zu jeder einzelnen Zelle hat, mir Weisung gibt. Gerade diese Form von Botschaft aber trifft mich immer in verschlüsselter Form; ich muß sie sorgfältig prüfen, um zu erkennen, was Gott mir sagen will und wie ich seine Weisung befolgen soll. Es kommt vor, daß sie mir verwirrend oder gar widerspruchsvoll erscheint. Ja, welche Rolle ist mir in diesem Leibe Christi zugedacht? Wie erkenne ich, wann ich dran bin? Und: Gilt diese bestimmte Botschaft wirklich mir? Oder geht sie einen anderen an?

Im Leibe Christi spielt der Heilige Geist die Rolle des ‚Starters‘, des ‚Auslösers‘. Er bringt alle Zellen zu jenem Zusammenspiel und stellt sicher, daß alles nach Gottes Willen läuft. Manchmal werden wir aufgerufen, die verzweifelten Nöte der Menschen in der Dritten Welt aufzunehmen. Ein andermal werden wir auf die Menschen in unserer unmittelbaren Nachbarschaft verwiesen. Dann wieder werden wir zur inneren Einkehr aufgefordert oder zur Verbesserung unseres Justizwesens und zu höherer moralischer Verantwortung. Alle diese Aufrufe sind wichtig, sind von der Heiligen Schrift gestützt und gehen jeden von uns an. Doch der Heilige Geist nimmt uns in unsere ganz persönliche Verantwortung. Auf ihn haben wir darum zu hören.

Was mich angeht, so war ich aufgefordert, mein Leben einem Lande mit einer anderen Kultur zu widmen: Indien. Die Not ist dort besonders groß. Jedem Christen, der die leiblichen wie seelischen Nöte jener Länder erfährt, muß das Herz brennen. Keiner von uns kann sich dem entziehen, doch die Art, wie wir tätig werden, wird verschieden sein. Der eine wird fürbittend beten, der andere die Missionare durch Briefe in ihrem schweren Werk ermutigen. Ein Dritter mag für humanitäre Pläne werben, einen kurzfristigen Auftrag übernehmen oder ein kirchliches Werk mit Geld unterstützen. Alle diese Aktivitäten sind so unterschiedlich wie die, mit denen die Zellen meines Körpers auf eine Hormonbotschaft reagieren; und doch sind sie überaus wirksam, sofern der Heilige Geist klare Weisungen erteilt hat.

Ein und derselbe chemische Bote veranlaßt die Zellen der Gebärmutter, sich zu einer heftigen Wehe zusammenzuziehen, die Halsmuskulatur dagegen, sich während der Geburt zu entspannen. Genauso kann es auch so aussehen, als gäbe uns die Bibel gegensätzliche Weisungen. Wenn man den Galaterbrief und den ersten an die Korinther hintereinander liest, dann kommt einem die Frage, ob sie wirklich beide von demselben Verfasser stammen. Doch Paulus wußte halt, daß verschiedene Teile des Leibes zu verschiedenen Zeiten auch verschiedene Anweisungen brauchen. Die gesetzesstrengen Galater hatten eine frische, kühle Brise nötig. Darum verwies Paulus sie auf die vergebende Gnade Gottes. Die halb heidnischen und völlig gesetzlosen Korinther dagegen mußten auf Gehorchen und Rechtschaffenheit gestoßen werden.

Mir ist klar geworden, daß das Wichtigste, was eine loyale Zelle lernen muß, dies ist: auf den Code zu achten! Lauschen, genau einstellen und dann sauber abstimmen – darauf kommt es an, beim Radioempfänger und beim Hören auf den Geist.

Der Geist spricht auf mannigfache Weise zu mir und weist mir den Weg, den ich gehen soll. Aber: Ich muß hinhören!

Ich kann mir kaum etwas Heikleres vorstellen als dieses Hinhören auf Gott. Wir selbst sind ja immer darauf aus, uns zu betätigen und unseren Glauben wirksam in Szene zu setzen. Doch, von unseren Motiven einmal ganz abgesehen, wenn unser Handeln nicht vom Heiligen Geist gelenkt ist, so trägt es zum Wachsen des Leibes Christi nichts bei. Das ist genauso, als wenn eine Kniescheibe unangemessen wüchse, um ihre Stärke zu beweisen. Sie wäre für den gesamten Körper nur ein Handicap.

Erinnern wir uns an die Auferstehung Christi. In ihr erreicht die Geschichte der Menschheit ihren Höhepunkt. Sie war, wie Tolkien gesagt hat, eine ‚eucatastrophe', eine positive Katastrophe, ein Ereignis von unvorstellbarer Gnade und Güte. Die Jünger Jesus konnten es kaum fassen, daß sich ihr Glaube an den Messias nun doch noch als richtig erwiesen hatte, trotz des entsetzlichen Kreuzestodes. Im Lichte dieses Osterereignisses wies Jesus seine Jünger an, in Jerusalem zu bleiben und abzuwarten. So hielten sie vierzig Tage aus. Eins mußte noch geschehen: die Taufe mit dem Heiligen Geist. Der ‚Anwalt' wird er genannt, auch der ‚Tröster'. Er beherrscht den Leib Christi, er bestimmt, was jede einzelne Zelle zu tun hat.

Die Heiligen und Mystiker des Mittelalters haben uns ihre Stundenbücher hinterlassen, in denen sie schildern, wie sie sich bemühten, ihr Leben mit dem Willen Gottes in Einklang zu bringen. Einige von ihnen haben ihr ganzes Leben nur dieser einen Aufgabe gewidmet, wollten ergründen, welchen besonderen Auftrag Gott für sie habe. Bischof John Tailor beschreibt zwei Weisen des Gebets: das ‚bewegte' Gebet, in dem ich Punkt für Punkt vor Gott bringe; und das Gebet der ‚Stille'. Dieses ist ein ganz konzentriertes Hinhören auf das, was Gott mir persönlich zu sagen hat. Ich denke an Elia, der verzweifelt in der Höhle sitzt (1. Könige 19,11 ff). Gott spricht zu ihm nicht im Sturm, nicht im Erdbeben und auch nicht im Feuer, sondern in einem ‚ganz leisen Hauch'. Oder ich denke an Jesus, den Sohn Gottes. Sogar er bekennt, daß enge Verbindung mit dem Vater nur durch Beten und Fasten möglich ist.

Mahatma Gandhi – einer der meistbeschäftigten Männer der Welt – hielt den Montag als ‚Tag der Stille'. Wie er sagte, brauchte er diese Stille, um einmal seine Stimmbänder zu schonen, dann aber auch, um inmitten des Trubels dieser Welt seiner Seele Harmonie und Frieden zu verschaffen. Welch mächtige Kraft würde wohl frei, wenn alle Christen einen Tag der Woche dem Hören auf Gottes Stimme weihten, um zu erfahren, welche besondere Botschaft er für jeden von uns bereithält.

Ich erinnere mich noch lebhaft an den Menschen, der mir am schönsten zeigte, was es heißt, auf Gott zu lauschen: meine

Großmutter. Als ich sie kennenlernte, war sie bereits achtzig Jahre alt. Sie wurde dann noch vierundneunzig. Nie sah ich sie frei gehen; ihr Gesundheitszustand zwang sie, sich entweder im Bett aufzuhalten oder in ‚Omas Lehnstuhl'. Da saß sie dann in ihrem altmodisch mit dicken Vorhängen und victorianischen Möbeln ausgestatteten Zimmer. Jeden Tag besuchte ich mit meinen Schwestern Großmutter für eine gute Stunde. Da Oma von Hugenotten abstammte, mußten wir ihr aus der französischen Bibel vorlesen. Wir lernten so die Bibel kennen und erweiterten unsere französischen Sprachkenntnisse, wenn wir Großmutter bei der Auslegung des verlesenen Bibelabschnitts zuhörten. Dabei gab sich Großmutter keinen falschen Vorstellungen über uns hin. Doch sie wußte, daß alles, was man in der Kindheit lernt, ein Leben lang vorhält. Darum belohnte sie das wörtliche Aufsagen eines Bibelabschnitts mit einer glänzenden, frisch geprägten Silbermünze. Diese Halbkronen- oder Shillingstücke waren für uns das große Los. So kommt es, daß ich heute noch die Kapitel wortwörtlich hersagen kann, für die ich damals von Oma Harris einen blanken Taler bekam.

Großmutter war alterskrumm und runzlig, litt auch ständig an Kopfschmerzen. Sie lachte selten und hatte für unsere kindlichen Scherze wenig Verständnis. Doch ihre stille Vergnügtheit und ihr friedvolles Wesen berührten sogar uns doch nur aufs Spielen versessene Kinder. Die täglichen Besuche in ihrem Zimmer wurden uns nie zuviel. Sie strahlte eben Liebe aus.

Großmutter konnte oft nicht schlafen. Dann lag sie bis in die halbe Nacht hinein und sagte leise aus dem reichen Schatz ihrer Bibelkenntnisse ganze Kapitel her. Oder sie betete für ihre elf Kinder und die große Schar der Enkel. Meine Tanten schliefen umschichtig in Großmutters Zimmer. Oft genug verlangte Oma um Mitternacht Papier und Federhalter, um irgend etwas, das ihr in den Sinn gekommen war, aufzuschreiben. Oder sie sagte: ,,Mir ist, als wenn Pastor Smith in Ipswich Hilfe nötig hat. Bitte schreib ihm doch..." Und dann diktierte sie der Tante einen Brief und vergaß auch nicht, einen Scheck beizulegen.

Ein paar Tage später dann, wenn mit der Post eine Antwort

kam, strahlte Oma vor Freude. Oft genug kam in einem solchen Brief das Erstaunen zum Ausdruck, woher Großmutter und so genau und zur rechten Zeit gewußt habe, woran es gerade haperte. Dann konnte Großmutter lachen, unschuldig und in reiner Freude. Wir Kinder aber staunten über dieses geheimnisvolle Einverständnis zwischen dem Heiligen Geist und Großmutter.

Sehe ich den Leib Christi vor mir, dann sehe ich auch Großmutter: als einen Nerv in dem Sympathischen Nervensystem dieses Leibes. Einen Nerv, der auf Gott lauscht, mit nimmermüder Wachsamkeit, nur ja nicht Gottes Willen zu verpassen. Pastor Smith hatte in Ipswich gebetet und das Haupt im Himmel um Hilfe angerufen. Und meine Großmutter ‚hörte' diesen Hilfeschrei, weil das Haupt ihn an sie weitergeleitet hatte. Das funktionierte, weil Großmutter sich ihr Leben lang auf diese Rolle eingestellt hatte. In ihrer Jugend war sie eine Schönheit und ein Mensch voll sprühender Energie und Gesundheit gewesen. In diesen arbeitsreichen Jahren hatte sie elf Kindern das Leben geschenkt, war ständig auf Trab gewesen – und hatte dennoch Zeit für Gott gefunden. Sie hatte Seele und Geist mit Gottes Wort erfüllt, ganze Bücher des Neuen Testaments und viele Psalmen in ihr Gedächtnis aufgenommen. Später dann, als sie alt und schwach geworden war, da war sie wie ein Quell, aus dem die Liebe Gottes strömt.

Noch heute, nach mehr als fünfzig Jahren, muß ich bekennen: meine Liebe zur Heiligen Schrift verdanke ich ihr. Sie konnte in ihrer Gebrechlichkeit nichts mehr tun, aber hinhören konnte sie, hinhören auf den Geist, der uns zum Guten treibt. Und dieser Glaube trägt noch heute Frucht. Im menschlichen Körper kann eine winzige Spur eines bestimmten Hormons eine wahre Umwälzung hervorbringen. Genauso kann die leise, zarte Stimme Gottes, wenn du nur auf sie hörst, dich selbst verändern, deine Kirche, und vielleicht sogar die ganze Welt.

18 Auf richtigem Kurs

Der Computer hat unsere Fähigkeit, zu rechnen und zu analysieren, phantastisch erweitert. Doch zum Meditieren hilft er uns kein bißchen. Wir verfügen über Instrumente, mit denen wir so gut wie alles sehen können, vom fernen Sternennebel bis hin zum Neutron. Nur uns selbst sehen wir nicht. Wir haben unsere Sichtmöglichkeiten ins Ungemessene vergrößert. Nur unsere Einsicht nicht. Was die angeht, so sind wir nicht gescheiter als die Weisen des achten Jahrhunderts. Vielleicht sind wir sogar noch ärmer dran, denn über dem geschäftigen Streben, alles erkennen zu wollen, haben wir alle anderen Fähigkeiten verkümmern lassen. So sind wir zu mächtigen Großkraftwerken geworden, doch um den Empfang, das Hören, ist es schlecht bestellt.

John V. Taylor

Als ich im Jahre 1946 als gemachter Doktor nach Indien zurückkehrte, da reiste ich auf dem Seewege an. Einige Jahre zuvor hatte ich die Navigation gelernt. Ich hatte einen Sommer lang zu der fünfköpfigen Crew eines Schoners gehört, mit dem wir die Küsten Englands und Frankreichs absegelten. An Bord des Schoners hatten wir die direkte Navigation angewandt. Sie beruht ganz einfach auf dem Sichten und Anpeilen von Leuchttürmen und Bojen sowie dem Berechnen des Kurses vom einen zum andern. Doch jetzt, an Bord des Passagierschiffes auf hoher See, da gab es keine Landmarken, nach denen man den Kurs hätte berechnen können. Auf welche Weise konnte dann der Kapitän den Standort seines Schiffes bestimmen?

Das Schiff hatte damals noch keine Radaranlage. Als Instrumente standen nur Sextant, Kompaß und Chronometer zur Verfügung, allerdings ein wenig besser als die des Kolumbus oder Magellan. Ich begab mich auf die Brücke und fragte den Kapitän, ob ich ihm beim Bestimmen des Standorts zusehen dürfe. Er stimmte freundlich zu und drückte mir einen Sextanten in die Hand, den ich ja schon zu benutzen wußte. So ein Sextant besteht aus zwei Rohren, die über ein Gelenk miteinander verbunden sind. Will man etwa die Höhe eines Berges messen, dann stellt man das eine Rohr genau auf den Gipfel ein und das andere auf den Meeresspiegel, auf den Horizont also. Wenn sich beide Bilder über einen Spiegel im Okular genau decken, liest man den Winkel ab, den die Rohre anzeigen. Nun braucht man nur noch ein bißchen Geometrie, und man kann die Höhe berechnen. An Land ist das nicht weiter schwer, doch auf offener See hat die Sache einen Haken. Dort hat man keinen festen Punkt, keine Bergspitze oder dergleichen, den man anvisieren könnte. Da hat man nur den Horizont. Ach ja, und natürlich die Sterne, als einzige feste Punkte sozusagen.

Ich begriff bald, worin das ganze Geheimnis der Himmelsnavigation besteht: im genauen Zeitnehmen der Messung! Zunächst einmal ist klare Sicht erforderlich. Man muß Horizont und Stern gut sehen können, um den gesuchten Winkel zu bestimmen. Im Grunde sind es nur zwei Tageszeiten, an denen so günstige Bedingungen herrschen, die Morgen- und die Abenddämmerung. Da geht es dann auf der Kommandobrücke hoch her. Jeden Morgen stand ich früh auf und begab mich mit meinem Sextanten auf die Brücke. Ich erkundigte mich, welcher helle Stern gerade günstig stehe, und peilte ihn dann mit dem einen ‚Auge' meines Sextanten an. Mit dem anderen suchte ich den Horizont ins Visier zu bekommen.

Anfangs war der Stern noch hell und deutlich zu erkennen, der Horizont dafür schwarz und verschwommen. Mit zunehmender Morgendämmerung kam die Horizontlinie klar heraus, dafür aber verblaßte der Stern mehr und mehr, bis er überhaupt nicht mehr zu sehen war. Es kam also darauf an, den richtigen Augenblick zu erwischen, wenn der Horizont schon und der Stern noch zu erkennen war. In genau diesem Moment rastete ich meinen Sextanten auf den gemessenen

Winkel ein. Da sich die Erde flott unter uns weiterdreht – die Geschwindigkeit hängt vom Breitengrad ab, auf dem wir uns befinden –, muß ich mich beeilen, sofort nach dem Chronometer den exakten Zeitpunkt der erfolgten Messung festzustellen. Denn von Sekunde zu Sekunde verändert sich infolge der Erddrehung der zwischen Stern und Horizont gemessene Winkel. Habe ich den genauen Winkel und auf Bruchteile von Sekunden genau auch die Zeit, so kann ich die Position des Schiffes genau berechnen. War die Winkelmessung falsch, so habe ich keine zweite Gelegenheit, die Sternhöhe zu messen, weil der Stern inzwischen verblaßt ist.

Abends ist die Reihenfolge umgekehrt. Da standen wir auf der Brücke und starrten auf den klaren Horizont, der so scharf schien wie ein mit dem Lineal gezogener Strich, und warteten darauf, daß die ersten Sterne erschienen. Auf jener Reise waren das meist Rigel und Beteigeuze im Sternbild Orion. Dann rief plötzlich einer ,,Da ist er!", und wir alle schwangen unsere Sextanten in die Richtung. Ein Tubus auf den Stern, den anderen auf den Horizont, runter jetzt mit dem Spiegel, der beide zur Deckung bringt, Winkelschraube fest und hin zum Chronometer! Diese beiden – Morgen- und Abenddämmerung – bestimmten an Bord den Lauf der Zeit. Den ganzen Tag hatten wir die See und den Horizont vor Augen, die ganze Nacht den Sternenhimmel über uns. Doch um unseren Standort bestimmen zu können, mußten wir Himmel und Erde zusammenbringen. Andere ausgeklügelte Bordinstrumente geben uns die Möglichkeit, die Abdrift, die Drehzahl der Schrauben, die Fahrtgeschwindigkeit und die Versetzung durch Ebbe und Flut zu ermitteln. Danach kann man einen ungefähren Standort des Schiffes ‚gissen'. Doch das tut man nur, wenn es so wolkig ist, daß man keinen Stern ‚schießen' kann. Solches ‚Gissen des Bestecks', also bloßes Schätzen des Standorts, ist nicht ohne Risiken. Denn die Fehler des Vortages multiplizieren sich mit denen von heute. Um unseren Standort genau zu bestimmen, benötigen wir nun einmal feste Punkte am Himmel und auf der Erde.

Ein häufig gebrauchtes Wort erinnert mich immer wieder an meine Erfahrungen mit der Himmelsnavigation. Es erscheint in verschiedenen Ableitungen: Am häufigsten findet sich ‚Orient' als Bezeichnung für den Nahen oder Fernen Osten. Doch dem Begriff ‚Orientierung' liegen religiöse Gebräuche zugrunde. Bei den Juden wie bei den frühen Christen war es üblich, sich beim Gebet nach Osten – in Richtung auf Jerusalem zu – ‚orientieren'. Ursprünglich bedeutet Orient die Himmelsrichtung, aus der die Sonne aufgeht. Orient ist das Morgenland, das Land der Morgensonne; Okzident dagegen das Abendland, wo die Sonne untergeht. Weil man sich nun in den Kirchen – auch mit dem Altar – zum Osten hin ausrichtete, zum Orient, wurde dieses ‚Orientieren' schließlich die Bezeichnung für die richtige Stellung. Man ‚orientierte' sich an Jerusalem, an der Bibel, an Jesus Christus.

Diese aus dem Religiösen herrührende Anwendung des Begriffs erinnert mich an die Grundsätze der sich am Himmel orientierenden Navigation. Wenn ich eine geistige, eine geistliche Richtung ‚anpeile', dann muß ich mit beiden Beinen fest auf dem Boden stehen. Ich muß mich auch an eine bestimmte Tageszeit halten, um Himmel und Erde zusammenzubringen. Mitten im wilden Durcheinander dieser Welt muß ich einen Platz finden, um in Ruhe und Frieden auf die leise Stimme zu lauschen, die mir Weisung für mein Leben gibt.

Orientierung heißt für den Christen, Himmel und Erde in Einklang bringen. Orientierung ist für mich ein Begriff geworden, in dem sich mein Leben – dieses Leben hier in einer materialistisch denkenden Welt – mit Gottes Heiligem Geist verbindet. Ich ‚orientiere' mich nicht mehr, indem ich nach Osten auf eine bestimmte Stadt starre. Gott wohnt nicht in einem Tempel, der von Menschen gemacht ist. Um zu überleben, muß ich mich anders ‚orientieren': Ich muß die Kraft des lebendigen Gottes in mich aufnehmen und ganz bewußt meinen Sinn auf ihn hin wenden.

Manchmal fühle ich mich einfach überrannt von all den weltlichen Zwängen, die auf mich einstürmen. Mein Notizbuch ist mit den Namen von Patienten angefüllt, die besondere Zuwendung verlangen. Die Verwaltungsarbeit quillt förmlich über von neuen Projekten, Anmahnungen und Berichtsanforderungen. Außerdem weiß ich, daß ich in ein paar Tagen eine Überseereise antreten muß. Ich muß noch Reden vorbereiten, Bücher durchsehen und ein Manuskript fertig machen. Wo soll ich da noch Zeit für Gott hernehmen?

Im Laufe der Jahre habe ich gelernt, wenn auch unter mancherlei Schwierigkeiten, daß gerade in solchen Zeiten härtesten Stresses mir sehr deutlich wird, wie sehr ich die Führung durch den Heiligen Geist brauche. Darum sehe ich zu, daß ich morgens und abends eine Zeit finde, in der ich mit des Geistes Hilfe Himmel und Erde zusammenbringen kann. Ich breite meine Alltagssorgen vor ihm aus und mühe mich, all mein Tun im Lichte seines Willens zu sehen.

So ist das also: Ich kann in dieser mir so fremden Erdenwelt nur dann bestehen, wenn ich über den Heiligen Geist lebendige Verbindung mit Gott habe. Es geht mir wie einem Astronauten, der den Mond betritt. Er kann in dieser lebensfeindlichen Umgebung nur bestehen, wenn er die Überlebenshilfen seiner Erdenheimat mit sich herumträgt. So wie der Mann da auf dem Mond sich auf die Geräte verläßt, die er von der Erde mitgebracht hat, so muß ich mich hier auf den Heiligen Geist verlassen. Er erhält mich.

Es erhebt sich die ganz praktische Frage: Worauf beruht ein solches Vertrauen? Steht mir der Heilige Geist bei den schwierigen Entscheidungen, die ich Tag für Tag zu treffen habe, unmittelbar zur Seite? Wie also führt mich Gott?

Ich muß gestehen, daß ich nur in ganz wenigen Fällen eine klare und unmißverständliche Weisung des Heiligen Geistes bekommen habe. Ich breite meine Sorgen und Nöte vor ihm aus, doch er gibt mir keine direkte Antwort: ,,Tu dies! Tu das!" Auch die Bibel enthält nur wenige Tips zu diesem Thema.

Die Bibel sagt mir aber viel darüber, wie ich mit Gott in Liebe verbunden bleiben kann. Er will in meinen Entscheidungen dabei sein. Es gibt keine magische Verbindung mit Gott, sondern nur die Möglichkeit, ein Leben lang die Nähe Gottes zu suchen: zu diesem Gott, der uns manchmal ganz nah, dann wieder unerreichbar fern scheint. Für gewöhnlich, glaube ich, führt Gott uns auf ganz unauffällige Weise. Er gibt mir Ideen ein, erfüllt mich mit einem bohrenden Gefühl der Unzufriedenheit, feuert mich an, es von nun an besser zu machen, bringt mir verborgene Gefahren und Versuchungen zum Bewußtsein. Ja, dieser stille Souffleur gibt mir Hilfestellung, doch immer in einer Art, die mir nicht die Freiheit nimmt.

Wenn man mich aufforderte, den Weg, den Gott mich so führte, einmal aufzuzeichnen, käme ich wahrscheinlich in Schwierigkeiten. Blicke ich zurück, dann sieht es so aus, als reihe sich das alles, was ich da erlebte, wohlgeordnet und sinnvoll aneinander. Doch bei einigen ganz persönlichen Erlebnissen scheint es durchaus nicht so zu sein. Als Kind und auch noch als Heranwachsender wollte ich Missionar werden. Ich hatte die Wertvorstellungen meiner Eltern übernommen, die ihre Lebensaufgabe darin sahen, den Armen in Indien zu helfen. Für sie war dies das Höchste, was ein Mensch tun konnte. Dann beeindruckte mich der Beruf meines Vaters, der Baumeister war, und ich entschloß mich, als Architekt meinen Weg zu machen. Mein Vater hatte Schulen, Krankenhäuser und Heime gebaut, und ich wußte, daß solche Projekte sich gerade für Indien als nützlich erweisen müßten. Wenn ich also diesen Beruf erlernte, dann könnte ich im Missionswerk einen Arbeitsplatz als Baumeister finden. Wie ich schon berichtete, wies ich das großzügige Angebot eines Onkels, der mich auf seine Kosten Medizin studieren lassen wollte, stur zurück und begann eine Lehre als Maurer, Zimmermann und Ingenieur. Manche meiner besten Freunde meinten, ich verlöre damit nur unnütz Zeit. Sie schlugen mir ein Dutzend anderer Berufe vor, doch ich hielt volle vier Jahre an meinem Plan fest. Nach Abschluß meiner Lehre verbrachte ich dann ein Jahr am Livingstone College, belegte dort einen Kursus über Erste Hilfe und machte eine Ausbildung als Pfleger durch. Beides war ganz speziell auf eine Verwendung im Dienst der Mission ausgerichtet. Damals war es, daß ich mich zum ersten Mal zur Medizin hingezogen fühlte. Ich überlegte, ob ich seinerzeit, als ich mich gegen die Medizin entschied, nicht doch einen Fehler gemacht hätte. Doch dann schob ich diesen Gedanken beiseite und wandte mich nach Abschluß des Lehrgangs an den Direktor jener Missionsgesellschaft, in der meine Eltern arbeiteten.

Einigermaßen stolz verkündete ich ihm, daß ich zum Dienst in Indien bereit sei. Ein schmales Büchlein mit Bibeltexten hatte mich in meinem Entschluß bestärkt. Ich hatte Gott um Weisung gebeten und dann das Büchlein aufgeschlagen. Und dabei war ich auf den Satz gestoßen: ,,Ich habe dich für mein Reich auserwählt." Mir schien damit alles klar: Eine zweite Generation der Brands würde das Werk von Jesse Brand fortsetzen, der im Dienste des Herrn gestorben war.

Doch J. B. Collins, der Präsident der Missionsgesellschaft, sah die Sache anders. Er fragte mich über meine Beweggründe und meine Vorbildung aus und sagte dann, herzlich aber bestimmt: ,,No!" Er ließ sich auf keine Diskussion ein, sondern entschied, ich sei unzureichend für diese Art Missionsarbeit zugerüstet. Ich müsse mich erst besser vorbereiten. Dann könne ich mich, wenn ich noch immer so dächte, erneut melden. Ich war wie vor den Kopf geschlagen. Ich hatte gedacht, es sei völlig klar, welchen Weg Gott von mir verlangte; und nun stellte sich der entscheidende Mann quer.

In die Medizin schlitterte ich sozusagen aus Versehen. Ich hatte mich für einen Kursus an der Missionary Training School angemeldet. Das war eine Bibelschule, an der aber auch gelehrt wurde, wie man mit den enorm schwierigen Lebensbedingungen in abgelegenen Gegenden fertig wird. So lernte ich Schuhe ausbessern, mir selber Kleidung schneidern und von dem zu leben, was das wilde Land hergibt. Natürlich machte ich auch einen medizinischen Lehrgang mit, und die Stimme in mir begann lauter und lauter zu sprechen. Ich fühlte mich unwiderstehlich zur Medizin hingezogen. Das wurde schließlich so stark, daß ich den auf zwei Jahre berechneten Missionskurs abbrach und zur Ärztlichen Hochschule überwechselte.

Als ich mich an der Ärztlichen Hochschule einschrieb, schienen mir die vier Jahre, die ich als Baumeister verbracht hatte, ein unsinniger Umweg zu sein. Doch ich holte alles nach. Trotz des späten Starts in die Medizin kam ich gut voran und schloß mit der Promotion zum Doktor das Studium ab.

Und wieder marschierte ich zur Missionsleitung, diesmal als Experte auf zwei verschiedenen Gebieten, als Baumeister und als Arzt. Und abermals wies man mich zurück! Diesmal schoß das Militärärztliche Zentralkomitee quer. Sie lehnten es ab, daß ich in einem Missionshospital an der Grenze von Nepal arbeiten wollte. Statt dessen setzten sie mich in London für den Ärztlichen Bereitschaftsdienst bei Bombenangriffen ein. Auf diese Weise gezwungen, meine Zeit zu vertun, begann ich voller Ungeduld, Chirurgie zu studieren, um mich auch auf diesem Gebiet weiterzubilden.

Zum zweitenmal waren meine Pläne durchkreuzt worden; das erstemal durch einen weisen und gütigen Missionsdirektor, das zweitemal durch ein weltliches Komitee von Bürokraten. Und beidemal fühlte ich mich elend und verwirrt. Hatte ich Gottes Weisung falsch verstanden?

Blicke ich heute zurück, dann sehe ich, wie Gottes Hand mich bei jedem meiner Schritte geführt hat. Es war wohl Dr. Bob Cochrane in Indien, der das Militärärztliche Zentralkomitee dazu brachte, mich für ein neues Medizinisches College in Vellone freizustellen. Cochrane bewegte mich dann auch dazu, mich mit der Aussätzigen-Orthopädie von Grund auf vertraut zu machen. Ich habe schon in meinem Buch *Du hast mich wunderbar gemacht* darüber berichtet, wie es mir durch und durch ging, als ich die kräftige, aber völlig gefühllose Hand eines Aussätzigen schüttelte, und wie ich da den aufmunternden und unüberhörbaren Ruf Gottes vernahm. Seit jenem Augenblick steht mein Leben im Dienst der Aussätzigenhilfe.

Seltsam, heute – Jahrzehnte später – blicke ich in tiefer Dankbarkeit auf die Zeit zurück, die ich als Baumeister und Ingenieur verbrachte. Es vergeht kaum ein Tag, an dem ich nicht die Fertigkeiten anwenden kann, die ich damals gelernt habe: das Herstellen von Geräten, die bei der Rehabilitation der Patienten helfen können, die Anfertigung von Schuhen, die speziell für verstümmelte Aussätzige passen, oder die Konstruktion von mechanischen Hilfen für die chirurgische Praxis. Und ganz besonders dankbar bin ich, daß ich damals in London Zugang zur Chirurgie fand. Ich habe unter dem Strohdach unseres *„New Life Center"* in Indien gestanden und darüber nachgedacht, auf welch wunderbaren Wegen Gott mich all die Jahre geführt hat. Wenn ich da stehe und die Patienten beobachte, die in der von mir eingerichteten Tischlerwerkstatt arbeiten, dann habe ich einen Augenblick das

Gefühl, ich sei wieder daheim in meiner Londoner Werkstatt. Der Duft von Sägespänen und das gleichmäßige Geräusch der Werkzeuge versetzen mich in jene Tage zurück. Doch dann finde ich wieder in die Gegenwart zurück und erkenne die Unterschiede. Hier habe ich Inder vor mir, Aussätzige, deren Hände chirurgisch wiederhergestellt sind. Und alle Werkzeuge sind so konstruiert, daß sie ihnen nicht schaden können. Gott hat es mir erlaubt, daß ich diesen Menschen auf vielfache Weise dienen kann: als Arzt, der ihre Schäden heilt, als Chirurg, der die Gebrauchsfähigkeit ihrer Hände wiederherstellt, und schließlich als Tischlermeister, der ihnen hilft, eine neue Lebensaufgabe zu finden.

Daß ich auf all diesen Gebieten helfen kann, verdanke ich dem verschlungenen Weg, auf dem Gott mich geführt hat. Wäre mein Leben anders gelaufen – wäre ich zu früh nach Indien gekommen oder hätte ich die Zimmermannslehre ausgelassen –, so wäre ich vielleicht ganz vom Wege abgekommen und hätte keinem Menschen nützen können. Wirklich, wenn ich heute zurückschaue, dann fühle ich: Gott hat wunderbar für mich vorausgeplant und mein Leben bis ins kleinste geordnet.

Ich erzählte schon, daß wir einen Sommer lang auf einem Schoner die Küsten Englands und Frankreichs absegelten. Ich war gerade für die Schiffsführung verantwortlich, als wir in den heimtückischen Hafen von St. Malo einliefen. St. Malo ist bekanntlich früher ein Schlupfwinkel für Piraten gewesen. Der Hafen ist wegen der zahlreichen Felsen, die dicht unter der Meeresoberfläche liegen, schwierig anzusteuern. Man kommt nur durch eine enge Fahrrinne hinein. Um diese zu finden, mußte ich genau auf zwei Reihen von Leitfeuern achten, die die Durchfahrt bezeichnen. Um das erste Paar dieser Lichter richtig zu passieren, mußte ich zunächst Südostkurs steuern, bis ich das zweite Paar erreicht hatte. Dann mußte ich das Ruder ‚Hart Steuerbord' legen und die zweite Reihe Leitfeuer ansteuern. Unser Boot hatte also kaum einmal direkten Kurs auf den Hafen, sondern lief, um unsichtbaren Hindernissen auszuweichen, einen wilden Zickzackkurs. Ich mußte dabei immer nur auf die Lichter dort voraus achten und mich voll darauf verlassen, daß der, der sie ausgelegt hatte, sich hier gut auskannte.

Darf ich wieder den Vergleich ziehen? Gott will gar nicht, daß wir überklugen Leute immer herausbekommen, warum er uns auf so wechselvollen Wegen führt. Er will aber auch nicht, daß wir sichtbare Riffe vor uns haben und es nun mit der Angst zu tun bekommen. Er will etwas anderes: daß wir unser Leben so, wie er es uns schenkt, gehorsam annehmen und ihm selbst dann vertrauen, wenn es uns verworren scheint. Ereignisse, die nicht in meiner Macht stehen – etwa der Krieg oder Bürokraten, die mir die Türen vor der Nase zuschlagen –, auch die sollen nur zu meinem Besten dienen. Ich werde so wieder an den Heiligen Geist verwiesen. Er wird mir dann in der neuen Lebenssituation helfen, neue Wege und Möglichkeiten zu finden.

Ich setze all mein Vertrauen auf das, was Paulus in seinem Brief an die Römer schreibt: ,,Wir wissen: Wenn jemand Gott liebt, muß alles dazu beitragen, daß er das Ziel erreicht, zu dem Gott ihn nach seinem Plan berufen hat" (Röm. 8,28). Gott verheißt uns nicht, daß es uns nur immer gut geht. Dieser Satz sagt auch nicht, daß alles, was uns begegnet, so von Gott gewollt ist. Doch ich erkenne die Weisheit Gottes besonders darin, wie er mich durch alle Schwierigkeiten hindurchführt und wie er es immer dahin zu bringen weiß, daß am Ende sein Wille geschieht. Ich vertraue fest darauf, daß am Ende alles mir zum Besten dient. Wer dem Heiligen Geiste so vertraut, der darf sicher sein, daß Gottes Verheißung in Erfüllung geht.

Ich bin, alles in allem, nur eine winzige Zelle im Leibe Christi. Es ist das Haupt, das mich und all die vielen anderen Zellen so lenkt, daß es der ganzen Kirche dient. Was Gott von mir verlangt, ist schlichte Bereitschaft zum Dienen und volles Vertrauen auf die Weisungen seines Heiligen Geistes, wie immer sie mich auch erreichen mögen. Dann erbaut sich der ganze Leib auf, als ein Tempel des Heiligen Geistes.

SCHMERZ

19 Wozu der Schmerz gut ist

Auf einer Lithographie von Honoré Victorin Daumier sitzt ein feiner Herr mit weißer Weste auf einem hochrückigen viktorianischen Sofa. Nein, er sitzt nicht, er krümmt sich! Er hat die Beine an den Leib gezogen, sein Rücken ist krumm gebogen. Man begreift: Wahnsinniger Schmerz peinigt ihn. In jeder Ecke des Sofas lauern gierig blickende Teufelchen. Die eine Hälfte von ihnen spielt Tauziehen mit Stricken, die dem Mann um den Leib geschlungen sind. Die andere Hälfte zieht begeistert eine grobzähnige Säge hin und her, die sich in den Leib des Mannes frißt. Sein Gesicht ist in Schmerz versteint.

Daumier hat dem Bild einen schlichten Namen gegeben: Die Kolik.

Fast jeder, der dieses Bild sieht, reagiert mit Erschrecken. Wir alle kennen ja diesen krampfartigen Schmerz, der eine Darmblockade oder auch starke Blähungen begleitet. Schmerz ist der unzertrennliche Begleiter aller Sterblichen. Wir kamen zur Welt unter heftigen Wehen einer in Schmerzen sich windenden Frau. ,,Meine Mutter stöhnte, mein Vater weinte, als ich in diese gefahrenvolle Welt kam", schrieb William Blake. Und wir selbst? Nun, unsere erste ‚Tat' hier bestand in einem lauten Schrei, aus dem Furcht klang oder Gram, vielleicht auch beides zugleich. Jahre später scheiden wir aus dieser Welt, und abermals durch Leiden, manchmal in einem furchtbaren Ausbruch wilder Schmerzen. Zwischen Geburt und Tod bringen wir alle unsere Tage zu in dem Wissen: Der Schmerz lauert jederzeit vor der Tür, bereit, bei uns einzubrechen.

Eine ganze Industrie steht bereit, die Stricke – ich denke an Daumiers Bild – zu lockern und die Zähne der Säge stumpf zu machen. Ein Schwarm von modernen Scharlatanen marschiert im Fernsehen auf. Sie versprechen, den Schmerz mit spezieller Fuß- oder Ohrmassage wegzuzaubern, durch Akupunktur oder durch hochmoderne elektronische Geräte, die in die Haut eingepflanzt werden.

Wir empfinden Schmerz wie eine Strafe. Das Wort ‚Pein‘, das ja die gleiche Bedeutung hat, hängt mit dem lateinischen ‚poena‘ zusammen. Und das heißt tatsächlich ‚Strafe‘. Und plötzlich sehen wir die kleinen Teufelchen auf Daumiers Bild in einem anderen Licht. Diese Dämonen, die da mit der Säge hantieren, sind mehr als nur ein Bild.

Es klingt fast wie Ironie, wenn ich sage, daß ich mein halbes Leben unter Menschen verbracht habe, deren Gesichter auch von Pein und Schmerz gezeichnet schienen, die aber in Wirklichkeit genau aus dem entgegengesetzten Grund so entstellt waren. Die Leiden der Leprakranken rühren nämlich davon her, daß sie keine Schmerzen verspüren. Die Aussätzigen sehnen sich geradezu nach diesen Teufelchen. Denn die würden sie mit den Schmerzen auf die Gefahren, die drohen, aufmerksam machen.

Mein von Haßliebe geprägtes Verhältnis zum Schmerz begann wohl schon in meiner Kindheit. Wenn wir im Gebirge Südindiens unterwegs waren, hatten meine Eltern stets ein paar Zahnzangen bei sich. Denn sie wußten, Zahnschmerzen kommen oft vor, halten lange an und können den Menschen kaputt machen. Bis in die abgelegensten Nester waren meine Eltern für ihre Kunst, Zähne zu ziehen, bestens bekannt. Ein paar hundert Mal unterbrach ich mein Spiel und sah mit aufgerissenen Augen und wild schlagendem Herzen zu, wie Mutter oder Vater den Patienten Zähne zogen – ohne Betäubung! Ich beobachtete meine zierliche Mutter, wie sie da mit der spitzen Zange versuchte, dicht am Kiefer den Zahn so fest zu packen, daß die Krone nicht abbrach. Wenn sie es mit einem stattlichen Patienten zu tun hatte, dann sah es so aus, als hinge sie an der Zange und der Patient mache die Zugbewegung, um den Zahn loszuwerden. Der Patient schrie, sprang herum und spuckte Blut. Die anderen aber, die zugesehen hatten, ließen sich davon nicht abschrecken, sondern standen Schlange, um auch behandelt zu werden. Was tat schon der kurze, scharfe

Schmerz? Wenn man nur die bohrenden Dauerschmerzen endlich los wurde!

Gelegentlich sahen wir in den Ortschaften auch Fakire, jene frommen Asketen, die beweisen, daß sie über den Schmerz triumphieren. Manchmal führte ein solcher Fakir ein ganz besonderes Experiment vor: Er stach sich eine spitze Messerklinge in die eine Wange hinein, dann durch die Zunge und zog sie dann durch die andere Wange heraus. Und das Verblüffende: Die Klinge war, wenn er sie herauszog, blank und völlig frei von Blut. Andere zogen sich an einem Strick hoch, der hoch oben durch einen an einer Mastspitze befestigten Ring lief. Am anderen Ende des Stricks war ein Fleischerhaken befestigt, der tief im Rücken des Fakirs steckte. Ohne ein Zeichen von Schmerz hangelten sie sich wie Spinnen an dem Strick hoch hinauf über die staunende Menge. Wieder andere hatten sich mit Orangen geschmückt, die an Sicherheitsnadeln hingen, die sie sich durch die Haut getrieben hatten. Sie tanzten auf Stelzen die Straßen entlang, und zum Klang der Musik schüttelten sie dabei die Orangen.

Später, während meines Medizinstudiums in England, hatte ich Gelegenheit, als Hausarzt bei Sir Thomas Lewis zu arbeiten, einem der berühmtesten Pioniere auf dem Gebiet der Schmerzforschung. Jene Zeit ist mir besonders gut im Gedächtnis, weil Sir Thomas bei seinen Forschungsexperimenten seine Studenten als Versuchskaninchen benutzte. Man gewinnt unvergeßliche Einsichten in alles, was mit Schmerz zu tun hat, wenn man es am eigenen Leibe erlebt hat: Zwicken und Kneifen, Stechen und Aderabdrücken. Lewis faßte dann seine Beobachtungen in einem Buch zusammen, das zu einem Klassiker wurde, einmal wegen seines hervorragenden Stils, vor allem aber wegen der medizinischen Forschungsergebnisse.

Danach, wieder in Indien, begegnete ich Auge in Auge der ganzen Fülle menschlichen Elends: einer Unzahl von Opfern der Kinderlähmung, Knochenmarksentzündung, Lungen- und Rückenmarkstuberkulose, Schlaganfällen und vielen anderen Krankheiten, die zur Verkrüppelung führen. Dies alles sammelte sich in unserem Christian Medical College in Vellore.

Seltsamerweise fühlte ich mich besonders zu jenen hingezogen, die nie zu uns kamen; jenen Jammergestalten, die an den Eingängen der Tempel, der Bahnstationen und der öffentlichen Gebäude herumlagen und um Almosen baten. Sie hatten fingerlose Hände, die wie Klauen aussehen ihre Füße, gefühllose Stümpfe, waren voller Geschwüre. Es gab bei ihnen alle nur erdenklichen Verstümmelungen, aber noch nie hatte ein Chirurg sie oder einen anderen ihrer fünfzehn Millionen Leidensgefährten behandelt. Und weil sie Aussätzige waren, standen ihnen nur wenige Krankenhäuser offen. Es lag nahe, daß ich mich dazu entschloß, mein Leben der Aussatzbekämpfung zu widmen und mich dabei auf ihre orthopädischen Probleme zu konzentrieren. Seitdem studiere ich auch speziell das Schmerzproblem. Die Lepra zerstört nämlich die Nerven, die den Schmerz übertragen. Auf diese Weise macht sie den Körper in verheerender Weise für Zerstörungen verletzbar. Diese Teufelchen da auf Daumiers Lithographie, die ihre Stricke wie Kuhpeitschen schwingen – sind sie wirklich böse Dämonen? Würde der Herr auf dem Sofa seiner Kolik überhaupt Beachtung schenken, wenn sie ihn nicht peinigten? Weil ich mein Leben lang unter Menschen verbrachte, die an Lepra leiden, kommen mir solche Fragen.

Wer sich erst einmal einer bestimmten Geschmacksrichtung verschrieben hat, verändert sich unweigerlich in seiner ganzen Persönlichkeit. Vor allem wird er sich einbilden, seine und nur seine Geschmacksrichtung sei die einzig schöne und wahre. So wird ein echter Gourmet ein paar tausend Dollar bezahlen, nur um einmal nach Frankreich zu fahren und sich dort die Produkte der guten Küche auf der Zunge zergehen zu lassen. Und ein ausgepichter Weinkenner wird ein Monatsgehalt hergeben für eine einzige Flasche guten, alten Bordeaux. Die Feinheiten von Blume und Geschmack sind ihm das eben wert. So verrückt das klingen mag: Im Laufe der Jahre habe ich so etwas wie eine Vorliebe nicht für Wein und gute Küche, sondern für das Schmerzproblem entwickelt. Daß wir uns recht verstehen, ich dränge mich nicht danach, selbst Schmerzen zu leiden, aber ich komme nicht davon los, mich mit dem Schmerz und allem, was mit ihm zusammenhängt, zu beschäftigen.

Der Schmerz funktioniert nach denselben Mechanismen wie die anderen Sinne. Genau wie beim Fühlen, Sehen oder Hören nehmen Empfangszellen, die an den Enden von Nerven sitzen, den Schmerz wahr. Über chemische oder elektrische Signale leiten sie ihn zum Gehirn weiter, wo dann eine Interpretation erfolgt. Ein bestimmter Teil meines Gehirns nimmt die Impulse, die da ankommen, auf und notiert sie. Ein anderer Bezirk meines Gehirns macht mich aufmerksam: ,,Da hat's geklingelt!" So erinnert auch eine ständig signalisierende Nervenzelle mein Gehirn daran: ,,Achtung! Denke endlich mal an deinen überanstrengten Rücken!"

Schmerz macht sich so brutal bemerkbar, daß er im Gehirn alle anderen Wahrnehmungen verdrängt und sich allein in den Vordergrund schiebt. Schon unterwegs auf der Nervenleitung nimmt er Vorfahrt für sich in Anspruch. Vom Gehirn aus kann er sich dann ausbreiten und den ganzen Körper beherrschen. Mein Körper reagiert dann auf ihn mit Spannung oder auch Dehnung der Muskulatur. Unkontrolliert kann dies einen Circulus vitiosus, einen Teufelskreis, in Gang setzen: Die Anspannung der Muskeln verschlimmert noch den Schmerz, da die Nerven gequetscht werden.

Auch mein Blutkreislauf verändert sich: Der Blutdruck reagiert auf Schmerz ganz ähnlich wie auf Angst und Furcht. Ich erröte oder erbleiche, falle vielleicht gar in Ohnmacht.

Schmerz kann meine Verdauung durcheinanderbringen, Darmkrämpfe, Übelkeit und Erbrechen verursachen. Schmerz veranlaßt mein endokrines System, bestimmte Chemikalien wie Adrenalin auszustoßen. Und schließlich kann Schmerz mich sogar seelisch fertigmachen. Es mag dazu kommen, daß ich meinen Kollegen und Verwandten dauernd mit meinen Klagen in den Ohren liege.

Nur gut, daß der Schmerz, der alle Teile meines Lebens so stark in Mitleidenschaft zieht, sobald er vorbei ist, recht schnell in Vergessenheit gerät. Versuchen Sie es einmal, sich den stärksten Schmerz, den Sie je empfanden, in Erinnerung zu rufen. Es gelingt nicht. Sie können sich eine ganze Reihe visueller Eindrücke vergegenwärtigen, ein Gesicht oder das Kinderzimmer; ein Klang fällt Ihnen ein, ein paar Takte Musik; oder ein pikanter Geschmack, bei dem Ihnen das Wasser im Munde zusammenlief. Aber jenen wahnsinnigen Schmerz, den können wir uns nicht wieder gegenwärtig machen. Wir haben ihn schlichtweg vergessen.

Überwältigend stark, rein subjektiv, dann verflogen – der Schmerz bietet sich als Ziel für Forschungsarbeit an, ein weites Feld, aber im einzelnen schwer zu fassen. Ja, was ist Schmerz? Wann tut es wirklich weh? Und wo? Wenn wir Antwort finden wollen, müssen wir die Nervenzellen studieren, die als erste den Schmerz wahrnehmen. Mein alter Lehrer in London hat damals die feinen Verästelungen der Schmerznerven erforscht und kartenmäßig erfaßt. Da ich selber unter Sir Thomas Lewis studiert habe, weiß ich wohl, wer die Helden waren, die da auf dem Altar der Wissenschaft ‚geopfert' wurden: Medizinstudenten, deren weitere Laufbahn davon abhing, ob sie bereit waren, Testserien auf sich zu nehmen, vor denen ein Marquis de Sade zurückgeschreckt wäre. Auch viele Professoren bestanden darauf, diese Tests mitzumachen; sie meinten, andernfalls seien sie nicht imstande, das, was ihre Studenten über Schmerzerfahrung berichteten, richtig zu interpretieren. Es ging da wie in einer Folterkammer zu: Armbinden wurden straff angezogen, um das Blut zu unterbinden; heißes Wachs tropfte auf die Haut, Überschall- und Hochfrequenzwellen wurden eingesetzt, ultraviolettes Licht und tiefgekühlte Kupferdrähte mußten her. Spiegelverstärkte Tausendwattlampen blitzten auf, Elektrisiermaschinen trieben ein grausames Spiel. Weiter wurde mit Chemikalien experimentiert, innerlich wie äußerlich. Dann wieder mußte man die Hände abwechselnd in eiskaltes und gleich danach in fast kochendes Wasser tauchen. Ein andermal wurde man gleichzeitig in Wange und Hand gestochen, um festzustellen, welcher Schmerz den anderen übertäube. Und bei all diesen Torturen sollte man noch etwas laut vorlesen oder Zahlenreihen vorwärts und rückwärts hersagen.

Diese im wahren Sinne des Wortes ‚erschöpfenden' Versuche erbrachten immerhin einige brauchbare Meßergebnisse. Von welchem Augenblick an tat es ernstlich weh? Haben Sie sich allmählich an den Schmerz gewöhnt? An welcher Stelle trat der Schmerz auf? Wo schien der Schmerz erträglicher? Die Versuchspersonen mußten jede Schmerzart genau beschreiben und versuchen, die Intensität des Schmerzes möglichst genau zu bestimmen.

Die Studenten kamen am Ende mit kleinen Schrammen, Stichen und Blasen davon. Außerdem erhielten sie ein Diplom, das sie von weiteren Versuchen freistellte. Und die Herren Professoren zogen ab mit graphischen Darstellungen, auf denen für jeden Quadratzentimeter der Haut die Empfindlichkeit verzeichnet war. Solche Versuche hat man über mehr als hundert Jahre immer wieder durchgeführt. Denn es zeigte sich, daß unser Nervensystem ungemein kompliziert ist. Jedes Stückchen Haut empfindet den Schmerz anders.

Ich brauche eine solche ‚Schmerzkarte' hier nicht abzubilden. Ein jeder kennt sie ja, wenn auch vielleicht nur unbewußt. Ein winziges Stäubchen fliegt mir ins Auge, und sofort reagiert mein Auge recht heftig. Es beginnt zu tränen, ich muß blinzeln und reibe mein Augenlid, das Staubkörnchen zu entfernen. Ein winziges Stäubchen ist in der Lage, einen voll durchtrainierten Athleten, etwa einen Baseballspieler, völlig lahmzulegen. Der Schmerz im Auge ist so stark, daß der Spieler nicht fähig ist, den Ball zu werfen. Erst wenn das winzige Körnchen entfernt ist, kann er weitermachen. Wäre das Staubkörnchen auf seinen Arm gefallen, der Spieler hätte es überhaupt nicht bemerkt. Woher, fragt man sich, kommt diese unterschiedliche Empfindlichkeit?

Nun, an die Lage und Konstruktion des Auges sind besonders strenge Bedingungen geknüpft. Anders als das Ohr muß es an der Oberfläche des Körpers liegen, um die gradlinig kommenden Lichtwellen empfangen zu können. Es muß aus verständlichen Gründen durchsichtig sein. Das erschwert nun wieder die Versorgung mit Blut. Blutgefäße würden ja das Auge undurchsichtig machen. Darum bedeutet schon eine geringfügige Verletzung höchste Gefahr, weil das nur schwach mit Blut versorgte Auge nur unter großen Schwierigkeiten sich selbst wieder heilen kann. Das alles sind die Gründe, weshalb ein besonders ausgeklügeltes Nervensystem das Auge extrem schmerzempfindlich macht.

Alle Teile unseres Körpers verfügen über getrennte Empfindlichkeit für Schmerz und Druck. Unser Gesicht ist besonders an Mund und Nase für beide hochempfindlich. Unsere

Füße, auf denen wir ja den ganzen Tag herumstapfen, sind durch eine dickere Haut geschützt und gegen Druck weniger empfindlich. Bauch und Rücken sind mittelmäßig schmerzempfindlich. Die Fingerspitzen stellen einen Sonderfall dar: Weil wir sie ständig benutzen, müssen sie für Druck und Temperatur hochempfindlich sein, Schmerz spüren sie aber weniger stark. Dort, wo die Gliedmaßen am Rumpf ansetzen, liegen besonders wichtige Organe. Darum sind die dort befindlichen Nervenzellen für Schmerz viermal so empfindlich wie für Druck. Einen leichten Stoß gegen den Fuß bemerken wir kaum, trifft er uns aber in der Leistengegend, so schreien wir vor Schmerz auf.

Als ich mich damit beschäftigte, wie der Schmerz in den verschiedenen Partien unseres Körpers wirksam ist, da gewann ich hohen Respekt vor der Weisheit unseres Schöpfers. Manchmal wünschte ich mir, die Schleimhaut der Trachea möge gegen Schädigungen empfindlicher sein. Dann würde schmerzhafter Husten das lungenzerstörende Rauchen unerträglich machen. Doch dann mußte ich mich fragen: Könnten wir Menschen, wenn unsere Luftröhre schmerzempfindlicher wäre, in einem Staubsturm oder gar der verpesteten Luft unserer Industriegebiete überleben?

Oder denken wir noch einmal an das Auge: Mancher Träger von Kontaktlinsen möchte sich wünschen, seine Augen wären weniger empfindlich. Doch die große Mehrheit der Menschen ist auf diese übergroße Empfindlichkeit der Augen angewiesen. Wir haben sie nötig, weil sie unsere Augen schützt. Das Auge reagiert blitzschnell auf Gefahr – mit jähem Schmerz, reflexhaftem Blinzeln und Tränenfluß –, und das geschieht unzählige Male jeden Tag, meist, ohne daß wir es überhaupt merken.

So weiß jeder Teil unseres Körpers, wie er mit einer ihm begegnenden Gefahr fertigwerden kann.

Schmerz gehört zu unserem täglichen Leben, sogar zu einer so banalen Tätigkeit wie dem Gehen. Wenn ein Aussätziger, dessen Fußsohlenhaut völlig normal ist, einen Fußmarsch von zehn Kilometern unternimmt, dann sind seine Füße hinterher voller Geschwüre. Ein Gesunder dagegen hätte einen solchen Marsch heil überstanden. Wie kommt das? Ein Aktenschrank in meinem Büro enthält Dias, die den Grund dafür ans Licht bringen.

Die Aufnahmen der mit Farbe gekennzeichneten Füße zeigen, daß die Weise, in der ein Gesunder die Füße auf den Boden setzt, sich vom ersten bis zum zehnten Kilometer ständig ändert. Während er anfangs die Last auf den großen Zeh legt, wird am Ende des Marsches die Außenseite des Fußes die Hauptlast tragen. Am Anfang einer längeren Wanderung setzt man den Fuß in der Reihenfolge Ferse – Zehen, Ferse – Zehen auf. Später setzt man den Fuß mit der ganzen Sohle zugleich auf. Das merkt man aber gar nicht, es geschieht unbewußt. Doch daß dies so ist, beweisen die Fotos einwandfrei. Dieser Wechsel ist nicht durch die Ermüdung der Muskeln hervorgerufen. Nein, es sind die Schmerzzellen in Zehen, Fersen, Fußgewölbe und Außenknochen, die ununterbrochen dem Gehirn signalisieren: ,,Bitte abwechseln! Ich muß mich jetzt etwas ausruhen!" Man marschiert unbekümmert dahin, während unser Gehirn dauernd damit beschäftigt ist, alle Körperfunktionen fein abzustimmen. Ständig meldet sich jeder Fleck meines Körpers zu Worte, ich nehme es nur nicht bewußt zur Kenntnis. Sogar während ich hier sitze und dies schreibe, fordern mich die Schmerzzellen in meinem Gesäß und in den Beinen immer wieder auf, mein Körpergewicht zu verlagern. Und unwillkürlich folge ich dem.

Schmerz verfügt über eine ganze Tonleiter von Ausdrucksmöglichkeiten. Zu Beginn einer Erkrankung flüstert er unserem Unterbewußtsein Warnungen zu. Wir fühlen uns nicht auf dem Posten, schlafen unruhig und wälzen uns im Bett herum. Er redet klar und deutlich, sobald es gefährlicher wird: Habe ich zu lange Laub geharkt, so schwillt die Hand an und tut weh. Doch wenn es richtig gefährlich wird, dann brüllt der Schmerz mich an. Blasen, Geschwüre und Entzündungen zwingen mich, aufzuhören.

Ein Aussätziger, bei dem dieses System nicht mehr funktioniert, marschiert die zehn Kilometer herunter, ohne ein einziges Mal seine Gangart zu ändern oder das Gewicht zu verlagern. So kommt es, daß immer dieselben Zellen gedrückt und überansprucht werden, bis sie sich entzünden. Wie geschickt sich der Körper dem Schmerz anpassen kann, wird uns eindrücklich durch das Hinken vorgeführt. Ich fürchte, ich starre oft – auch außerhalb meines Berufes – in höchst unhöflicher Weise auf Leute, die hinken. Ich lerne nämlich eine Menge von ihnen. Was da zunächst wie häßliches Fehlverhalten aussieht, ist für mich Ausdruck einer wunderbaren Anpassung des Körpers. Der Lahme macht nämlich die Verletzung des einen Beines dadurch wett, daß er die Last dem anderen, dem gesunden Bein anvertraut. Jeder normale Mensch hinkt gelegentlich. Nur ein Aussätziger wird niemals hinken. Leider! Denn so wird das kranke Bein nie Ruhe finden, sich zu erholen.

Wenn der Körper den Schmerz nicht mehr ‚hört', dann muß das zu Dauerschäden führen, weil das System, nach welchem der Körper auf Gefahren reagiert, zusammengebrochen ist. Wenn ein Gesunder in Gefahr ist, sich das Fußgelenk zu verrenken, so stürzt er, bevor das Gelenk beschädigt wird. Nehmen wir an, ich trete auf einen losen Stein oder eine Bordkante. In dem Augenblick, in dem mein Knöchel sich verdreht, werden die Seitenbänder des Gelenks jäh überdehnt. Augenblicklich werden die eben noch angespannten Muskeln dieses Beines schlaff und geben nach. Sofort schlagen die Nervenzellen Alarm: ,,Gewicht auf das andere Bein verlagern!" Doch dieses gesunde Bein befindet sich gerade mitten im Schritt, also nicht auf dem Boden, sondern in der Luft. Also kann es nicht die Last übernehmen, und ich falle hin. Der Körper hält es also für klüger, lieber zu fallen, als das gefährdete Gelenk weiterhin zu belasten. Man kommt sich dann, wenn man da liegt, wie dumm vor und hofft, daß es niemand gesehen hat. Doch in Wirklichkeit hat man eben ein wunderbar koordiniertes Manöver erlebt, das einen davor bewahrte, sich das Knöchelgelenk auszurenken oder sich gar noch schwerer zu verletzen.

Gerät dagegen ein Aussätziger in dieselbe Situation, so wird er nicht fallen. Er tritt auf den losen Stein, knickt im Knöchel vollständig um, so daß die Fußsohle nach innen zeigt, und geht weiter, ohne auch nur ein bißchen zu hinken. Er sieht sich nicht einmal diesen Fuß an, den er eben, weil die Seitenbänder rissen, irreparabel beschädigt hat. Ihm fehlt eben der schützende Schmerz. In der Folgezeit überdreht er dann, weil die Bänder gerissen sind, immer wieder diesen Fuß, bis es eines Tages soweit ist, daß der Fuß amputiert werden muß.

20   Im Schmerz vereint

Ich gebe zu, daß mein Beruf mich auf dieses Thema gestoßen hat. Da hatte ich ständig mit Leprakranken zu tun, die keinen Schmerz empfinden können. Und daher weiß ich, daß auch solche Gefühllosigkeit eine Form des Leidens ist. Und gerade das Leben Aussätziger wird auf diese Weise zu einer ununterbrochenen Folge akuter Leiden.

Wenn ich über das Schmerzproblem nachdenke, dann stelle ich mir nicht die Summe allen irdischen Leidens vor Augen. Das wäre mir zu hypothetisch. Nein, ich denke dann lieber an ein ganz bestimmtes Gesicht und einen bestimmten Körper. Meine Gedanken wandern dann gern zurück zu meinem alten Freund Sadagopan, den wir Sadan nannten. Er war ein kultivierter Mensch und stammte aus einer hohen Kaste. Wer mein Buch *Du hast mich wunderbar gemacht* gelesen hat, kennt ihn bereits. An ihm probierte ich ja meine ersten Spezialschuhe für Leprakranke aus.

Als Sadan in Vellore aufkreuzte, waren seine Füße bis zur Hälfte ihrer ursprünglichen Größe geschrumpft. Auch seine Finger waren nur noch Stummel und völlig gefühllos. Wir brauchten fast zwei Jahre, um den Verfall seiner Füße zum Stillstand zu bringen. Zugleich hatten wir begonnen, seine Hände wiederherzustellen, und zwar einen Finger nach dem anderen. Ein schwieriges Geschäft, jede Sehne an das richtige Fingerglied zu heften und dann Sadan beizubringen, wie er die Hand unter Kontrolle bekäme. Insgesamt verbrachte Sadan vier Jahre bei mir zur Rehabilitation. Sadan war die Verkörperung des feingeistigen, vornehmen Inders. Gemeinsam beklagten wir die Fehlschläge, gemeinsam freuten wir uns über jeden Fortschritt. So wurde Sadan mir ein lieber Freund.

Am Ende entschloß sich Sadan, zur Probe über ein Wochenende zu seiner Familie in Madras zurückzukehren. Seine Hände konnte er jetzt wieder einigermaßen gebrauchen. Und für seine Füße hatte ich ihm Spezialschuhe zusammengeschustert, die wie Rockerlatschen aussahen, ihm aber das Gehen ermöglichten. Stolz verkündete er: ,,Ich will dahin zurück, wo man mich damals ausgestoßen hat." Er dachte an die Lokale, aus denen man ihn verwiesen hatte, und an die Busse, die ihm das Mitfahren verweigerten. ,,Jetzt bin ich nicht mehr so entstellt", sagte er, ,,jetzt will ich einmal wieder durch die City von Madras gehen."

Bevor er sich verabschiedete, gingen wir noch einmal alle möglichen Gefahren durch, die ihm begegnen mochten. Doch da er es bei uns gelernt hatte, auf sich achtzugeben, fühlte er sich recht zuversichtlich. Also setzte er sich in einen Zug und fuhr ab nach Madras.

Sonnabend nacht, nach einem üppigen Wiedersehensmahl mit den Seinen, zog sich Sadan in seine alte Stube zurück, in der er seit mehr als vier Jahren nicht mehr geschlafen hatte. Er legte sich auf seine Matratze am Boden und sank in friedlichen Schlaf. Er war endlich wieder daheim und von den Seinen voll angenommen.

Als Sadan am nächsten Morgen erwachte und – wie er es bei uns gelernt hatte – nachsah, ob alles an seinem Körper in Ordnung war, erschrak er furchtbar. Der Oberteil seines linken Zeigefingers war weg! Weil er so etwas schon bei anderen Aussätzigen gesehen hatte, wußte er sofort Bescheid: Eine Ratte hatte ihn in der Nacht besucht und den Finger abgenagt! Bluttröpfchen, Spuren im Staub, Sehnenenden verrieten, wer hier am Werk gewesen war.

Unwillkürlich dachte Sadan: Was wird Dr. Brand sagen? Den ganzen Tag kämpfte er mit sich selbst. Sollte er sogleich nach Vellore zurückfahren? Doch dann entschied er sich, wie versprochen, das Wochenende über in Madras durchzuhalten. Vergebens suchte er nach einer Rattenfalle, die ihn die nächste Nacht über hätte schützen können. Alle Geschäfte waren wegen des Feiertages geschlossen. Er entschloß sich, die ganze Nacht über wach zu bleiben, um nicht abermals angenagt zu werden.

Die ganze Nacht zum Sonntag hockte Sadan mit gekreuzten Beinen auf seiner Matratze. Den Rücken hatte er gegen die Mauer gelehnt, beim Licht einer Petroleumlampe studierte er ein dickes Buch. Doch gegen vier Uhr morgens wurde er todmüde, seine Augen fielen ihm zu, er konnte nicht länger gegen den Schlaf ankämpfen. Das Buch fiel ihm aus der Hand auf die Knie, und die Hand sank zur Seite gegen das heiße Glas der Lampe.

Als er morgens erwachte, sah er sofort, daß der Rücken der rechten Hand völlig verbrannt war. Zitternd saß er auf seiner Liege, völlig verzweifelt starrte er abwechselnd auf seine Hände. Die eine war von der Ratte benagt, die andere an dem heißen Zylinder der Lampe verbrannt. Was er bisher nur vom Hörensagen kannte, hatte er nun am eigenen Leibe erlebt: die Gefahren der von der Lepra erzeugten Gefühllosigkeit. Und wieder dachte er: Wie kann ich Dr. Brand, der so hart an diesen Händen gearbeitet hat, vor die Augen treten?

Beide Hände bandagiert, erschien Sadan in Vellore. Als ich die Binden abzuwickeln begann, weinte er. Und ich muß gestehen, ich weinte mit ihm. Als er mir sein Herz ausschüttete, klagte er: ,,Mir ist, als hätte ich meine Freiheit abermals verloren." Und dann: ,,Doch wie kann ich frei werden, wo ich doch keinen Schmerz empfinde?"

Eine Frage, die noch heute mit mir geht.

Sadan ist nur ein Beispiel für jene Millionen, die an Lepra oder anderen Krankheiten leiden, die gefühl- und schmerzlos machen. Alle zusammen bieten ein überzeugendes Negativbeispiel dafür, welche Bedeutung der Schmerz wirklich hat. Im Grunde ist Schmerz das Signal, daß irgendetwas nicht in Ordnung ist. Er ist wie die Feuersirene, die ausgelöst wird von einer Alarmanlage, die losgeht, sobald Rauch in der Luft ist. Sadan erlitt die Schäden an seinen Händen, weil bei ihm die Alarmanlage nicht funktionierte.

Doch Schmerz hat außerdem noch eine andere Bedeutung, die oft übersehen wird. Schmerz eint den Körper, macht bewußt, daß er ein Ganzes ist. Sadan mußte darum leiden, weil sein übriger Körper keine Verbindung – keine Schmerzverbindung – zu den Händen hatte. Kein Schmerz gab seinem Hirn bekannt, was da Schreckliches mit seinen Händen geschah.

Der Schmerz verbindet den Körper zu einer Einheit. Ein entzündeter Zehennagel sagt mir: Der Zeh ist für dich wichtig, er gehört zu dir, du mußt dich um ihn kümmern. Haare? Na schön, die gibt es, doch sie sind mehr als Schmuck da. Man kann sie bleichen, frisieren, färben und sogar abschneiden. Es tut kein bißchen weh. Doch was weh tut, das gehört unbedingt zu mir, das darf nicht verlorengehen!

Nichts macht mir mehr Kummer, als wenn ich in unserem Carville-Krankenhaus beobachte, wie meine Patienten das Gefühl der lebendigen Verbindung zu ihren Händen und Füßen verloren haben. Kaum ist die Schmerzempfindung weg, so beginnen sie, ihre eigenen Gliedmaßen wie die eines Fremden zu betrachten. Sie sind für sie nur noch tote Anhängsel. Wir reden nur bildlich davon, daß eine Hand uns ‚abgestorben' sei. Wir meinen damit, sie hätte kein Gefühl mehr, weil wir in ungeschickter Stellung auf ihr gelegen haben. Die Aussätzigen betrachten aber ihre Hände wirklich als abgestorben. Sie sind für sie – tot.

Einen häufig in Carville vorkommenden Unfall nannten wir ‚Kußwunde'. Dazu kam es, wenn eine Zigarette unbemerkt herunterbrannte und die Haut zwischen den beiden Fingern verschmorte. Für den Leprakranken sind die Hände so etwas wie unpersönliches Zubehör, so ähnlich wie Zigarettenhalter aus Plastik. Einer, der sich auf solche Art langsam seine Hände ruinierte, sagte zu mir: ,,Wissen Sie, meine Hände sind eigentlich gar nicht meine Hände. Sie sind eher so etwas wie hölzerne Instrumente. Und ständig habe ich das Gefühl, sie könnten ruhig verschwinden. Sie gehören ja gar nicht zu mir."

Als Leiter der Rehabilitations-Abteilung unseres Krankenhauses muß ich mich immer wieder bemühen, unsere Patienten an diese Körperteile zu erinnern, die sie selber schon längst abgeschrieben haben, da sie ja nie wehtun. Und einen großen Teil meines Lebens habe ich damit verbracht, die Schäden zu beheben, die auf den Mangel an Schmerz zurückzuführen waren. Ich würde viel dafür geben, wenn es gelänge, diesen Menschen das alte Gefühl für das Körperganze zurückzugeben. Doch leider ist das ohne den Schmerz nicht möglich. Nur der Schmerz macht uns bewußt, daß unser Körper eine Ganzheit ist; geht das Schmerzempfinden verloren, so ist auch das Empfinden für die Einheit unseres Körpers unwiederbringlich dahin.

Wir hatten unter unseren indischen Patienten auch eine Gruppe Halbwüchsiger, die den Spitznamen ‚die Schlingel‘ trugen. Sie waren ständig damit beschäftigt, die Grenzen unserer Langmut zu ermitteln. Diese Schlingel machten sich einen Spaß daraus, andere mit ihrer Unempfindlichkeit zu erschrecken. So bohrten sie sich einen Dorn in den Handballen und zogen ihn auf der anderen Seite wie eine Nähnadel wieder heraus. Sie gingen über glühende Kohlen oder hielten die Hand über eine Flamme. Überflüssig zu sagen, daß sie sich mit solchen Torheiten oft verletzten und sich dann bemühten, es uns nicht wissen zu lassen. Fragte man sie, wie sie sich die Verletzung zugezogen hätten, dann grinsten sie schief und sagten: ,,Och, das ist von alleine gekommen."

Nachdem wir alle unsere Kenntnisse über Psychologie und Motivationstherapie ausgespielt hatten, gelang es uns manchmal, diesen Schlingeln etwas mehr Respekt vor ihrem Körper beizubringen, so daß sie ihren Einfallsreichtum jetzt zum Besten ihrer Glieder einsetzen konnten. Während eines solchen Rehabilitationsprozesses hatte ich oft das Gefühl, ich müsse diese Burschen mit ihrem Körper überhaupt erst bekannt machen, damit sie ihn gefälligst als ein Stück des eigenen Ichs annahmen.

Als ich Jahre später an einem Laboratorium mit Tieren arbeitete, mußte ich zu meinem Mißvergnügen feststellen, daß Tiere, die keinen Schmerz mehr empfinden, ihre Körperteile noch stärker als etwas Fremdes empfinden. So kam es vor, daß sich Ratten die Füße anfraßen, sobald sie Hunger hatten. Auch hörte ich, daß Wölfe und Kojoten, die in eine Falle gerieten und bei Frost das Schmerzgefühl verloren, sich retteten, indem sie das in der Falle sitzende Bein abnagten. Diese Beispiele sind für mich Beweis, welch wichtige Rolle der Schmerz für uns spielt. Geht der Schmerz verloren, so ist auch das Wissen von der Einheit des Körpers dahin.

Eine Amöbe – ein Einzeller – nimmt jede Bedrohung sofort als Gefahr für das Ganze auf. Und sie reagiert dementsprechend. Bei Organismen jedoch, die aus vielen Zellen bestehen, ist dazu mehr nötig. Sie brauchen den Schmerz, der sie verbindet und als Zellverband informiert. Der Kopf muß fühlen, was am Hinterende benötigt wird.

Ich wende mich jetzt von diesem komplizierten System der Schmerzübertragung im Körper zu dem vergleichbaren Bilde des Leibes Christi auf Erden, dieser Gemeinschaft der Gläubigen. Und wieder bin ich betroffen, wie wichtig ein solches System auch hier ist. Auch hier spielt der Schmerz eine lebenswichtige Rolle. Er hält – ganz ähnlich wie der körperliche Schmerz – auch die Gemeinschaft der Gläubigen als die eine, allgemeine, christliche Kirche zusammen.

Doch es bestehen da gewisse Unterschiede. Unser natürlicher Leib ist eine Einheit, die aus Zellen gebildet ist, die fest und unlösbar miteinander verbunden sind. Der Leib Christi dagegen setzt sich aus selbständigen Gliedern zusammen. Diese Glieder der Kirche sind keineswegs durch feste Verbindungen miteinander verschweißt. Und trotzdem bietet der Leib Christi die großartige Chance, am Schmerz des Nächsten teilzuhaben. In der Natur muß die einzelne Zelle mit den anderen mitleiden, damit der vielzellige Organismus überleben kann. Wenn ein lebendes Gewebe verletzt wird, schreit es seinen Schmerz heraus, und das Ganze hört es. Wir Glieder des Leibes Christi sind aufgerufen, uns auf einer höheren Ebene als Einheit zusammenzufinden. Uns gilt das Gebot: Liebe deinen Nächsten wie dich selbst. Und folgerichtig sagt darum Paulus: „Wenn irgendein Teil des Körpers leidet, dann leiden alle anderen mit ihm" (1. Korinther 12,26).

So wie im Körper die Dendriten die einzelnen Nervenzellen verbinden, so verbinden uns Menschen unsere Gefühle. Das zeigt sich sogar bei so banalen Begebenheiten wie sportlichen Wettkämpfen. Tennismeisterschaft in Wimbledon: Unter den Zuschauern sitzt die Gattin des Spielers, der dort unten eben um den Einzug ins Finale kämpft. Man braucht nur in das Gesicht dieser Frau zu blicken, und man weiß, was auf dem Platz vorgeht. Jeder gute oder schlechte Schlag ihres Mannes spiegelt sich auf ihrem Gesicht wider. Sie zuckt zusammen, wenn er den Ball verschlug, sie lächelt befreit, wenn er den Gegner ausspielte. Was er empfindet, das fühlt auch sie.

Oder besuchen wir einen jüdischen Haushalt in Miami, San Francisco oder Chicago just an dem Tage, an dem in Israel die Wahlen zur Knesset stattfinden. Wir werden staunen: Viele Juden wissen über die Wahlen in Israel besser Bescheid als über die in ihrem eigenen Bezirk. Ein unsichtbares Netz, ein feinmaschiges Gewebe zwischenmenschlicher Beziehungen, verknüpft sie mit jener unbedeutenden Nation, die viele tausend Kilometer weit weg ist und aus Menschen besteht, die ihnen persönlich völlig fremd sind.

Oder denken wir daran, wie eine ganze Nation trauert, wenn einer ihrer Großen gestorben ist. Wie stark so etwas eine Nation vereinen kann, erlebte ich im Jahre 1963. Ich war damals in die Staaten gekommen, um in der Student-Chapel der Stanford-Universität zu sprechen. Wie es manchmal so kommt, der Gottesdienst dort fand genau zwei Tage nach der Ermordung John Kennedys statt. Das Thema meines Vortrags war ‚Der Schmerz'. Das Thema traf: Auf allen Gesichtern der in der Chapel dicht gedrängten Studenten war tiefer Schmerz zu lesen. Ich schilderte ihnen Szenen aus aller Welt, wo überall Menschenmengen sich versammelt hatten, um im Gebet an der Trauer einer ganzen Nation teilzunehmen. Niemals wieder habe ich in einem Gottesdienst die ‚Einheit im Geist' so stark empfunden wie damals.

Ein solches Gemeinschaftsgefühl sollte uns Christen rund um die Welt als Glieder des Leibes Christi zusammenschließen. Wenn in Südafrika schwarze Christen ins Gefängnis geworfen werden, wenn eine rote Regierung in Kambodscha systematisch die Kirche verfolgt und in Mittelamerika Todesschwadronen Christen morden, wenn Moslems einen Getauften aus ihrer Stadt verstoßen oder wenn meine Nachbarn arbeitslos werden, es ist ein Teil von meinem Körper, der da leidet, und ich sollte den Schmerz mitfühlen. Einsamkeit, Verzweiflung und Verleumdung, körperliches Leiden und Selbsthaß – sie alle können uns Schmerz signalisieren, Schmerz, der auch mich angeht.

„Wie kann ein Mann, der im Warmen sitzt, einen anderen verstehen, der jämmerlich friert?" Alexander Solschenizyn hat diese Frage gestellt, als er versuchte, die Apathie verständlich zu machen, unter der Millionen von Gulag-Häftlingen leiden. Und er hat sein Leben der Aufgabe gewidmet, als ‚Nervenzelle' zu wirken, die den ganzen Körper auf eine schmerzende Wunde aufmerksam macht, die alle übersehen haben. In einem Leibe, der sich aus Millionen Zellen zusammensetzt, sollen gerade die, denen es gut geht, hellwach auf solche Schmerzbotschaften achten. Wir müssen es dazu bringen, daß der Geräuschpegel, bei dem wir aufhorchen, so niedrig wie möglich liegt. Wir müssen hören lernen, scharf hinhören, wo Menschen leiden. Das Wort Mitleid bedeutet Mitleiden. Wie Christus mit uns litt, sollen wir mit unserem Nächsten mitleiden.

Die Welt ist heute klein geworden. Daher hören wir auch als Leib Christi von vielen anderen Zellen: von verfolgten Gläubigen in Rußland und hungernden Afrikanern, von unterdrückten Menschen in Südafrika und Mittelamerika – alle Zeitungen sind voll davon. Hören wir überhaupt noch hin? Hören wir die Hilferufe ebenso deutlich, wie unser Gehirn die Schmerzsignale unseres strapazierten Rückens oder eines gebrochenen Armes wahrnimmt? Oder drehen wir nicht lieber die Lautstärke herunter, um alle Mißtöne herauszufiltern?

Doch warum in die Ferne schweifen? Wie steht es denn mit den Nöten in unserer eigenen Gemeinde? Sie ist doch auch ein Stück vom Leibe Christi. Und was tun wir? Leider berichten die Geschiedenen, die Alkoholabhängigen und die Vereinsamten, die Ausgeflippten und die Arbeitslosen, daß ausgerechnet die Kirchengemeinde ihnen am allerwenigsten Mitgefühl zeigt. Wir verhalten uns wie einer, der beim geringsten Anzeichen von Kopfschmerz ein Aspirin nimmt; wir suchen diese anfälligen Gemeindeglieder zu beruhigen; wir kurieren an ihren Symptomen herum, ohne auf die tieferliegenden Ursachen ihrer Not einzugehen.

Irgendwer fragte mal John Wesleys Mutter: ,,Welches von Ihren elf Kindern lieben Sie am meisten?" Die Antwort, die Frau Wesley gab, war ebenso weise, wie die Frage des Neugierigen töricht gewesen war. ,,Ich liebe das Kind, das gerade krank ist, am meisten, bis es wieder gesund ist, und das, was gerade weit weg ist, bis es wieder daheim ist." Genau das ist, wie ich meine, auch Gottes Haltung gegenüber uns leidenden Menschen. Er leidet mit. Leiden wir mit?

Gott faßt sein Urteil über den König Josia kurz und bündig so zusammen: ,,Den Schwachen und Armen verhalf er zum Recht; deshalb stand alles gut." Und dann folgt der verblüffende Nachsatz: ,,Wer so handelt, zeigt, daß er mich kennt" (Jeremia 22,16).

Immer wieder höre ich in der Kirche den Ruf nach Einheit. Die Weltöffentlichkeit beobachtet uns mit wachen Augen und sieht unsere Zerrissenheit als unsere größte Schwäche. Da wird dann die Forderung laut, die verschiedenen Konfessionen sollten sich vereinigen, zumindest sollten sie sich zum Handeln auf nationaler oder auch weltweiter Ebene zusammenschließen. Aufgrund meiner Erfahrungen, die ich mit dem Nervensystem des menschlichen Körpers gewonnen habe, möchte ich etwas anderes vorschlagen: Vereinigt euch im Schmerz!

Ob ein natürlicher Körper gesund ist, kann ich an der Art und Weise erkennen, wie er auf Schmerz hört. Die meisten unserer diagnostischen Methoden – Fieber, Puls, Zahl der Blutkörperchen – prüfen, wie der Körper gegen Krankheit angeht. Ebenso hängt die Gesundheit des Leibes Christi davon ab, ob und wie die Starken den Schwachen helfen.

Manchmal hören wir jemand laut und ununterbrochen vor Schmerz schreien. Wir können nicht helfen, sollten den Ruf aber trotzdem in uns aufnehmen. Schmerzmeldungen von weitentfernten Außenposten machen mir mehr Kummer, es sind die äußersten Glieder des Leibes Christi, die wir irgendwie haben zum Schweigen bringen können. Ich habe im Laufe meines Lebens viele Amputationen durchgeführt, die meisten deswegen, weil ein Fuß oder eine Hand verstummt waren und keinen Schmerz mehr durchgaben. Genauso gibt es Glieder am Leibe Christi, deren Schmerz wir nicht mehr fühlen, weil wir die Verbindung, auf der sie es uns hätten melden können, durchtrennt haben. Sie leiden, aber niemand hört sie. Über sie breitet sich das große Schweigen.

Beispiele? Nun, ich denke etwa an meine Freunde im Libanon. In Beirut leben Kinder, die nie etwas anderes als Krieg erlebt haben. Sie tragen Maschinenpistolen genauso gleichgültig, wie unsere Kinder mit Wasserpistolen hantieren. Sie spielen nicht in Parks, sondern in den Ruinen von Hochhäusern, die durch Bomben zerstört sind. Die Christen im Libanon, besonders die armenischen, fühlen sich von den Kirchen des Westens im Stich gelassen. Von diesen Kirchen, die so viel Aufmerksamkeit für Israel aufbringen, aber so tun, als seien alle Nichtisraelis im Orient nur Araber und Moslems. Die Sprecher der libanesischen Christen bitten immer wieder um mehr Verständnis bei den Brüdern und Schwestern des Westens. Doch wir tun, als seien alle Nervenverbindungen zwischen uns zerschnitten und alle Synapsen abgerissen. Nur wenige hören den Hilferuf aus dem Osten und beantworten ihn mit christlicher Liebe.

Oder soll ich die Alten erwähnen, die man hinter Heimmauern außer Sichtweite bringt, um ihr Gejammer über Vereinsamung nicht anhören zu müssen? Oder die geprügelten Kinder, die man als unwillkommene Gäste in Pflegeheime steckt? Soll ich vom Rassismus reden, der christliche Brüder wegen ihrer Hautfarbe ausschließt; von Gefangenen hinter hohen Stacheldrahtzäunen oder von ausländischen Studenten, die isoliert und verstoßen in billigen Quartieren hausen müssen? Doch auch viele andere, die man um geringerer Dinge willen abgeurteilt hatte, sehen sich ausgestoßen und sind verbittert.

In unserer modernen Gesellschaft haben wir einen bequemen Ausweg aus der Verantwortung gefunden. Wir bilden Ausschüsse, gründen Organisationen und setzen Sozialarbeiter ein, die sich dann gefälligst mit dem Problem zu beschäftigen haben. Und wenn wir nicht aufpassen, entsteht so etwas wie eine organisierte Wohltätigkeit, die jeden persönlichen Kontakt zwischen den Betroffenen und den Helfern unterbindet. Kommt es soweit, dann leiden beide Seiten: sowohl die ‚Wohltätigkeitsempfänger‘, die dadurch von jeder menschlichen Begegnung und allem Mit-leiden abgeschnitten sind, wie auch die ‚Wohltäter‘, für die nun Wohltun so etwas wie ein frommes Geschäft wird.

Wenn im menschlichen Körper ein Teil den Gefühlskontakt

mit dem übrigen Leib verliert, dann beginnt dieser Teil sich zurückzubilden und zu verkümmern. Das geschieht auch dann, wenn er vom Körper sonst noch gut versorgt und ernährt wird. In der überwiegenden Mehrzahl der Fälle sind schwere Mißbildungen oder Verstümmelungen die Folge. Was der Körper nicht mehr fühlt, das schützt er nicht. Im geistlichen Leibe Christi ist das nicht anders: Geht das Mitgefühl verloren, so führt das unausweichlich zur Verkümmerung. Viel Leid in der Welt geht auf unsere Selbstsucht zurück. Dabei sind wir doch ein lebender Organismus, in dem einer des anderen Last tragen sollte (Galater 6,2).

Ich muß auch darauf hinweisen, daß die Glieder des Leibes Christi auf noch andere Weise einander dienen können: indem sie des anderen Leid auf sich nehmen. Ich will dies mit äußerster Behutsamkeit sagen: Wir können gerade dann Liebe zeigen, wenn es so aussieht, als tue Gott das nicht.

Wenn Christen, die schwer leiden mußten, sich über ihr Leiden Rechenschaft geben, dann sagen sie, sie seien ‚durch ein dunkles Tal' gegangen (Psalm 23), in dem von Gott nichts zu spüren war. Solche Aussagen ziehen sich vom Buch Hiob über die Psalmen durch die ganze Heilige Schrift. Gerade dann, wenn wir ihn am nötigsten brauchen, ist Gott unerreichbar fern. In solcher Verlassenheit schreit dann der ‚Leib': „Aus tiefer Verzweiflung schreie ich zu dir. Herr, höre mich doch! Sei nicht taub für meinen Hilferuf!" (Psalm 130) Dann sind wir wirklich ‚Christi Leib', Gott ist dann ‚Fleisch' geworden hier in unserer Welt.

Wenn es so scheint, als gebe es keinen Gott, gerade dann können wir ihn anderen beweisen: indem wir selbst seine göttliche Liebe an den Tag bringen. Wenn Gott uns in der Stunde höchster Not nicht hilft, so mag man das als ein Versagen Gottes ansehen. „Mein Gott, warum hast du mich verlassen?" (Psalm 22,1 und Markus 15,34) Ich selber aber höre aus diesem Schrei den Hilferuf des einen leidenden Gliedes an den übrigen Leib: Durchbrecht die Mauer meiner Einsamkeit und nehmt mich in die Liebe Gottes auf!

Ich fühle mich mit dieser Auffassung in guter Gesellschaft, denn auch Paulus schreibt (2. Korinther 1,3–7): „Gepriesen sei Gott, der Vater unseres Herrn Jesus Christus! Er ist ein

Vater, dessen Güte unerschöpflich ist und der uns nie verzweifeln läßt. Auch wenn ich viel durchstehen muß, gibt er mir immer wieder Mut. Darum kann ich auch anderen Mut machen, die Ähnliches durchstehen müssen. Ich kann sie ermutigen, so wie Gott mich selbst ermutigt hat. Ich teile die Leiden Christi in reichem Maß. Aber ebenso reich ist die Ermutigung, die mir durch ihn geschenkt wird. Wenn ich leide, so geschieht es zu eurem Besten, damit euer Mut gestärkt wird. Und wenn ich ermutigt werde, so geschieht es, damit ihr Mut bekommt, die gleichen Leiden wie ich geduldig zu ertragen. Ich bin ganz zuversichtlich, wenn ich an euch denke; denn ich weiß: Wie ihr mein Leiden teilt, so habt ihr auch teil an der Zuversicht, die mir geschenkt wird."

Von Pedro, einem meiner Patienten in Carville, lernte ich, mehr Verständnis für den Schmerz aufzubringen. Seit fünfzehn Jahren hatte er keine Schmerzempfindung mehr in der linken Hand. Und doch wies diese Hand überraschenderweise keine Verunstaltung auf. Pedro war unter allen Patienten, die wir hatten, der einzige, dessen Hand nicht verkrüppelt war, ja, dem nicht einmal eine Fingerkuppe fehlte.

Mein Kollege untersuchte Pedros Hand sehr sorgfältig und machte dabei eine überraschende Entdeckung: Ein kleiner Fleck an der Handkante war noch voll schmerzempfindlich. Hier konnte Pedro auch die leichteste Berührung mit einem Nagel, ja, sogar mit einem steifen Haar wahrnehmen. Die ganze übrige Hand dagegen war völlig gefühllos. Mit einem Thermoschreiber stellten wir fest, daß dieser Hautfleck mindestens sechs Grad wärmer war als die übrige Hand. Damit war Pedros Hand für uns zu einem hochinteressanten Studienobjekt geworden. Pedro ließ alle Tests, die wir mit ihm anstellten, großzügig über sich ergehen. Wir stellten fest, daß Pedro mit seiner Hand an die Gegenstände so heranging wie ein Hund mit seiner Nase. Eine Tasse Kaffee führte er erst dann an die Lippen, wenn er sie mit dem ‚Fühlfleck' seiner Hand auf ihre Temperatur geprüft hatte.

Endlich war Pedro unsere rastlose Beschäftigung mit seiner Hand satt. Er sagte: ,,Was wollt ihr, ich wurde mit einem

Muttermal in der Hand geboren. Die Ärzte meinten, das sei ein Hämangiom, eine Blutgeschwulst, ein Feuermal. Sie behandelten es dann mit Trockeneis. Aber sie haben es nicht ganz wegbekommen, denn noch immer fühle ich darin den Pulsschlag." Leicht verärgert, weil wir nicht selbst an eine solche Möglichkeit gedacht hatten, stellten wir jetzt bei gezielter Untersuchung fest, daß die Blutgefäße seiner Hand tatsächlich völlig unnormal verliefen. Ein Arteriengewirr beförderte eine Sonderration Blut heran, das dann – durch eine Art Kurzschluß – auf geradem Wege zurück in die Venen floß, ohne zuvor die feinen Kapillaren passiert zu haben. So kam es, daß dieser Teil der Hand rasch durchblutet wurde und auf diese Weise die Temperatur hielt, die das Blut vom Herzen her mitbekam. Bei einer Temperatur dieser Höhe können aber die Leprabazillen nicht gedeihen!

Ein winziger warmer Fleck, nicht größer als ein Groschen, den Pedro bisher als einen Mangel angesehen hatte, hatte ihm, als er an Aussatz erkrankte, zu einer wunderbaren Erfahrung verholfen. Dieser eine Fleck hatte ihm die ganze Hand erhalten, weil er schmerzempfindlich geblieben war.

Ich bete inständig, daß es in unserer Kirche, die groß geworden ist und sich institutionalisiert hat, ähnliche Flecke gibt, die noch Schmerz empfinden können. Wir müssen nach Propheten ausschauen, die durch Rede, Predigt oder auch durch ihre Kunst uns aufscheuchen, die ihren Schmerz artikulieren können, so daß wir aufhorchen.

„Weil mein Volk zusammengebrochen ist, ist mein Herz zerbrochen", klagt Jeremia (8,21). „Diese Qual in meinen Eingeweiden! Ich winde mich vor Schmerzen. Mein Herz klopft, daß es fast zerspringt. Ich kann nicht mehr schweigen" (Jeremia 4,19).

Auch der Prophet Micha schrieb sich seinen Gram über Israels Zustand vom Herzen: „Wenn ich daran denke, packt mich das Entsetzen! Zum Zeichen der Trauer gehe ich barfuß und halbnackt, ich heule wie ein Schakal und wimmere wie der Vogel Strauß. Samaria wird sich nicht mehr von diesem Schlag erholen" (Micha 1,8–9).

Diese Propheten stehen in scharfem Gegensatz zu Jona. Jona fühlte nicht, um was es ging. Er dachte nur an das eigene Wohlergehen und suchte sich davor zu drücken, der Stadt Ninive Gottes Strafe anzukündigen. Doch die anderen Propheten versuchten Israel zu warnen und aus seiner sozialen und geistlichen Stumpfheit wachzurütteln. Wir täten gut daran, unsere modernen Jeremias und Michas zu unterstützen. Wir sollten von Pedro, der seinen Handfleck, der noch schmerzempfindlich war, so hoch einschätzte, etwas lernen: Auch wir sollten diese Mahner hochschätzen, die mit uns fühlen und uns sagen, was bei uns im argen liegt. Schirmen wir uns gegen Schmerzen ab, so laufen wir Gefahr, unsere Zugehörigkeit zum Leibe Christi zu verspielen. Wir verzichten dann auf das herrliche Vorrecht, Gottes Kinder sein zu dürfen. Wir müssen wissen: Ein lebender Organismus ist nur so stark wie sein schwächstes Glied.

21 Man kann damit fertigwerden

Ein typischer Sommertag in Louisiana. Die Schwüle hängt so schwer in der Luft, daß ich bei jedem Atemzug das Gefühl habe, meine Lungen mit Wassertröpfchen zu füllen. In den paar Minuten, die ich brauchte, die drei Stockwerke der eisernen Feuerleiter draußen hinaufzusteigen, bin ich in Schweiß gebadet. Ein Glück, daß wenigstens der Tierversuchsraum eine Klimaanlage hat.

Ich werfe einen kurzen Blick auf die geraden Reihen der Käfige, die den Gang säumen. Ratten, Mäuse, Kaninchen und Gürteltiere – nicht gerade Arten, die man sich als Stubengenossen aussuchen würde. Doch alle diese Tiere sind hier, weil wir sie für die Lepraforschung benötigen. Ich kann hören, wie Clarence in dem großen Käfig, der sich am Ende des Ganges befindet, herumwirtschaftet. Clarence, ein Äffchen, kann als einziges all dieser Wesen persönliche Beziehung zu mir aufnehmen. Und darum begrüße ich sie herzlich.

Ich habe zu Clarence eine gewisse Vorliebe entwickelt. Das rührt zum Teil daher, daß sie in mir sentimentale Erinnerungen an Äffchen weckt, die ich als Kind in Indien zu Spielgenossen hatte. Zum Teil liegt es aber auch einfach daran, daß Clarence ein richtiger kleiner Clown ist. Wir alle mögen sie deshalb und achten darauf, daß wir ihr bei unseren Versuchen so wenig Schmerzen wie nur möglich verursachen.

Zunächst spiele ich ein bißchen mit Clarence auf dem Tisch. Dann fasse ich ihren rechten Arm und beginne, die Binde, die ihn bedeckt, abzuwickeln. Ihre Finger sind zartrosa und runzlig, genau wie die eines menschlichen Babys, nur daß auf den Knöcheln Büschel schwarzer Haare sprießen. Doch mich interessieren jetzt nur die Fingerkuppen. An zweien stelle ich leichte Schwellungen fest, an der dritten erste Anzeichen einer Wasserblase. Nun sehe ich sie mir mit einem Vergrößerungsglas genauer an. Besonders achte ich darauf, ob es zwischen den ersten zwei Fingern und den anderen beiden markante Unterschiede gibt. Doch ich finde keine. Clarence zuckt ein wenig, wenn ich zwei ihrer Finger berühre. Äußerlich sehen sie nicht mehr geschwollen aus als die beiden anderen. Nur eben, daß sie empfindlicher zu sein scheinen. Damals, als ich Clarence erhielt, durchtrennte ich chirurgisch die Schmerznerven der beiden anderen Finger. Seitdem hat Clarence also zwei ganz normale Affenfinger und zwei andere, die ohne Schmerzempfindung sind. Mein wissenschaftliches Interesse gilt besonders dieser teilweise unempfindlichen Hand, die ich in einen schützenden Schienenverband gewickelt habe, damit diese zwei schmerzlosen Finger nicht verletzt werden können.

Die Versuche – die meist unter örtlicher Betäubung erfolgen – haben eine Reihe interessanter Ergebnisse erbracht über die Art und Weise, in der der Körper dem Schmerz begegnet. Vor allem hat sich gezeigt, daß gefühllose Finger nicht schwerer beschädigt werden als normale, wenn sie gleichen Belastungen ausgesetzt werden. Alle vier Finger von Clarence sind in gleicher Weise verletzbar. Jetzt kann ich meinen Leprakranken beweisen, daß eine Verstümmelung ihrer gefühllos gewordenen Glieder vermeidbar ist und daß sie, wenn sie sich Mühe geben, ernsthafte Verletzungen auch dann vermeiden können, wenn das Schmerzgefühl verlorengegangen ist.

Die Vernarbungen auf Clarence' gefühllosen Fingern zeigen, daß der Körper auch dann den Heilungsprozeß in Gang setzt, wenn kein Schmerzsignal das Zentralnervensystem erreicht hat. Die Nervenbahn, auf der die Schmerzmeldung an das Gehirn hätte gelangen können, war schon lange zuvor durch mein Skalpell unterbrochen worden. Die Zentrale da oben hat also überhaupt nichts gemerkt. Die Selbstheilung – Schwellung, erhöhte Blutzufuhr, Vernarbung – erfolgt also sozusagen ‚auf örtlicher Ebene'.

Im vorausgehenden Kapitel haben wir gesehen, daß der Schmerz darum so wertvoll ist, weil er die einzelnen Zellen vereint und damit auch den ganzen Körper zu einer Einheit zusammenschließt. Darum sollte auch ich, ein Glied am Leibe Christi, auf den Schmerz achten, den ein anderes Glied in meiner Nähe erleidet. Doch was soll ich dann tun? Wie soll ich auf den Schmerz meines Nächsten reagieren? Die Art, wie mein natürlicher Leib auf Schmerz eingeht, kann mich sehr wohl lehren, wie ich als Glied am Leibe Christi in angemessener Weise auf den Schmerz reagieren kann, der meinen Nächsten quält.

Um den Mechanismus der Schmerzreaktion besser verstehen zu können, habe ich die Versuche, die wir mit Clarence vorgenommen hatten, an mir selber unternommen. Es handelt sich dabei um kleine Maschinen, die einen Metalldraht gegen meine Fingerspitze stoßen. Dabei werden Stärke und Frequenz dieser Stöße exakt gemessen. Lege ich meine Hand unter das Hämmerchen, das mit einem Druck von 3 Pfund auf 1 Quadratzentimeter zuschlägt, so empfinde ich das noch nicht als schmerzhaft. Im Gegenteil, es fühlt sich beinahe angenehm an, etwa wie eine Vibrationsmassage. Lasse ich aber das Hämmerchen ein paar hundertmal auf meine Fingerspitze trommeln, so röten sich meine Finger, und die Sache wird für mich unangenehm. Steigt gar die Schlagzahl auf über 1500, so muß ich den Finger wegziehen, da ich den Schmerz nicht mehr aushalten kann. Mein Finger, der jetzt gegen die kleinste Berührung empfindlich ist, fühlt sich deutlich wärmer an als die anderen. Setze ich mich am nächsten Tag wieder an diese Maschine, so muß ich schon nach ein paar hundert Schlägen meinen Finger wegziehen. Auf eine geheimnisvolle und nicht leicht zu erklärende Weise bewertet mein Körper diesen Schmerz nicht nur nach seiner mechanischen Stärke, sondern auch danach, wie die Zellen es ‚fühlen‘, wann der Streß beginnt.

Die Schutzreaktion meines Körpers zeigt sich auch deutlich in der Temperaturerhöhung. Blut eilt der betroffenen Körperpartie zu Hilfe, der Körper versorgt die gefährdete Stelle mit einer Extraration. Und was das Schmerzsystem angeht, so führt die Temperaturerhöhung zu einer Hypersensibilität, einer Überempfindlichkeit. Mein Finger, der zuvor Hunderte kleiner Hammerschläge ausgehalten hat, ist jetzt gegen sie überempfindlich geworden. Jetzt, wo er heiß ist, könnten ja schon ein paar Schläge zuviel zu Blasenbildung und Entzündung führen. Ganz ähnlich wird ein Finger, der eine Verbrennung erlitt, in der Folge überempfindlich gegen Hitze, weil schon ein wenig Hitze jetzt ausreichen würde, das leicht verbrannte Gewebe völlig zu zerstören. Ich habe mehr als einmal meine Hände in ein Gefäß mit warmem Wasser gehalten, nur um dabei überrascht festzustellen, daß meine beiden Hände ganz unterschiedliche Meldungen machten. Meine Linke meldete, das Wasser sei heiß, die Rechte dagegen, es sei nur warm. Wie kam das? Plötzlich fiel mir ein, daß beim Frühstück ein Tropfen Fett aus der Pfanne gesprungen und auf meiner linken Hand gelandet war. Ich hatte davon nicht weiter Notiz genommen, aber die Schmerznerven, die an der verbrannten Stelle endeten, hatten auf den Schreck hin ihre Reizschwelle erniedrigt und meldeten jetzt heiß, wo es nur warm war.

Wer hat es nicht schon erlebt, daß ein schlimmer Finger ihn dauernd zum Narren hielt. Da hatte man eine Nagelbettentzündung, und ständig war dieser Finger jetzt irgendwie im Wege! Man mochte sich vorsehen, so gut man nur konnte, alle paar Minuten stieß man sich diesen Finger, und das tat sehr weh. Diese Empfindlichkeit hat ihren guten Grund. Die Schmerzzellen an der entzündeten Stelle sind plötzlich zehnmal so empfindlich wie sonst. Ich werde darum nicht so dumm sein, dem Finger heißes Fett oder Hammerschläge zuzumuten. Die Schmerzzellen sind ‚voll aufgedreht'. So wird Überempfindlichkeit zu einem Schutzschild für jeden verletzten Körperteil.

Wir alle wissen, daß es auch psychologisch solche Überempfindlichkeit gibt. Wenn wir stark strapaziert sind, was meist von einer Summierung kleinerer Querelen herrührt – unerwartete Rechnungen, Arbeitsdruck oder Ärger in der Familie –, dann empfinden wir eine Lappalie, über die wir sonst hinweggegangen wären, wie einen schweren Schlag. Dann sollen wir wissen: Vorsicht, das Faß ist dicht vor dem Überlaufen!

Auch als Glieder des Leibes Christi sollten wir begreifen, daß Überempfindlichkeit eine Bedeutung hat und wie man auf sie reagieren muß. Die Zellen in meinen Fingern nehmen, auch wenn sie selber unverletzt sind, den Hilferuf der Nachbarn auf und geben sie ans Gehirn weiter. Solchen ‚fürbittenden Schmerz' gibt es auch im Leibe Christi.

Außerdem gibt der Körper den verletzten Zellen bestimmte Hilfen. Schmerz ist laut und nachhaltig und dadurch besonders wirksam. Auch Menschen, die körperlich oder seelisch Schmerz erleiden, sind überempfindlich und können in diesem Zustand gegen die, die ihnen helfen wollen, ausfallend werden. Sie erwarten von den Gesunden und Starken die Bereitschaft, auf sie einzugehen und auch die unter der Oberfläche verborgenen Nöte zu sehen.

Ein bekannter Pastor hat einmal gesagt: ,,Die christliche Kirche ist die einzige mir bekannte Einrichtung, die auf ihre eigenen Verwundeten noch schießt." Er wies in dem Zusammenhang auf die weit verbreitete Neigung hin, Gemeindemitglieder, die in seelischer oder leiblicher Not sind, schroff zu verurteilen. Ein Körper, der gesund ist, würde dagegen alles tun, den Schmerz weiterzuleiten, und dafür sorgen, daß er auch wirklich wahrgenommen wird. Meine Versuche mit den gefühllosen Fingerspitzen des Äffchens haben eindeutig ergeben: Hilfestellung geben die Nachbarn des betroffenen Teils.

Wirkliche Nächstenliebe schützt und verteidigt die, die besonders gefährdet sind. Wir sind aufgerufen, die Geschlagenen zu stützen, den Gefühllosen mit Milde zu begegnen und Nöte, die einem anderen über den Kopf zu wachsen drohen, auf uns zu nehmen. Als früherer Missionar kann ich nicht genug betonen, wie wichtig für mich die Menschen in der Heimat waren, die für mich die Hände falteten und mir ermunternde Briefe schrieben. Diese Beter daheim waren die besonders schmerzempfindlichen Zellen, die meine Nöte herausgefühlt und aufgenommen hatten. Sie gaben mir Kraft in Zeiten der Not. Es liegt an diesen Auserwählten, ob ein Missionar zwanzig Jahre draußen aushält oder schon nach kurzer Zeit zusammenbricht.

Ich mußte einmal als Ringarzt bei einem Profiboxkampf fungieren. Ich war also für die Verletzungen zuständig, die während des Kampfes auftreten mochten. Ich muß dazu bemerken, daß ich nur dieses eine Mal eine solche Aufgabe übernommen habe. Der Anblick zweier Menschen, die einander die lebenden Zellen kaputtschlagen, widerspricht zutiefst meinem medizinischen Denken. Jenes eine Mal reichte mir ein für allemal.

Eine Szene sehe ich noch heute lebhaft vor mir. Nach einer wilden Runde sprang der Trainer eines Schwergewichtlers herauf in den Ring und eilte in die Ecke seines Mannes, wo auch ich gerade zu tun hatte. ,,Die linke Augenbraue!" bellte er. Und in der Aufregung deutete er auf sein eigenes wild aufgerissenes Auge. ,,Ein paarmal bist du da gut bei ihm gelandet. Seine Braue ist schon geschwollen. Hau ihm immer wieder aufs linke Auge! Und du wirst sehen: Noch ein paar Treffer da, und sie platzt auf!"

Der Boxer befolgte getreulich die Anordnungen seines Trainers und schlug immer wieder auf die entzündete und überempfindliche Beule über dem Auge seines Gegners ein. Nach dem Kampf mußte ich das, was da an Haut und Braue übriggeblieben war, zusammenflicken. Die Schlägerei hatte ihren Zoll gefordert.

Dieser Kampf kommt mir immer wieder – und zwar unter ganz verschiedenen Umständen – in Erinnerung. Da ist man bei einem Freund zum Essen eingeladen. Alle langen zu und unterhalten sich lebhaft, bis zu dem Augenblick, da der Hausherr zu seiner Frau etwas sagt, was sie zu treffen scheint. Für sich genommen sieht die Bemerkung völlig harmlos aus. Doch es ist offensichtlich, daß die Hausfrau vor Ärger rot geworden ist und daß der Mann selbstgefällig in sich hinein grinst. Auch ohne daß ich die Hintergründe kenne, begreife ich: Volltreffer! Ein bei aller äußeren Freundlichkeit schmerzlicher Schlag hat gesessen. Das Mahl geht weiter, aber man spürt, daß von diesem Augenblick an Ärger in der Luft liegt.

Jedesmal, wenn ich einen solchen Schlagabtausch erlebe, höre ich wieder jenes: ,,Triff ihn – immer feste auf die linke Augenbraue!" Da macht einer eine mit Humor verbrämte Bemerkung über Hausputz, einen vorangegangenen Streit, eine persönliche Angewohnheit, über sexuelle Leistungsfähigkeit oder auch nur über die Schwiegereltern. Und es ist immer dasselbe: ,,Schlag auf die alte Wunde!" Jeder Ehepartner weiß längst, wo der andere verwundbar ist. Gerade unsere jahrelange Vertrautheit vergrößert ja unsere Verwundbarkeit. Denn wer liebt, gibt sich preis. Er riskiert, verlacht zu werden.

Wenn ich so etwas erlebe, dann wünsche ich mir, der Leib Christi möge doch dasselbe Gefühl der Zusammengehörigkeit zeigen wie mein natürlicher Leib. Da hilft eine jede Zelle der anderen, die Wunden zu heilen. Die Liebe verlangt das auch von uns.

Der menschliche Körper ist gar nicht so wehrlos. Er kann mehr als nur warnen, rot anlaufen und den Kampf aufgeben. Wenn ich die Bedeutung des Schmerzes in einem knappen Satz ausdrücken soll, dann würde ich sagen: Schmerz ist zielgerichtet. Er tut nicht weh, um uns Unbehagen zu bereiten, sondern fordert uns auf, mit der Gefahr, die er anzeigt, fertig zu werden. Meiner Meinung nach trifft das auf jede Art von Schmerz zu, nicht nur auf den körperlichen. Auch seelische und das Gemüt bedrückende Schmerzen sind durchaus zielgerichtet. Unrechttun schmerzt, damit man Vergebung sucht und findet. Niedergeschlagenheit will uns darauf aufmerksam machen, daß bestimmte Spannungen abgebaut werden müssen. Ein Ehekonflikt drückt aus, daß da tiefere Meinungsverschiedenheiten vorliegen, die offen ausgetragen werden sollten. Zusammengefaßt: Auch emotionale und seelische Schmerzen sind Warnzeichen, aber keine Krankheit. Und es ist ganz normal, daß Warnzeichen nicht eher schwinden, bevor nicht ihre Ursache, die Krankheit, beseitigt ist.

Auch Überempfindlichkeit ist nicht Stück einer grausamen Methode, uns noch mehr Leid zu schaffen; sie will vielmehr den Körper zwingen, sich auf den leidenden Teil einzustellen und ihm volle Aufmerksamkeit zu schenken.

Sobald es dem leidenden Glied gelungen ist, die Aufmerksamkeit des übrigen Körpers auf sich zu ziehen – sei es durch Botschaften, die durch das Nervensystem fliegen, oder durch Enzyme, die einzelne Zellen alarmieren –, so reagiert ein gesunder Körper auf der Stelle. Bei der Überempfindlichkeit verfährt der Körper sozusagen auf einem niederen ‚Level': er gibt die Belastung an andere weiter.

Ich grabe in meinem Garten. Wieder und wieder stoße ich den Spaten in den harten Boden. Und bei jedem Einstich muß meine Hand den Widerstand des Handgriffs auffangen. Eine Zeitlang macht mir das nichts aus, aber allmählich schreien die Zellen der Handfläche nach mehr Blut, die Haut rötet sich, ein Zeichen für erhöhte Temperatur und Überempfindlichkeit. Und weil meine Hand, ohne daß es mir bewußt wird, immer empfindlicher wird, verlagere ich den Druck, indem ich meine Griffhaltung verändere, so daß immer wieder ein anderer Teil meiner Handfläche den Druck aufnimmt. Auf diese Weise kann ich weitergraben.

Etwas Ähnliches erlebe ich, wenn ich mir neue Schuhe kaufe. Als ich im Schuhgeschäft versuchsweise ein paar Schritte machte, fühlten sich die neuen Treter ganz angenehm an. Doch als ich auf dem Heimweg ein oder zwei Kilometer hinter mir habe, da beginnt eine bestimmte Stelle meines Fußes um Hilfe zu schreien. Da scheuert und drückt es jetzt, obwohl zuvor alles in Ordnung schien. Marschiere ich trotzdem weiter, so antwortet mein Körper darauf mit einer Maßnahme, die zu dem kleinen Schmerzfleck in keinem rechten Verhältnis zu stehen scheint: Ich hinke. Die neue Gangart, obwohl unschön und auch unnatürlich, verringert den Druck, der auf der schmerzenden Stelle lag.

Ich hatte einmal den Star der Basketball-Mannschaft der Louisiana State University zu behandeln. Er war der ‚Hauptleistungsträger' der Mannschaft, ein phantastischer Werfer und Läufer, der jedes Spiel aus dem Feuer riß. Doch er konnte nie das ganze Spiel durchstehen. Regelmäßig bildete sich in der zweiten Halbzeit auf seinem Fuß vorne eine hochempfindliche Stelle. Eine Blase entstand, die am Ende aufbrach und ihn auszuscheiden zwang. Ich konnte auf ganz einfache Weise Abhilfe auf Dauer schaffen. Aus einer Paste, die aus Korkkrümeln und Latex bestand, fertigten wir eine Gußform, die genau auf seinen Fuß paßte. Auf diese Weise wurde die Druckstelle entlastet. Weil jetzt der Druck auf eine größere Fläche verteilt war, konnte unser Mann von nun an die ganze Spielzeit über springen, laufen und scharf wenden.

Verfügten wir nicht über diese Fähigkeit, Druck zu verlagern, so wären wir bei all unseren täglichen Tätigkeiten von

Gefahren bedroht. Ich habe Scharen von Leprakranken behandelt. Sie alle würden nie wieder gehen können, nur weil ihnen die Schmerzwahrnehmung fehlte, die das Zentralnervensystem mahnt, einen Druck, der einem Fleck unserer Fußsohle zu schaffen macht, auf eine andere Stelle zu verlagern. Das Gehen selbst würde keinen Schaden verursachen. Wir haben unsere Füße ja zum Gehen. Und der Druck, den sie je Quadratzentimeter auszuhalten haben, ist allemal ungefähr derselbe, ganz gleich, ob es sich um einen Elefanten, eine Ratte oder den Menschen handelt. Doch wenn ein und dieselbe Stelle rücksichtslos immer wieder gedrückt wird, dann kommt es zu Schäden.

Gefahr lauert immer. Selbst bei völliger Ruhe – also im Schlaf – kann es zu Schäden kommen. Schon leichter Druck kann aus einer Körperregion das Blut pressen und die Schmerzzellen an dieser Stelle lähmen. Doch sobald der Körper irgendwo Schmerz fühlt, dreht er sich ein wenig und verlagert so den Druck auf andere Stellen. Fehlt aber der Schmerz, so liegt man sich durch. Böse Entzündungen sind dann die Folge.

Ich danke Gott, daß in meine Haut Millionen schmerzempfindlicher Zellen eingebettet sind. Sie sagen mir zur rechten Zeit, wann ich meine Sitzfläche verlagern, die Stellung meiner Beine oder meines Rückens verändern oder meine Gangart wechseln muß.

Auch im Leibe Christi muß es ähnlich zugehen. So wie unser natürlicher Leib die Reibungen und Beanspruchungen, die jede einzelne Zelle auszuhalten hat, weise wahrnimmt und ihnen sogleich Hilfe anbietet, so muß auch der Leib Christi, der ja vom Haupt regiert wird, ständig aufpassen, welche Zellen besondere Aufmerksamkeit beanspruchen und wo umdisponiert werden muß. Die Zellen an der Außenfront müssen besonders stark und widerstandsfähig sein, die im Innern wollen geschützt und beaufsichtigt sein, damit sie ihre Schuldigkeit tun.

Nach meiner persönlichen Beobachtung neigt die Kirche dazu, gegen diesen Grundsatz, die Last zu verteilen, auf zwei wichtigen Gebieten zu verstoßen. Erstens: Wenn wir führende Persönlichkeiten in die Verantwortung rufen – Pfarrer, Missionare oder andere Amtsträger –, dann verlangen wir von ihnen zu viel. Wir haben eine zu hochgespannte Erwartungshaltung gegenüber dem ‚Geistlichen'. Scheinen unsere Amtsträger dem nicht zu entsprechen, dann lehnen wir sie einfach ab, anstatt ihnen mit freundlicher Vergebungsbereitschaft zu begegnen. Bildlich gesprochen: Wir geben ihnen gar nicht erst die Chance zu ‚hinken'. Ich möchte unseren Kirchenführern den Rat geben, sich mit feinfühligen Freunden und Mitarbeitern zu umgeben, die in der Lage sind, schon die ersten Anzeichen gefährlicher Spannungen zu entdecken und herauszufinden, was geändert werden muß, damit man diesem Druck begegnen kann.

Zu leicht übersehen wir, daß kleinere, aber sich ständig wiederholende Streßsituationen sich summieren und allmählich hochschaukeln. Bei meinen Forschungen habe ich zu meiner größten Überraschung feststellen müssen, daß solche geringen und unauffälligen, sich aber ständig wiederholenden Belastungen für meine Patienten weit üblere Folgen hatten als dramatische Verletzungen oder Verbrennungen. Darum dürfen wir auch nicht übersehen, daß die im Alltag eines Pfarrers hundertmal auftretenden Streßsituationen sich auf die Dauer summieren. Ich denke an diese ununterbrochenen Telefonanrufe, einen aufsässigen Gemeinderat, Geldquerelen, belastende Sitzungen, Einsamkeit, die Verwundbarkeit, der sich jeder aussetzt, der in der Öffentlichkeit das Wort nimmt, und nicht zuletzt gesellschaftliche Ächtung. All diese täglichen Nadelstiche sind weit gefährlicher als die aufsehenerregenden Streitereien in der Kirche.

Und nun das Zweite, was die Kirche vom menschlichen Körper lernen könnte: Gewisse Glieder brauchen zu bestimmten Zeiten ihres Lebens Schutz. Das gilt ganz besonders für die, die noch neu im Glauben sind. Ich habe festgestellt, daß man Neubekehrte gern hochjubelt, seien sie nun Sportskanonen, führende Politiker, Schauspieler oder Schönheitsköniginnen. Oft nehmen diese neugebackenen Christen die Aufmerksamkeit der Medien für kurze Zeit in Anspruch. Sie versuchen dann, diesem Idealbild, das man sich von ihnen gemacht hat, zu entsprechen; sie scheitern, müssen scheitern, denn jenes Idealbild war völlig unrealistisch. Und nun verkehrt sich ihr Glaube in Widerwillen und Bitterkeit.

Wenn so etwas passiert, dann muß ich an eine bestimmte Hautkrankheit denken, die Psoriasis, die Schuppenflechte. Die schwere Form der Psoriasis kann die Persönlichkeit eines Menschen stärker verändern als Aussatz. In diesen ernsten Fällen bedecken rote Flecken schorfiger, schuppiger Haut den ganzen Körper. Diese Krankheit hat eine einzige Ursache: Die Hautzellen, die normalerweise drei Wochen brauchen, um bis zur Hautoberfläche durchzuwachsen, schaffen das bei der Schuppenflechte in ein paar Tagen. Diese Zellen kommen also in unreifem Zustand an die Oberfläche und sind nicht darauf gerüstet, sich dem Licht, der UV-Strahlung, schwankenden Temperaturen und den Einflüssen der Luft auszusetzen. Sie sterben eines raschen, häßlichen Todes. Ihr unglückliches Opfer, der Kranke, bekommt als Andenken an sie eine zerrissene, fetzige Haut. Sollte uns das nicht eine Lehre sein, Neubekehrte erst dann der Außenwelt zu präsentieren, wenn sie geistlich gewachsen und gereift sind? Zum richtigen Verteilen der Lasten gehört auch, daß wir diese Neuen, denen noch jede Erfahrung fehlt, nicht sofort nach vorn schicken.

Gelegentlich habe ich es aber auch erlebt, daß der Leib Christi außerordentlich schnell und gescheit auf eine Schmerzmeldung reagiert. In solchen Fällen können die anderen Gemeindeglieder über Zusammenbruch oder Überleben entscheiden. Ich denke da an eine hart getroffene Frau, die ich in einer kleinen Kirchengemeinde kennenlernte. Ihr Mann hatte sie einer anderen Frau wegen verlassen. Nun stand sie da und wußte nicht ein noch aus. Rachegedanken gegen den Mann plagten sie, doch sie mußte an ihre vier Kinder denken, für die sie nun zu sorgen hatte, an das leere Bankkonto und das Haus, das eine Reparatur dringend nötig hatte. Für diese Frau wurde die örtliche Kirchengemeinde zum letzten Ausweg. Die Leute nahmen sie liebevoll auf und setzten sich tatkräftig für sie ein: Sie paßten auf die Kinder auf, malten das Haus an, reparierten das Auto und luden sie zu den Veranstaltungen ein. So behielt sie den Kopf oben. Heute, fünf Jahre danach, ‚hinkt' sie noch, doch sie verläßt sich auf die Gemeinde, die ihr durchzustehen hilft. Ich bin sicher, daß es die Ortsgemeinde war, die diese Frau vor dem menschlichen Zuammenbruch bewahrte. Sie ist heute wieder wohlauf, weil die anderen – wie Zellen in einem

Körper – ihr mit ihren Kräften beisprangen und ihr die Last abnahmen, unter der sie sonst zusammengebrochen wäre.

Gelegentlich – besonders nach wiederholten vergeblichen Hilferufen – bieten die einzelnen Zellen auch auf andere Weise der drohenden Gefahr Trotz. Die in Mitleidenschaft gezogene Region hat noch eine letzte Maßnahme, sich zu helfen, und setzt einen ganz erstaunlichen Prozeß in Gang.

Ich stoße meinen Spaten zweihundertmal in die Erde. Meine Hand tut mir schon etwas weh, doch was tut's, der Garten muß umgegraben werden. Also ignoriere ich die Warnsignale. Doch am Ende macht mein Körper, ohne daß mein Wille daran beteiligt ist, eine Radikalkur: An meinem Daumen löst sich die Ober- von der Unterhaut, wölbt sich hoch und füllt sich mit Flüssigkeit. So, jetzt sieht es wie ein gut gepolstertes Kissen aus: eine Blase. Meine Haut, die zuvor flach gequetscht wurde und eine bequeme Angriffsfläche bot, hat jetzt eine Oberfläche bekommen, die den Druck abfedert. Die Stöße des Spatens werden durch diese neue Struktur sanft abgefangen. Eine solche Anpassung des Körpers wird von uns nicht gerade dankbar geschätzt, im Gegenteil, wir betrachten sie meist mit ausgesprochenem Ärger. Und trotzdem: Eine solche Blase ist ein überraschendes Phänomen und erfordert die Zusammenarbeit von Millionen Zellen.

So eine Blase ist eine dramatische, auf kurze Zeit begrenzte Maßnahme des Körpers. Die Blase kühlt die betroffene Stelle, federt Stöße ab und verteilt die Belastung. Übrigens reagiert der Körper auch im tiefergelegenen Gewebe auf Stöße ganz ähnlich. Blutflüssigkeit strömt in die beanspruchte Stelle, um sie gegen den Schlag abzufedern. Erfahrene Handballspieler wissen, wie wichtig es ist, sich in der Aufwärmphase vor dem Spiel ein paar scharfe Bälle zuzuwerfen. Das Auffangen der hart zugespielten Bälle ruft eine Art Ödem in Fingern und Handfläche hervor, ein gut federndes Flüssigkeitspolster unter der Haut. Wir Menschen haben eine schlechte Angewohnheit: Wir neigen dazu, ausgerechnet die Tätigkeiten zu wiederholen, die uns Entzündungen, Reizbarkeit und Blasen einbringen. Fünfmal hintereinander zieht sich ein Tennisspieler an den Händen Blasen zu, bis sich sein Körper dazu bringen läßt, andere Anpassungen zu entwickeln, die länger vorhalten. Die

Knochen verstärken, die Muskeln entwickeln sich, die Haut bildet statt der Blasen endlich Schwielen.

Ich kann, nachdem ich den Fuß eines Langstreckenläufers betrachtet habe, so ungefähr sagen, wieviele Kilometer er im Laufe einer Woche zurückzulegen pflegt. Denn der durchtrainierte Läufer entwickelt Schwielen und weich federnde Stellen auf den Sohlen, hat eine dem Laufschuh angepaßte Fußform und hat besondere Hautschichten gebildet, die den Fuß gegen die erbarmungslosen Strapazen eines Langstreckenlaufs schützen. Wenn das anstrengende Training lange genug durchgeführt wird, bildet sich im Gewebe eine ‚Bursa‘, eine Tasche, die mit dickem Schleim gefüllt ist. Sie liegt tief im Gewebe unter der verdickten Hautpartie. Solche genau lokalisierten Anpassungen treffen wir bei bestimmten Berufen regelmäßig an, so daß wir für sie feste medizinische Bezeichnungen gefunden haben. Wir sprechen dann vom ‚Raumpflegerinnen-Knie‘, vom ‚Kohlenträger-Rücken‘, von der ‚Schneider-Schwiele‘. Und ich selber rede auch gern vom ‚Bischofs-Knie‘, das sich vom vielen Knien auf der Betbank bildet.

Der Körper paßt sich den Anforderungen rasch, aber widerwillig an, und meist bewahrt er sich auch die Erinnerung daran, wie es vordem war. Wie ich schon erwähnte, gehörte ich, als ich in England studierte, einen Sommer lang zur Crew eines Schoners. Anfangs riß ich mir Hände und Finger an den rauhen Tauen auf, meine Fingerspitzen waren verbrannt und bluteten. Doch nach zwei oder drei Wochen hatten sich dicke Schwielen gebildet. Der Schreck, als ich nach meiner Rückkehr feststellen mußte, daß ich alle Geschicklichkeit zum Sezieren verloren hatte. Vor dem Segeltörn hatte ich, wenn ich mit dem Skalpell arbeitete, den leisesten Widerstand beim Schneiden gefühlt. Jetzt aber konnte ich nur noch starken Druck wahrnehmen. Ich geriet in Panik: Was, wenn diese dicken Schwielen meine chirurgische Laufbahn zerstörten? Doch allmählich merkte der Körper, daß ich diese Schutzschwielen nicht mehr benötigte, und stieß diese Hautschichten so leicht ab, wie ein Insekt seine Haut wechselt. Ich bekam meine frühere Fingerempfindlichkeit wieder.

Auch bei Reibungen unter Menschen kann es Schwielen geben. Schon um des bloßen Überlebens willen muß einer, der in einer strapazierten Umgebung leben muß, ein ‚dickes Fell' ausbilden. Denn nur so kann er sich vor seelischem Verschleiß schützen. Als Beispiel möchte ich meine Überlandfahrten heranziehen, die ich durch die indischen Dörfer unternehmen mußte. Da standen oft Hunderte von Patienten und warteten auf Behandlung. Da ging es dann ganz anders zu als in Carville, wo wir über eine Mitarbeiterschaft verfügen, die fast so zahlreich ist wie die Schar der Patienten. Die geruhige Arbeitsweise in Carville erlaubt es mir, über die Probleme tiefer nachzudenken und jeden einzelnen Patienten persönlich kennenzulernen. Bei den indischen Überlandfahrten dagegen mußte ich alle persönlichen Fragen zurückstellen. Da ging es in erster Linie um eine gute ärztliche Versorgung. Völlig unmöglich, daß ich mich auch noch mit den persönlichen Angelegenheiten der Patienten belastete.

Ganz ähnlich müssen sich auch Schwestern, Sozialarbeiter und Entwicklungshelfer, die inmitten menschlichen Elends leben, ein dickes Fell wachsen lassen. Sie dürfen es nicht zulassen, daß jeder Kindesmißbrauch, so schrecklich er auch sein mag, ihnen unter die Haut geht. Sie wären zu keiner weiteren Arbeit mehr fähig. Junge Schwestern und Ärzte bitten mich oft um Rat, wie sie mit den entsetzlichen Nöten, denen sie begegnen, fertigwerden können, ohne jene zynische Hartherzigkeit zu entwickeln, die sie bei so vielen ihrer älteren Kollegen sehen. Man wandert da allerdings auf einem schmalen Grat. Es steht fest, daß sie sich unmöglich bei jedem einzelnen Patienten auf alle Einzelheiten des Leidens einlassen können. Ebenso sicher aber ist auch, daß sie den persönlichen Bereich nicht ausklammern dürfen. Ich habe entdeckt, wie man diese Gratwanderung schaffen kann: Gott im täglichen Gebet bitten, daß man an den Nöten eines oder auch zweier Patienten ganz besonders Anteil nehmen möge. Es ist unmöglich, daß ich für jeden meiner vielen Patienten gleiches Mitgefühl empfinde. Doch ich darf auch nicht gegen sie alle gefühllos werden. Ich muß mich da ganz auf Gottes Heiligen Geist verlassen. Er allein kann mir dazu helfen, daß ich mir ein mitfühlendes Herz bewahre für die, die mehr als nur ärztliche Hilfe brauchen.

Die unter uns, die im Leibe Christi eine ‚tragende Säule'

sind, müssen ihre Verantwortung erkennen und sorgsam auf die achtgeben, die als leitende Männer in vorderster Linie stehen. Wir dürfen sie nicht unentwegt menschlicher Anfechtung aussetzen. Für das, was dann am Ende herauskommt, hat man die treffende Bezeichnung ‚ausgebrannt' gefunden. Diese Leute sind auf uns angewiesen, daß wir ein ausgewogenes Urteil haben und ihnen zur rechten Zeit sagen, wann sie sich zurückziehen und die Verantwortung an andere weitergeben sollten. Warnende Anzeichen dafür gibt es genug: Überempfindlichkeit, übergroße Ermüdbarkeit und emotionale Verletzbarkeit. Beides, übergroßes und zu geringes Mitgefühl, wirkt lähmend; das gilt für den natürlichen Leib wie für den Leib Christi.

Steter Tropfen höhlt den Stein". Ein klassisches Beispiel dafür habe ich mal in einem größeren Krankenhaus des Mittelwestens erlebt. Als ich es zum ersten Mal 1952 besuchte, war dort ein Trio von drei erstklassigen Chirurgen tätig. Ein allgemein hochgeschätzter alter Herr und zwei jüngere Assistenten, die er als seine Nachfolger anlernte. Der Alte hatte längst die übliche Pensionsgrenze überschritten, die beiden Assistenten waren Mitte der Vierzig, beides Männer mit reicher Erfahrung und großem Geschick. Beide, Both Morris und Bates, waren weithin bekannt; der eine gab eine führende medizinische Zeitung heraus. Doch der alte Herr gewann es nicht über sich, die Aufsicht über die Patienten abzugeben. Dauernd sah er seinen Assistenten über die Schulter, korrigierte sie, gab ihnen Ratschläge und schulmeisterte sie. Er bekam es fertig, zu Morris, der ein ganz ausgezeichneter Chirurg war, zu sagen: „Also, der Schnitt da brauchte nicht halb so lang zu sein!"

Die beiden bissen die Zähne zusammen und waren entschlossen durchzuhalten, bis der Alte endlich in den Ruhestand trat. Als ich mit ihnen zusammen war, konnte ich spüren, wieviel Gift sich in ihnen angestaut hatte. Man sah es förmlich, wie ihr Blutdruck stieg, sobald sie auf den spleenigen Alten zu sprechen kamen.

Zehn Jahre später kam ich abermals in dieses Krankenhaus.

Beide, Morris wie Bates, waren tot. Der eine hatte einen Schlaganfall erlitten und war, ehe er starb, monatelang gelähmt und ohne Sprache gewesen. Der andere hatte ebenfalls einen Blutsturz bekommen. Beide waren, bevor sie hier ihre Arbeit aufgenommen hatten, vollkommen gesund gewesen. Und der Alte? Nun, er war noch immer da. Er war jetzt hoch in den Siebzigern, lernte aber unentwegt junge Ärzte an.

Keine einzelne Randbemerkung des Alten hatte zum Zusammenbruch der beiden Assistenten geführt. Nein, die ständig wiederholte Bevormundung hatte Schritt um Schritt die beiden Jüngeren seelischfertig gemacht. Das war so zwangsläufig vor sich gegangen wie damals, als mein Versuchsgerät mit dem Hämmerchen das lebende Gewebe in des Äffchens und in meiner Hand zerstört hatte. Dabei war dieser alte Herr ein Musterbeispiel christlicher Liebenswürdigkeit gegenüber seiner Frau, die an der Parkinsonschen Krankheit litt. Aber gegenüber den Gefühlen seiner engsten Mitarbeiter war er völlig blind gewesen.

Und in Gedanken sehe ich all die vielen Menschen vor mir, denen diese beiden glänzenden Chirurgen hätten helfen können – wenn sie noch lebten.

Was war da schiefgegangen? Hatten andere versagt, die das Problem erkennen und mit Feingefühl hätten angehen müssen? Hätte die Verwaltung des Krankenhauses beizeiten einschreiten müssen? Hätten Bates und Morris sich ein dickes Fell anschaffen sollen, um den Kritteleien des Alten standhalten zu können? Oder hätte es geholfen, Gott um die läuternde Kraft der Vergebung zu bitten? Offenbar fand keine dieser Fragen eine klare Antwort. Fest steht nur: Die beiden fraßen die Sticheleien in sich hinein, und ihre Körper reagierten darauf mit ständig steigendem Blutdruck.

Ich bin solchen zerstörerischen Tendenzen auch im Leibe Christi oft begegnet. Eine klatschsüchtige Gemeinde nörgelt an ihrem Pastor herum; ein Arbeitgeber schikaniert erbarmungslos seinen Angestellten; Eltern und Geschwister hänseln dauernd ein ungeschicktes Kind. Wo ist da die vergebende Barmherzigkeit? Wo ist die Kraft der Versöhnung? Wir alle sollten da von unserem Körper lernen, wie er dem Schmerz sich fügt. ,,Einer soll dem andern helfen, seine Lasten zu tragen. So erfüllt ihr das Gesetz Christi", sagt Paulus (Galater 6,2).

22 Chronischer Schmerz, der wahnsinnig macht

In einigen Fällen bin ich auf Schmerz gestoßen, der keinen Augenblick aussetzte. So etwas scheint keinen Sinn zu haben, doch es kann das Leben des Betroffenen so sehr belasten, daß er an nichts anderes mehr denken kann. Ein solcher Fall war Rajamma. Ich war damals erst ein gutes Jahr in Indien, als sie in meine Behandlung kam. Wenn mir in London während meiner Lehrzeit ein Problemfall begegnet war, der eine Spezialbehandlung erforderte, dann hatte ich den Patienten an einen Kollegen überwiesen, der auf dem betreffenden Gebiet mehr Erfahrung besaß. In Indien konnte ich mir so etwas leider nicht leisten.

Als Rajamma den Behandlungsraum betrat, lag auf ihrem Gesicht der Ausdruck tiefer Furcht. Sie sah mich an, als wenn ich ihr Feind sei, dann blickte sie argwöhnisch rundum und ließ sich endlich auf einen Stuhl fallen: Sie hatte überall Feinde; alles mögliche konnte ihr Schmerz einjagen, ein plötzliches Geräusch oder auch ein Windstoß, der ihr über das Gesicht strich. Ihre Wangen waren eingefallen, sie war völlig abgemagert. Auf ihrem Gesicht waren kreisrunde Brandnarben erkennbar, in denen ich die Spuren der Behandlung durch den herkömmlichen Medizinmann erkannte. Ihre Gesichtshaut war so oft zerkratzt und gebrannt worden, daß sie nun das Aussehen tierischen Leders angenommen hatte.

Rajamma litt an Tic douloureux, der schwersten Form einer Gesichtsneuralgie. Gewöhnlich kommen diese Schmerzen krampfartig und befallen nur die eine Gesichtshälfte. Die Folge ist ein verkrampftes Grimassenschneiden. Manchmal sieht es aber auch so aus, als sei es die Folge von einem Grimassenschneiden. Der Schmerzanfall kann einsetzen als Folge einer Kaubewegung, eines Lachens oder eines Mundverziehens. Manchmal genügt schon eine leichte Berührung, ein lautes Geräusch oder grelles Licht, um den Anfall herbeizuführen. Auch eine Infektion, eine Erkältung oder ein kariöser Zahn kann die Schmerzanfälle hervorrufen. Es kommt aber auch vor, daß die entsetzlichen Schmerzen ohne jeden äußeren Anlaß einsetzen. Als mir Rajamma das alles erzählte, wußte ich, daß es sich um eine Erkrankung des Trigeminusnervs handelte. Man hatte Rajamma schon vorsorglich alle Zähne dieser Gesichtsseite gezogen, doch die Anfälle waren geblieben. Auch Medikamente hatten nicht angeschlagen.

Rajamma berichtete mir das alles, indem sie leise sprach, dabei den Mund halb offen behielt und nur die Lippen bewegte. Die leiseste Bewegung der Wangen konnte ja schon einen neuen Anfall hervorrufen.

Rajamma lebte mit ihrem Mann und vier Kindern in einer kleinen Lehmhütte. Die Kinder durften nicht mehr in der Nähe des Hauses spielen. Sie schlichen nur noch auf Zehenspitzen herum, wagten nicht zu lachen oder einen Spaß zu machen, weil sie immer befürchten mußten, daß ihre Mutter sofort einen neuen Schmerzanfall bekam. Die Hühner, die gewöhnlich freien Auslauf hatten, wurden in einem Verschlag gehalten, so daß keins durch sein Auffliegen oder Gackern Rajamma erschrecken konnte.

Rajamma hatte viel Gewicht verloren, weil beim Kauen sofort die Schmerzen einsetzten. Darum nahm Rajamma nur noch Flüssiges zu sich, achtete aber darauf, daß es weder zu heiß noch zu kalt war.

Trotz all dieser Vorsichtsmaßnahmen lebte Rajamma in ständiger Furcht vor diesen entsetzlichen Schmerzattacken. Die Anfälle traten täglich viele Male auf und machten sie völlig fertig. Manchmal war Rajamma derart verzweifelt, daß sie oder der Medizinmann des Dorfes ein Metallröhrchen im Feuer glühend machte und Blasen auf ihre Wange brannte, in der Hoffnung, auf diese Art die fürchterlichen Schmerzen zu lindern. Kein Wunder, daß unter all dem auch ihre seelische Widerstandsfähigkeit sehr gelitten hatte. Ihr Mann gab sich dabei alle Mühe, Schmerzen zu begreifen, für die keine Ursache zu erkennen war. Inzwischen war die ganze Familie derart mitgenommen, daß man jederzeit mit einem Ausbruch von Aggressionen rechnen mußte.

Ich unternahm alle Anstrengungen, die Ursache der Schmerzen zu lokalisieren. Alles vergebens.

Zweimal versuchte ich, die Gegend, von der der Schmerz ausging, unempfindlich zu machen. Diese Stelle schien dicht vor dem Wangenknochen zu liegen. Bei meinem ersten Versuch bekam Rajamma vom bloßen Anblick der näherkommenden Nadel einen ganz schlimmen Schmerzanfall. Und bei meinem zweiten Versuch, den ich unter örtlicher Betäubung vornahm, zeigte sich auch nicht der geringste Erfolg.

So kam ich am Ende zu dem Ergebnis, daß es jetzt nur noch eine einzige Möglichkeit gab, die unerträglichen Schmerzen zu beseitigen: Ich mußte die Schädeldecke öffnen und die Nerven, die als Schmerzleitung für diese Gesichtshälfte dienen, durchtrennen. Ich schob diese Entscheidung immer wieder zurück, weil ich nicht als Neurochirurg ausgebildet war, einer solchen Operation noch nicht einmal zugesehen hatte. Ein Glück, daß ich Jahre zuvor in einem Anatomiekursus die Gehirnnerven seziert hatte. So wußte ich wenigstens, wo ich das Ganglion Gasseri zu suchen hatte, das im Schädelinnern sitzt und für diese Nerven zuständig ist.

Ich setzte Rajamma und ihrem Mann auseinander, wie diese Operation vor sich ginge. Dabei wies ich ganz besonders auf zwei Gefahren hin. Zunächst: Ich könnte wegen meiner mangelnden Erfahrung einen Kunstfehler machen. Schlimmer aber, ich könnte mehr Nerven als erforderlich durchtrennen. In diesem Fall sei es dann möglich, daß nicht nur ihre Wange, sondern auch ihr Auge gefühllos würde. Im schlimmsten Falle könne es zu einer Erblindung dieses Auges kommen. Ich malte also ein schwarzes Gemälde aller nur möglichen Folgen.

Doch nichts, was ich dem Ehepaar sagte, ließ auch nur das kleinste Anzeichen eines Zögerns aufblitzen. Die Schmerzen, die Rajamma ertragen mußte, waren so furchtbar, daß nichts sie von ihrer Zustimmung zur Operation abbringen konnte, nicht einmal die Aussicht, am Ende ein Auge dabei verlieren zu müssen. Die ganze folgende Woche studierte ich alle Bücher, die ich zu diesem Thema auftreiben konnte. Zusammen mit unserer Anästhesistin Dr. Gwenda Lewis stellte ich einen genauen Operationsplan auf. Da ich während der Operation mich unbedingt mit der Patientin mußte verständigen können, wählten wir eine Anästhesie, die ihr die Möglichkeit ließ, wenigstens auf kurze Fragen zu antworten. So kam der Tag der Operation herbei. Um den Druck auf ihre Kopfvenen so gering wie möglich zu halten, hatten wir Rajamma in eine sitzende Position gebracht. Nachdem die Betäubung erfolgt war, begann ich zu schneiden. Das Ganglion Gasseri liegt am Knotenpunkt des fünften Hirnnervs in einer Einbuchtung, die von Knochen umgeben ist. Innerhalb dieser Höhlung bilden Venen und Nerven ein wirres Durcheinander, wie ein verwickeltes Garnknäuel. Es ist daher unmöglich, diese Partie frei von Blut zu halten. Ich nahm den darüber liegenden Knochen weg und drang in die Höhlung ein, indem ich die Gewebeschichten eine nach der anderen durchschnitt. Jetzt konnte ich den Boden der Höhlung sehen, ein Geflecht von Nervengewebe, ungefähr zwei Zentimeter im Geviert und einen Zentimeter stark. Schimmernd wie der zunehmende Mond lag es da vor mir. Von seinem Grund faserten weiße Nervenstränge aus, wie Seitenläufe eines Flusses liefen sie auf mich zu.

Einer dieser Nerven war, wie ich wußte, ein motorischer. Wenn ich ihn beschädigte, würde Rajammas Kiefer fortan gelähmt sein. Ich mußte darum gerade auf diesen einen Nerv besonders achtgeben. Aber die anderen sahen alle genauso aus. Zudem lagen sie so dicht beisammen, daß ich unmöglich sicher sein konnte, wer das war. Elektrisch reizte ich einen dünnen Nerv und fragte Rajamma, was sie eben gefühlt habe. „Sie haben mein Auge berührt", erwiderte sie. Mir standen dicke Schweißperlen auf der Stirn, als ich diesen Nerv vorsichtig in seine vorherige Lage zurückbrachte.

Im übrigen Körper umgibt eine zähe Hülle, die einen gewissen Zug verträgt, die Nerven. Doch innerhalb der Schädelkapsel besteht ja nicht die Gefahr, daß die Nerven berührt oder gar gezerrt werden. Daher besitzen sie keine solche Schutzhülle. Darum konnte schon beim geringsten Zittern meiner Hand ein Nerv unwiderruflich zerstört werden.

Ich starrte auf die sich langsam ausdehnende Pfütze von Blut. Wegen ihrer ständigen Unterernährung litt Rajamma an Blutarmut. Die Flüssigkeit sah daher blaß und wässerig aus.

Was hätte ich dafür gegeben, wenn uns damals eine Blutbank für solche Fälle zur Verfügung gestanden hätte! Endlich schaffte ich es, fischte zwei dünne Nervenfibern aus dem Blut heraus. Das mußten die Leitnerven sein, auf denen der Schmerz vom Trigeminus her zum Hirn übertragen wurde. Sie hatten der Frau das Leben zur Hölle gemacht. Alles, was ich für Rajamma tun konnte, war, diese beiden Nerven zu durchschneiden, und ich hatte es geschafft.

Ich hob also die beiden Nerven mit der Sonde an – und völlig unerwartet überflutete mich eine heftige Gefühlsaufwallung. Jäh durchzuckte mich der Gedanke, wie wichtig dieser Augenblick für Rajamma war. Wir Chirurgen sind darauf geschult, gegenüber dem Patienten Abstand zu wahren. Persönliche Gefühle dürfen unsere Entscheidungen auf keinen Fall belasten. Das ist auch der Grund, weshalb wir immer wieder davor gewarnt werden, unsere eigene Frau oder unsere Kinder zu operieren. Und ausgerechnet in diesem entscheidenden Augenblick hatte ich das Gefühl, Rajammas Familie stehe rund um den Op-Tisch, starre mich an und warte, was ich mit Rajammas Leben anstelle.

Ich starrte auf diese leise zitternden Stränge aus zartem Nervengewebe, die nicht dicker als Nähfäden aus Baumwolle waren. Fatal, daß sie so viel für Rajammas Zukunft bedeuteten! Was, wenn ich da zwei falsche Nerven erwischt hatte? Wir wissen ja noch so wenig über die Natur der Nerven. Wie leicht konnte ich da jetzt einen Sehschaden verursachen! Doch es waren diese Nerven mit ihren Hunderten von Synapsen und Tausenden von Nervenenden, die das Leben dieser Frau zur Hölle machten. Und genau solche Nerven steuerten auch meine Hand, meldeten mir ganz genau, wieviel Kraft ich anwenden mußte, um meine Instrumente richtig zu gebrauchen.

Ich gab mir einen Ruck, war wieder voll da. Meine Träumerei hatte höchstens fünf oder zehn Sekunden gedauert, doch ich werde sie nie vergessen, diese Vision, die beim Anblick der zartschimmernden Nerven vor mir aufstieg. Ich konnte nicht mit Sicherheit feststellen, welcher der beiden Nerven der Schmerzübermittler war. Mir blieb nichts anderes übrig, als sie beide zu opfern. Also durchtrennte ich sie mit zwei leichten Schnitten. Dann brachten wir rasch die Blutung zum Stillstand und schlossen die Wunde.

Wir fuhren Rajamma in ihr Zimmer zurück. Als sie wieder voll bei Bewußtsein war, ermittelten wir, in welchem Umfang ihre Wange jetzt ohne Gefühl war. Ich atmete befreit auf, als wir feststellten, daß ihr Auge nicht gefühllos geworden war. Unsicher begann Rajamma all das zu probieren, was ihr zuvor heftige Schmerzattacken eingebracht hatte. Sie versuchte ein leises Lächeln, ihr erstes seit vielen Jahren. Ihr Mann strahlte dabei über das ganze Gesicht. Mit einem verschmitzten Augenzwinkern strich sie sich über die Wange. Nie wieder würde sie jetzt hier jene unerträglichen Schmerzen fühlen.

Nach und nach kam Rajammas Leben wieder in die Reihe. Sie wurde wieder die nette und liebe Person, die sie früher gewesen war. Ihr Mann brauchte sich nicht mehr zu ängstigen. Daheim durften auch die Hühner wieder ins Haus kommen. Die Kinder begannen wieder zu spielen und herumzutollen, auch in der Nähe der Mutter. Kurz und gut, das ganze Leben der Familie nahm nun wieder den gewohnten Gang.

In meiner gesamten chirurgischen Laufbahn traf ich nur eine knappe Handvoll Patienten, die, wie Rajamma, unter heftigen und nie nachlassenden Schmerzen litten, die sich auf keine natürliche Ursache zurückführen ließen. Und nur ganz wenige Male mußte ich mich entschließen, die unerträglichen Schmerzen chirurgisch zu beseitigen, indem ich Nerven durchtrennte. Alle Ärzte sind sich darüber einig, daß eine solche Maßnahme die allerletzte Zuflucht sein muß. Sie birgt zu viele Risiken in sich: Es kann passieren, daß eine falsche Region gefühllos gemacht wird. Überhaupt sind ja gefühllos gewordene Partien des Körpers, wie wir schon sahen, besonderen Gefahren ausgesetzt. Und außerdem kann der Fall eintreten, daß unerklärlicherweise die Schmerzen trotz der Nervendurchtrennung nach wie vor anhalten.

Doch in Anbetracht der verheerenden Wirkungen, die Rajammas Schmerzen auf ihre Gesundheit und die ganze Familie ausübten, hatte ich keine andere Wahl gehabt, als diese riskante Operation vorzunehmen. Die eigentliche Ursache für

Rajammas Zustand hatte sich meinen Nachforschungen entzogen. Ich hatte daher ganz gegen meinen ärztlichen Instinkt verfahren müssen, als ich mich entschied, ihren Schmerz als das eigentliche Problem anzusehen und nicht etwa wie sonst nur als ein Symptom. Diese völlig andere Sicht ist das besondere Risiko bei der Behandlung von chronischem Schmerz: Schmerz ist in diesem Fall kein Warnsignal, das auf irgendeine Gefährdung hinweist. Nein, Dauerschmerz ist ein Teufel, der den ganzen Menschen beherrscht und ihn für alle anderen Tätigkeiten lähmt. Wer an einem solchen Dauerschmerz leidet, hat nur noch den einen Gedanken: Wie kann ich ihn vermeiden? Fast immer tritt Dauerschmerz im Rücken, Nacken oder auch in Gelenken auf. Allerdings können Opfer anderer Krankheiten, wie etwa Krebskranke, Dauerschmerz auch anderswo fühlen. Während schmerzunempfindliche Menschen, wie etwa meine Leprakranken, sich freuen würden, wenn Schmerz sie vor Gefährdung schützte, vernehmen Menschen, die unter Dauerschmerz leiden, den Schmerzalarm wie eine ununterbrochen heulende Warnsirene. Ganze Scharen von Forschern haben sich darum auf dieses Problem gestürzt. Mehr als fünfhundert Spezialkliniken beschäftigen sich in den USA mit der Behandlung von solchen Patienten.

Doch trotz der Qual, die solche Dauerschmerzen bereiten, geht man von der traditionellen chirurgischen Behandlungsweise mehr und mehr ab. Ein neuer Ausdruck hat sich im Sprachgebrauch der Spezialisten eingebürgert: pain management. Man will also den Schmerz lenken, leiten, auf Neuhochdeutsch: managen! Der Direktor einer der größten amerikanischen Schmerzkliniken hat gesagt: Wir müssen über den Dauerschmerz neue Vorstellungen entwickeln, die sich grundlegend von der bisherigen chirurgischen Methode des Wegschneidens unterscheidet. Er bemerkt, vielleicht sollten wir den Dauerschmerz ähnlich sehen wie Diabetes oder chronisches Rheuma und darum die Patienten lehren, *trotz* Schmerzen ein erfülltes Leben zu führen.

Ich könnte einen geräumigen Saal füllen mit Übungsmaschinen und Elektrogeräten, die als Allheilmittel gegen Dauerschmerz angepriesen werden. Zeitungen und Magazine bieten regelmäßig Heilkuren an: Akupunktur, Fuß- oder Ohrläppchenmassage, Bionahrung und Selbsthypnose. Exotisch klingendes wie ‚Unterhaut-Nervenstimulation' füllt einen ganzen Katalog und bietet Mittel an, die technologisch anspruchsvoll und entsprechend teuer sind. Die meisten dieser Techniken, die vorgeben, den Schmerz ‚managen' zu können, beruhen darauf, daß sie das Gehirn mit einer Fülle verschiedener Reize überschütten und auf diese Weise die dort eintreffenden Schmerzsignale übertäuben.

Ich muß gestehen, daß ich selbst harmlosere Methoden vorziehe, die denselben Zweck erreichen. So verordne ich einem Patienten, der im Arm oder Bein Dauerschmerz hat, sich mit einer harten Bürste zu massieren. Ein solches Bürsten reizt die Berührungs- und Druckzellen und läßt oft den Schmerz schwinden. Oder ich mache, wenn mich meine Schmerzen allzu sehr plagen, barfuß einen kleinen Spaziergang auf den mit rauhem Splitt befestigten Fußsteigen bei meinem Hause. Ich kann hier natürlich nicht alle ansprechen, die unter Dauerschmerzen leiden. Ich will lieber auf die Analogien hinweisen, die es dafür auch im Leibe Christi gibt. Auch die Kirche leidet unter Dauerschmerzen, die nicht schwinden wollen. Und wir müssen in der Kirche noch fleißig lernen, wie man mit ihnen richtig umgeht.

In unseren Tagen gehen die Gespenster Armut, Hunger und Gewalt in allen Teilen der Welt um. Denken wir nur an die kirchlichen Hilfsmaßnahmen in Afrika oder Mittelamerika. Wir können einfach nicht vor dem chronischen Leiden unsere Augen verschließen. Die Berichte darüber füllen unsere Briefkästen. Auf dem Fernsehschirm und im Radio liefern uns die Nachrichtensprecher Tag für Tag Unglücksbotschaften. Jesus hat die chronische Natur solchen Leidens angekündigt, als er in einem Satz, der oft mißverstanden worden ist, bemerkte: ,,Arme wird es immer bei euch geben" (Markus 14,7).

Ich lebte lange in einem Lande, in dem Leiden eine bedrückende Alltagswirklichkeit ist. Ich kenne daher sehr gut die schrecklichen Folgen, die so andauerndes und unerträgliches Leiden verursacht. Ich habe auf die langen Reihen wartender Patienten gestarrt und wußte nur zu gut, daß ich nur eine Handvoll von ihnen, aber keinesfalls sie alle würde behandeln können. Und dann dachte ich an die Tausende, die in abgelegenen Gebieten noch auf Behandlung warteten. Selbst in den Vereinigten Staaten, die im Überfluß schwimmen, gibt es – wenn auch in geringerem Maße – viel menschliches Elend.

Wir erleben das schlimmste Elend immer nur indirekt, nämlich über die Fernsehberichte. Der Schmerz, den wir dann empfinden, stellt uns vor eine schwierige Wahl: Wir können uns entschließen, alle unsere Möglichkeiten nach bestem Vermögen einzusetzen, um das Elend zu lindern; oder wir können dem Dauerschmerz entgehen, indem wir die Sendung einfach abschalten und damit das Problem von uns wegschieben. Und drittens: Wir können uns freikaufen, indem wir ohne wirkliche persönliche Teilnahme eine Geldspende zeichnen.

Die Bibel macht uns deutlich, daß wir als Glieder des Leibes Christi auch für die Leiden mitverantwortlich sind, unter denen ‚die da draußen', die nicht zur Kirche gehören, stöhnen. Hilfsaktionen in Übersee, die von christlichen Organisationen gesteuert werden, sind in den letzten Jahren wie Pilze aus dem Boden geschossen. Christen waren die ersten, die Hilfe geleistet haben für die vietnamesischen Boat-people, für die von Dürre betroffene Sahelzone und die Flüchtlingsnot in Somalia. Hunderte von Millionen Dollar wurden aufgebracht, um in all diesen akuten Notfällen zu helfen. Aber wenn es um die chronischen Leiden geht, die schon wer weiß wie lange andauern und kein Ende nehmen wollen, dann stehen wir wie hilflose Kinder da.

Der Leiter einer großen christlichen Hilfsorganisation bekannte: ,,Wenn ein größeres Unglück eintritt, das die Aufmerksamkeit der Medien auf sich zieht, dann reagieren unsere Spender unglaublich großzügig. Wir kassieren dann Millionen Dollars und können es uns leisten, so richtig in die vollen zu gehen. Solange die Katastrophe noch ‚brandfrisch' ist, werden wir von allen Seiten unterstützt. Sechs Monate später ist die Lage dort vor Ort noch immer genauso verzweifelt, doch die

Kamerateams sind inzwischen abgereist und längst anderswo tätig. Kein Mensch kümmert sich jetzt noch um das Leiden, das da noch immer herrscht."

Große Not ruft spontane Hilfe auf den Plan, doch bald erlahmt das Interesse. Die Leute wollen nicht immer dasselbe hören. Anstatt, wie es der menschliche Körper tut, unsere Sensibilität für das Leiden zu verstärken, schwächen wir es ab. Fragten wir zuerst ,,Wie kann ich helfen, mit dem Schmerz fertig zu werden?" so lautet unsere Frage jetzt: ,,Wie kann ich den Schmerz zum Schweigen bringen?" Nun ist der Schmerz nicht mehr ein Motivator, der uns zum Handeln auffordert. Er ist nur noch ein dumpfes Pochen, das wir gern zur Ruhe bringen möchten. Es hat uns einfach mürbe gemacht.

Am Gesundheitsdienst läßt sich beispielhaft das Problem der gesamten Hilfstätigkeit aufzeigen. Die Leute spenden bereitwillig für Krankenhäuser, Medikamente und ärztliche Versorgung. Nach dem Bericht der Welt-Gesundheits-Organisation werden aber achtzig Prozent aller Gesundheitsprobleme von verseuchtem Wasser verursacht. Doch Entwicklungsprogramme für Flußsanierung und Grundwasserhygiene besitzen lange nicht die Zugkraft wie andere Maßnahmen, die eindrucksvoller erscheinen.

Natürlich tun Dauerschmerzen mehr weh, wenn sie in unserer Nähe auftreten, als wenn sie uns aus Somalia oder dem Sahel gemeldet werden.

Im Jahre 1982 stieg in New York City die Zahl der Obdachlosen in erschreckendem Maße an. Der dadurch alarmierte Bürgermeister unterbreitete den Kirchen einen Vorschlag, das Übel radikal zu beseitigen. Sechsunddreißigtausend Menschen liegen obdachlos bei uns auf der Straße, sagte er. Wenn jede der 3500 Kirchen und Synagogen, die wir haben, zehn von ihnen aufnimmt, ist das Problem der Obdachlosen gelöst. Der Bürgermeister hatte damit eine Not, unter der New York seit Jahren schon litt, offen ausgesprochen. Die Kirchengemeinden reagierten ausweichend. Ein Kirchenführer tat beleidigt, weil er von dem Plan erst aus den Zeitungen erfahren habe. ,,Das ist eine sehr komplexe Situation", ließ sich ein anderer vernehmen, ,,und die Hilfe muß ähnlich komplex aussehen. Es handelt sich da um Probleme von erheblicher Tragweite." Die meisten baten um Zeit, den Vorschlag erst mal zu überdenken. Ihre Gotteshäuser seien nicht dafür ausgestattet, Obdachlose aufzunehmen. Lediglich sieben Gemeinden stimmten ohne Wenn und Aber zu.

Natürlich handelte es sich bei des Bürgermeisters Vorschlag um eine komplizierte Angelegenheit. Doch sein schlichter Appell an die Barmherzigkeit war eine genaue Fortsetzung jener Botschaft, die von den alttestamentlichen Propheten, Jesus und den Aposteln verkündet worden ist. ,,Gebt den Hungrigen zu essen, nehmt Obdachlose in euer Haus, kleidet den, der nichts anzuziehen hat, und helft allen in eurem Volk, die Hilfe brauchen" (Jesaja 58,7). Und Jesus mahnt seine Jünger: ,,Wenn einer dich um etwas bittet, dann gib es ihm" (Matthäus 5,42). In der frühen Kirche war es üblich, daß die Gemeindeglieder regelmäßig zu den Gottesdiensten Gemüse, Früchte, Milch und Honig mitbrachten, die dann an die Witwen, Kranken und Gefangenen verteilt wurden.

Ich bin keineswegs der Meinung, daß all das chronische Leiden damit verschwinden wird. Wer in einem Lande wie Indien gearbeitet hat, kann unmöglich zu einer solchen Schlußfolgerung kommen. Ich denke an eine alleinstehende Frau, die ihr Mann verlassen hat. Sie soll jetzt die Kinder aufziehen, ohne daß sie über Mittel verfügt. Ich denke an Christen, die in einem kommunistischen oder islamischen Lande verfolgt werden. Und ich denke an die gewaltigen Gesundheitsprobleme in den Ländern der Dritten Welt. Weder Regierungsprogramme noch kirchliche Hilfsmaßnahmen können all diese Leiden aus der Welt schaffen. Doch weit wichtiger ist, daß wir wissen: Wir müssen all unsere Kraft darauf verwenden, diesen Dauerleiden zu begegnen. Sind wir etwa schon stumpf und unempfindlich gegen Leid geworden? Oder reagieren wir nur mit einem spontanen Ausbruch begeisterter Hilfe, der aber rasch erlischt, wenn sich keine dramatischen Erfolge einstellen?

Ich erinnere mich noch gut an meine Tante Eunice. Sie besaß ein kleines Büchlein, in dem sie eine Liste von alten Damen eingetragen hatte, die sie pünktlich jeden Monat besuchte. Als Kind durfte ich sie bei diesen Gängen oft begleiten. Sie schleppte dann Geld, Lebensmittel, Kleidung oder –

zur Weihnachtszeit – auch Weihnachtspäckchen mit, die sie persönlich den alten Frauen überreichte. In der ihr eigenen, unauffälligen und stillen Art lehrte mich Tante Eunice, wie man die chronischen Schmerzen eines anderen mittragen helfen kann. Sie bestand darauf, die Gaben nicht mit der Post zu schicken, sondern bei einem Besuch persönlich zu überreichen. Diesen schlichten Dienst nahm sie treu auf viele Jahre wahr.

Menschen mit chronischen Schmerzen, mit totaler Lähmung etwa, aber auch die Eltern behinderter Kinder schildern oft ein weit verbreitetes Verhaltensmuster: Anfangs begegnen ihnen Freunde und Kirchenglieder mit großer Teilnahme, doch im Laufe der Zeit läßt das Interesse nach. Viele Leute empfinden einen solchen Schicksalsschlag, bei dem kein Ende in Sicht ist, als peinlich, und am Ende wollen sie mit der Person, die so leidet, nichts mehr im Sinn haben.

Ob ein Körper gesund ist, kann man am besten daran erkennen, wie er sich auf nagenden Dauerschmerz einstellt. Man kann mit dem chronischen Schmerz nur fertig werden, ihn ‚managen', wenn man den schwierigen Balanceakt beherrscht: sensibel bleiben, feststellen, was die Ursache des Schmerzes ist, ihr angemessen begegnen und schließlich genug innere Kraft aufbringen, daß der Schmerz einen nicht überwältigt. Am Leibe Christi ist diese Ausgewogenheit ebenfalls erforderlich. Sie ist dringend notwendig und erfordert viel Takt.

23 Und Gott fühlt immer mit

Ein jüdischer Junge namens Elie Wiesel erlebte im Alter von fünfzehn Jahren die entsetzlichen Greuel in den Konzentrationslagern von Buna und Auschwitz mit. Ein Bild lebt für immer in seinem Gedächtnis: nicht ein Massenmord, sondern die Hinrichtung eines Kindes. Das Opfer, ein Junge von etwa zwölf Jahren, war dabei ertappt worden, als er einem Holländer half, Waffen im Lager zu verstecken. Er war dafür zum Tode verurteilt worden. Der Junge hatte ein feines und hübsches Gesicht, ganz anders als die meisten Gefangenen; ein Gesicht, sagte Wiesel, wie das eines traurigen Engels. Die öffentliche Hinrichtung eines Kindes vor Tausenden von Gefangenen war keine leichte Sache, nicht einmal für die SS-Leute. Da sich die Kapos weigerten, diesmal mitzumachen, mußten die SS-Leute die Hinrichtung selbst durchführen. Sie errichteten drei Galgen, einen für das Kind, zwei für andere zum Tode Verurteilte.

Die Verurteilten mußten Stühle besteigen, und die SS-Schergen legten ihnen Schlingen um den Hals. „Es lebe die Freiheit!" schrien die beiden Erwachsenen. Der Junge schwieg. Doch aus den Reihen der qualvoll zuschauenden Gefangenen brach ein Schrei: „Wo ist Gott?"

Die Stühle wurden umgekippt, die Körper zuckten, dann hingen sie schlaff an den Stricken. Nun erteilten die Wachen den Befehl, alle Gefangenen sollten an den Gehenkten vorbeidefilieren. Es war ein schrecklicher Anblick. Die beiden Erwachsenen waren tot, ihre Zungen hingen heraus, dick und blau. Doch der dritte Strick zuckte leicht. Der Junge, der ja so leicht war, lebte noch. Es währte fast eine halbe Stunde, bis auch er endlich gestorben war. Die Gefangenen, die als letzte in der Reihe an ihm vorbeimarschieren mußten, sahen ihm gerade ins Gesicht, als er sein Leben von sich gab.

,,Und hinter mir", so berichtet Wiesel, ,,hörte ich denselben Mann abermals fragen: Wo ist jetzt Gott? Und in mir selbst vernahm ich die Antwort auf die Frage: Wo er ist? Er ist hier – er hängt hier vor uns am Galgen!"

Die Frage ,,Wo ist Gott?" hat Wiesel und tausend andere, die das Grauen überlebten, bedrängt. Die Frage brach aus ihnen, als sie durch die Hölle gingen. Und sie vernahmen keine Antwort. Wiesel will seine Antwort ganz wörtlich verstanden wissen, absolut atheistisch: Gottes Schweigen beweist, daß Gott gehenkt ist, tot, hilflos, ohnmächtig und keines Gedankens mehr wert. Christen wollen dieselben Worte ganz anders verstehen: Gott hat neben dem Kinde dort mitgelitten, so wie er die Schmerzen jedes seiner Kinder hier auf Erden miterleidet. Und doch, wenn er dort mit dabei war, mit dort am Galgen hing, neben den Tausenden, nein den Millionen, herging, die in die Gaskammern getrieben wurden – warum griff er nicht ein? Und warum fühlten sie nichts von seiner Gegenwart? Nie schien Gott so weit weg wie dort in Auschwitz.

In meiner ärztlichen Laufbahn, die volle vier Jahrzehnte umfaßt, habe ich stets und ständig an den Schmerz denken müssen. Ich habe ihn in seinem ganzen Glanz und seinem vollen Wert gesehen, als ich meinen physiologischen Studien nachging und beobachtete, welche verheerenden Folgen es für meine Leprapatienten hatte, die keinen Schmerz empfanden. Und ich habe ihn in seiner ganzen Grausamkeit erlebt, wenn ich am Sterbebett zusehen mußte, wie Menschen unter furchtbaren Qualen starben, oder wenn ich die bitteren Klagen von Eltern hörte, deren Kind gräßlich verletzt war. Ganz gleich, wo ich mit meinen theologischen Überlegungen ansetze, immer wieder fühle ich mich auf die Frage zurückgestoßen: Welches Rätsel verbirgt sich hinter dem Schmerz?

Darum kann ich nicht ein Kapitel über den Schmerz und ein Buch über den Leib Christi abschließen, ohne auf die Frage eingegangen zu sein: Was hat Gott mit dem Leiden der Menschen zu tun?

Wir hatten gesehen, daß die Botschaft des Schmerzes zielgerichtet ist. Er ist ein Aufruf an uns, am Leiden anderer teilzuhaben. Wenn das so ist, wie verhält sich dann das Haupt dieses Leibes Christi zu dem Leid, das seine Glieder ertragen müssen? Auf welche Weise fühlt Gott mit: mit den Ausgenutzten und Geschiedenen, den Alkoholabhängigen, den Arbeitslosen oder Homophilen? Wie fühlt er mit den Leidenden in der Dritten Welt mit? Die Thematik dieses Buches läßt es nicht zu, mich auch noch mit der Warum-Frage zu befassen. Doch mit der Wie-Frage muß ich mich auf jeden Fall beschäftigen. Wie sieht Gott all die Leiden seiner Kreaturen? Gehen sie ihm zu Herzen?

Ein Thema hat uns dieses ganze Buch hindurch bewegt: daß Gott sich einer Reihe von Selbsterniedrigungen unterzogen hat – schon in der Schöpfung selbst, dann in den Bundesschlüssen mit seinem Volk, beim Sturz des Königtums und im Exil, bei seiner Geburt im Stall von Bethlehem, bei seinem Tod am Kreuz auf Golgatha. Und am Ende dann, als er eine Kirche, die aus sündigen Menschen besteht, zu seinem ‚Leibe‘ machte. Als Haupt dieses Leibes kann er ganz wirklich – und nicht nur bildlich oder vergleichsweise – unsere Schmerzen fühlen.

Nachdem ich das festgestellt habe, kann ich einigen wichtigen Fragen ausweichen. Vielleicht kamen diese Fragen schon in Ihnen auf, als Sie lasen, was ich da über die Selbsterniedrigungen Gottes schrieb. Ist Gott nicht unwandelbar und ewig? Können unsere Schmerzen überhaupt einen solchen Gott anrühren? Kann Gott verwundet werden? Konnte er teilhaben am elenden Sterben jenes Kindes da im KZ Buna? Fragen, an denen wir nicht vorbeikommen.

Die frühchristliche Theologie war stark vom griechischen Denken beeinflußt. Daher schloß sie, daß Eigenschaften wie Veränderlichkeit und Leiden den Menschen von der Gottheit unterschieden. Gott sei frei von Leid und Schmerz, nichts dergleichen könne an ihn heran. Bibelstellen, die davon sprachen, Gott sei zornig, betrübt oder erfreut, wurden daher als ‚anthropomorph‘, ‚vermenschlicht‘, oder als ‚bildlich gemeint‘ abgetan.

Aber die Wirklichkeit sieht doch anders aus. Wer ohne philosophische oder theologische Vorkenntnisse die Bibel nimmt und in ihr zu lesen beginnt, stößt auf überraschende Aussagen. Die Bibel bekennt sich mit Nachdruck zu einem Gott, der am Leiden seiner Schöpfung teilnimmt. Von Anfang an spielt Gott die Rolle eines Vaters, der mit Sorge zusieht, was seine Kinder mit der ihnen gewährten Freiheit anfangen.

Bei jedem wichtigen Ereignis wird im Alten Testament dargestellt, wie Gott an den Leiden – und auch an den recht seltenen Freuden – seines Volkes teilnimmt. Er hört das verzweifelte Schreien der Gefangenen im Knechtshaus Ägypten. Er richtet sein Stiftszelt mitten unter ihren Wanderzelten am Sinai auf. Indem er sein Heiligtum unter ihnen errichtet, nimmt er an der Strafe teil, die auf ihnen liegt. ,,Denn unsere Bedrängnis machte dir selber Not" (Jesaja 63,9).

Die Propheten wetteiferten geradezu, wenn sie zu beschreiben suchen, wie sehr sich Gott am Ergehen seines Volkes gefühlsmäßig engagiert hat. Gott schreit verzweifelt: ,,Warum geht es mir mit Ephraim, als wäre es mein Lieblingssohn, das Kind, das ich über alles liebe? Sooft ich seinen Namen erwähne, kommen meine Gedanken nicht mehr von ihm los. Und nun ist mein Innerstes völlig aufgewühlt: ich muß mich über ihn erbarmen!" (Jeremia 31,20) Gott leidet mit: ,,Doch wie könnte ich dich aufgeben, Ephraim, wie dich im Stich lassen? ... Das Herz dreht sich mir um, wenn ich nur daran denke; mich packt das Mitleid mit dir" (Hosea 11,8). Und geradezu rührend: ,,Dabei war doch ich es, der Israel die ersten Schritte gelehrt und es auf den Armen getragen hatte" (Hosea 11,3).

Auch Jesaja sieht – wie Hosea – in Gott die Mutter, die ihr Kind von Herzen liebhat: ,,Lange habe ich geschwiegen und auf das Rufen meines Volkes nicht geantwortet. Ich habe an mich gehalten; aber jetzt kann ich nicht mehr länger warten. Es geht mir wie einer Frau, die in die Wehen kommt: ich stöhne und keuche und ringe um Luft" (Jes. 42,14).

Alles, was mit Gottes Volk geschieht, rührt auch Gott an: Freude und Sorge, Glück oder Leid. Das Alte Testament zeichnet einen Gott, der nicht ,so ganz anders' und völlig unerreichbar ist. Es stellt uns einen Gott vor Augen, der mitten unter uns ist. Er ist bei den Seinen, als sie ins Exil ziehen, er

ist bei ihnen im Gefangenenlager, glüht mit ihnen in den Brennöfen und wird mit ihnen zusammen zu Staub.

Ich meine, daß jene Theologen der frühen Christenheit, die Gott jede Leidensfähigkeit absprachen, einen wichtigen Gesichtspunkt außer acht ließen. Ihnen ging es immer nur darum, Gott von jedem ‚Fehler' freizuhalten. Weil er vollkommen sei, könne, dürfe er nicht leiden oder Schmerz empfinden. Was aber, wenn sie das Wichtigste übersehen haben: daß Gott sich aus freiem Willen seiner Schöpfung hingab? Daß er sich ihr so sehr hingab, daß er mit ihr leiden, mit ihr Schmerzen fühlen kann! Wahrhaftig, Gott leidet nicht, weil er unvollkommen ist; Gott leidet, weil er vor Liebe überströmt! Darum heißt es: ,,Gott liebte die Menschen so sehr, daß er seinen einzigen Sohn hergab" (Johannes 3,16).

Die bildhafte chinesische Sprache verbindet die beiden Begriffe Liebe und Schmerz in einem ausdrucksvollen Symbol. In dem chinesischen Schriftzeichen, das die edelste Form der Liebe ausdrückt, sind die beiden Zeichen für Liebe und für Schmerz zusammengefaßt. So entsteht ein Begriff, der etwa ‚Schmerz-Liebe' bedeutet. Eine Mutter ‚schmerzliebt' ihr Kind so sehr, daß sie sich selbst opfert, um ihr Kind zu bewahren. Genau so schmerzliebt Gott auch diese seine Welt. Er gibt sich selbst auf und wird eins mit uns. Das ist Fleischwerdung, Inkarnation.

Jede christliche Diskussion über die Frage, welche Wirkung menschliches Leiden auf Gott ausübt, muß sich auf die Inkarnation, die Fleischwerdung, konzentrieren. Das war die Zeit, in der Gott als einer wie wir unter uns lebte. Wie die Evangelien berichten, trat Jesus jedem Leiden und jeder Krankheit entgegen. Er ließ dabei keine Ausnahme gelten. Als er seinen Weg als Heiland begann, bezeichnete er das Heilen Kranker als eine seiner Hauptaufgaben (Lukas 4,18). Und als Johannes, der Täufer, ihn fragen ließ, ob er der verheißene Messias sei, da nannte Jesus als Beweis auch das Krankenheilen: ,,Geht zurück zu Johannes und berichtet ihm, was ihr hier gesehen und gehört habt: Blinde sehen, Gelähmte gehen, Aussätzige werden gesund, Taube hören..." (Lukas 7,22). Die Evangelien vermelden keinen einzigen Fall, in dem Jesus einen Heilungsuchenden abgewiesen oder ihn gar vertröstet hätte: ,,Werde mit deiner Krankheit glücklich!" oder ,,Du mußt halt damit fertig werden, daß dein Sohn gestorben ist." Als Lazarus gestorben war, da weinte Jesus. Gott, der sich in Christus offenbarte, hat wahrhaftig keine Freude am Leiden seiner Kinder. Ihr Leiden trifft ihn tief. Als Jesus das Leiden auferlegt wurde, da tat er es nicht wie viele Märtyrer mit einem resignierten Achselzucken ab. Als er im Garten Gethsemane betete, da nahm er das Kreuz als äußerste Zumutung auf sich: ,,Vater, wenn du willst, erspare mir diesen Leidenskelch. Aber dein Wille soll geschehen, nicht meiner!" (Lukas 22,41) Am Kreuz litt er nicht schweigend, sondern der verzweifelte Schrei brach aus ihm heraus: ,,Mein Gott, mein Gott, warum hast du mich verlassen?" (Matthäus 27,46) Sie höhnten ihn: ,,Befrei dich doch und komm herunter vom Kreuz!" (Markus 15,30) Daß er dies nicht tat, das war das einzige Mal, daß er ein Heilungswunder ablehnte.

,,Was könnte ich dazu sagen, was andere nicht schon längst gesagt haben? . . . Was können diese Orte euch sagen, wenn ihr es nicht mit eurem geistigen Auge seht . . . jenen furchtbaren Tag, als Er am Kreuze starb?" Sooft ich mich anschicke, über das Kreuz zu sprechen, muß ich diesen Worten Nikolai Gogols zustimmen. Ja, was kann dazu noch gesagt werden? Ich kann die Schmerzen, die Gott mit uns empfindet, mir nur dann erklären, wenn ich auf diesen alles entscheidenden Augenblick hinweise. Da nahm Gott das Stöhnen und Klagen aller Kreatur auf sich selbst.

Was ist das Einzigartige an jenem Tod auf Golgatha? Warum war das der Tag, der die Welt erschütterte, und das größte Ereignis in der Menschheitsgeschichte? Wie war es möglich, daß das Kreuz, das Zeichen der Hinrichtung, zu einem Gegenstand frommer Verehrung wurde? Die Tatsache allein, daß Jesus körperlich leiden mußte, kann doch dafür nicht ausschlaggebend gewesen sein. Sein Leiden unterschied sich nur wenig von dem eines Stephanus oder Petrus; oder von dem des Sokrates. Es kann auch nicht daran gelegen haben, daß hier ein Unschuldiger zu Unrecht bestraft wurde. Auch Sokrates war unschuldig, ebenso wie Solschenizyn oder jene Juden in den KZ, von denen Elie Wiesel berichtet. Auch nicht die Art der Hinrichtung war entscheidend, hat doch Fox in seinem „Buch der Märtyrer" Berichte über Martern zusammengestellt, die weit schrecklicher waren als das Sterben Jesu am Kreuz.

Da wurde ein Unbekannter wie tausend andere gewöhnliche Sterbliche hingerichtet; irgendwo da draußen in der Provinz. Keiner der zeitgenössischen Historiker nahm ihn zur Kenntnis. Und dieser Niemand nimmt für sich in Anspruch, die Mitte aller Historie zu sein? Er soll die Zeitwende sein, nach der wir die Jahre vor ihm und nach ihm zählen? Spötter nennen das ein dummdreistes Ärgernis. Doch auch wenn wir nicht auf die Spötter hören: die Fragen stehen bedrängend vor uns. Und die Antwort? Nur der Glaube kann sie erfassen: Der Mann, der dort am Kreuze starb, war Gott selbst; Gott, der inkognito die Bühne der Welt betreten hatte. Das Kreuz beweist: Gott leidet mit dir. Er kam in die Welt, wurde einer wie wir und trug vor unseren Augen Schande, Blöße und Schmerz.

Hier, an diesem Punkt, wächst vor uns empor das Geheimnis der Dreieinigkeit Gottes. Es ist so gewaltig, daß alle anderen Religionen davor verblassen. Ließ es der allmächtige Gott einfach nur so zu, daß sein Sohn für uns litt? Oder litt Gott selbst in Christus an unserer Statt? Die Moslems meinen, Gott habe im letzten Augenblick ein anderes Opfer anstelle Jesu sterben lassen. Denn unmöglich habe Gott zusammen mit seinem Propheten Jesus durch den Kreuzestod gehen können. Und ganz ähnlich klingt ein rabbinisches Argument gegen die Gottessohnschaft Jesu: „Wenn Gott nicht einmal mitansehen konnte, daß Abraham seinen Sohn opferte, dann wollte er schon gar nicht seinen eigenen Sohn sterben sehen!" Ich meine, hier ist die Frohe Botschaft völlig mißverstanden. Nach unserem christlichen Verständnis gab Gott seinen Sohn her, gerade weil er es nicht ertragen konnte, solche Leiden wie die Opferung Isaaks mitanzusehen. „Er verschonte nicht einmal seinen eigenen Sohn, sondern ließ ihn für uns alle sterben. Wird er uns dann mit ihm nicht alles schenken?" (Römer 8,31–32)

Doch selbst heute noch wird nur zu oft die Aussage des Evangeliums mißverstanden. Phil Donahue, eine bekannte Persönlichkeit des amerikanischen Fernsehens, wurde gefragt, warum er dem Christenglauben den Rücken gekehrt habe.

Seine Antwort: ,,Wie könnte ein allwissender und allgütiger Gott es zulassen, daß sein Sohn am Kreuz hingerichtet wird, damit er mich von meinen Sünden erlöse? Wenn Gott-Vater wirklich so allgütig ist, warum kam er dann nicht selbst herunter, um sich kreuzigen zu lassen?" Meine Antwort auf eine solche Frage lautet: Er kam herunter. Gott selbst, der – in einer Weise, die über unser Verstehen geht – auf die Erde kam und starb. ,,In Christus hat er selbst gehandelt und aus dem Wege geschafft, was die Menschen von ihm trennte" (2. Kor. 5,19).

Wenn ich mir die Schmerzen, die Gott auf Golgatha ertrug, vor Augen halte, dann muß ich allemal an das denken, was der Prophet Jesaja dazu gesagt hat. Da beschreibt er im 53. Kapitel das Leiden des ‚Gottesknechtes', in dem die Autoren des Neuen Testamentes Jesus Christus wiedererkennen:
,,Er war weder schön noch stattlich,
wir fanden nichts Anziehendes an ihm.
Alle verachteten und mieden ihn;
denn er war von Schmerzen und Krankheit gezeichnet.
Voller Abscheu wandten wir uns von ihm ab.
Wir rechneten nicht mehr mit ihm.
In Wahrheit aber hat er die Krankheiten auf sich genommen,
die für uns bestimmt waren,
und die Schmerzen erlitten, die wir verdient hatten.
Wir meinten, Gott habe ihn gestraft und geschlagen;
doch wegen unserer Schuld wurde er gequält
und wegen unseres Ungehorsams geschlagen.
Die Strafe für unsere Schuld traf ihn,
und wir sind gerettet.
Er wurde verwundet, und wir sind heil geworden.
Wir alle waren wie Schafe, die sich verlaufen haben;
jeder ging seinen eigenen Weg,
ihm aber hat der Herr unsere ganze Schuld aufgeladen.
Er wurde verhaftet, verurteilt und hingerichtet,
und keiner hat sich darum gekümmert.
Und doch wurde er wegen der Schuld seines Volkes getötet.
Man begrub ihn zwischen Verbrechern, mitten unter den Ausgestoßenen, obwohl er kein Unrecht getan hatte.
Aber der Herr wollte ihn leiden lassen und zerschlagen.

Weil er sein Leben als Opfer für die Schuld der anderen dahingab, wird er wieder leben und Nachkommen haben.
Durch ihn wird der Herr sein Werk vollenden" (Jesaja 53,2–10).

Die Tatsache, daß Gott in Christus Mensch wurde, macht es uns möglich, auch einen anderen Aspekt des ‚Gottesschmerzes' zu verstehen; einen, der sich unmittelbar auf unseren Vergleich mit dem menschlichen Körper bezieht. Ich denke an meine vergeblichen Versuche, ein künstliches Schmerzsystem zu entwickeln. Alle meine Patienten begriffen, was Schmerz zu bedeuten hat, verstanden ihn als ein wertvolles Warnsignal und bedauerten, daß ihre Hände und Füße so oft verletzt wurden, weil ihnen das Schmerzgefühl verlorengegangen war. Bis sie es dann lernten, in ihren Gehirnen ganz bewußt Schmerz zu empfinden.

Es scheint unpassend, sich vorzustellen, auch in Gott könne es so etwas wie ein ‚Entwickeln von Schmerzerfahrung' geben. Doch klingt nicht so etwas in der geheimnisvollen Redensart Hebräer 2,10 an, daß Gott Christus durch sein Leiden zur Vollendung geführt" hat? Gehen wir einmal davon aus, daß Schmerz eine Sache ist, die Gott in seiner Schöpfung eingeplant hat. Er hat gewiß auch den Wert wie die Grenzen des Schmerzes gekannt. Das Mitfühlen mit unseren Schmerzen, das Mitleiden mit den Menschen – das alles verbindet Gott mit uns Menschen. Und doch, eins fehlte noch.

Erst von dem Augenblick an, da Gott Mensch wurde, in einem Leibe, der genau wie der unsere Schmerzzellen trug, erst von da an erfuhr Gott wirklich, was Schmerz ist. In der Gestalt seines Sohnes Jesus Christus erfuhr Gott unsere Schmerzen. Darum haben unsere Gebete und unsere Schmerzensschreie jetzt eine viel tiefere Bedeutung. Denn wir wissen jetzt: Gott kennt das, und darum versteht er uns. Das ist es ja, was wir alle uns wünschen: daß Gott nicht nur weiß, was Schmerzen sind, sondern daß er sie mitfühlt und unsere Schmerzen als seine Schmerzen empfindet. Blicken wir auf Jesus, dann wissen wir: Ja, wir haben einen solchen Gott! Wir haben einen Gott, der sich in die Begrenztheit von Raum und Zeit hineinbegab, hinein in Angst und Schmerz.

Nun ist Christus erhöht und sitzt zur Rechten des Vaters. Nun ist er das Haupt dieses Leibes, dessen Glieder und Zellen wir sind. Nun ‚empfängt' er alle Schmerzen, die wir auf Erden auszustehen haben.

Mein Gehirn empfindet keinen Schmerz, der ihm selber zugefügt wird. Das Gehirn selbst besitzt ja gar keine Schmerzzellen, weil es wohlgeschützt in der Schädelkapsel liegt. Doch es fühlt jeden Schmerz, den irgend eine andere Zelle da draußen im Körper erleidet. Genau so sitzt jetzt Jesus dort in der Nervenzentrale, wo alle Schmerzen ‚ankommen'. Und er empfindet sie so, als würden sie ihm selbst zugefügt.

Christus hing nicht – wie die Moslems meinen – in einem Scheinleib am Kreuz. Nein, er hielt das Einssein mit uns bis zum Ende durch. Das sehen wir am Kreuz. Erst ‚hernach', nach seiner Auferstehung, verwandelte er das Wesen des Schmerzes. Er überwand die Mächte dieser Welt, indem er zuließ, daß die Sünde sich austobte. Doch dann wandte er es so, daß auch dies zu seinem Besten geschah. Das Sinnloseste, was je geschah, wurde zum sinnvollsten Geschehen.

Der Apostel Paulus beschreibt diese einzigartige Umwandlung im 8. Kapitel seines Briefes an die Römer: ,,Niemand kann die Menschen anklagen, die Gott erwählt hat. Denn Gott selbst spricht sie frei. Niemand kann sie verurteilen, Jesus Christus ist ja für sie gestorben. Mehr noch: er ist vom Tod erweckt worden. Er sitzt an Gottes rechter Seite und tritt für uns ein. Kann uns dann noch etwas von Christus und seiner Liebe trennen? Etwa Leiden, Not, Verfolgung, Hunger, Entbehrung, Gefahr oder Tod? ... Nein, mitten in all dem triumphieren wir mit Hilfe dessen, der uns seine Liebe erwiesen hat. Ich bin gewiß, daß nichts uns von dieser Liebe trennen kann, weder Tod noch Leben, weder Engel noch andere Mächte, weder Gegenwärtiges noch Zukünftiges, weder etwas im Himmel noch etwas in der Hölle. Durch Jesus Christus, unsern Herrn, hat Gott uns seine Liebe geschenkt. Darum gibt es in der ganzen Welt nichts, was uns jemals von Gottes Liebe trennen kann" (Römer 8,33–39).

Das ist der tiefste Sinn des Schmerzes. Gott nimmt den

übermächtigen Schmerz, den er über das bittere Leiden seines Sohnes ertragen muß, auf sich, aber nur, um so all die weit geringeren Schmerzen, die wir hier auf Erden zu erleiden haben, auf sich selbst zu häufen. Jetzt gibt es keinen sinnlosen Schmerz mehr.

Jesus hat seine Nachfolger aufgefordert, das Kreuz auf sich zu nehmen und den Kelch zu trinken, den er getrunken hat. Paulus geht noch einen Schritt weiter. Er verweist auf unsere Gemeinschaft mit dem Leiden Christi und meint, es sei nötig, das Leiden Christi zu ‚erfüllen': ,,Ich bin froh, daß ich jetzt für euch leiden darf. Denn so trage ich dazu bei, daß das Maß der Leiden, die wir mit Christus erdulden müssen, voll wird. Ich leide ja für den Leib Christi, die Gemeinde" (Kolosser 1,24). Paulus läßt selten eine Gelegenheit aus, Redewendungen wie ‚mit Christus gekreuzigt', ‚mit ihm gestorben' oder ‚an seinem Leiden teilhaben' zu gebrauchen. 2. Korinther 4,10 sagt er ausdrücklich: ,,Ich erleide fortwährend das Sterben Jesu an meinem eigenen Leib. Aber das geschieht, damit auch das Leben, zu dem Jesus erweckt wurde, an mir sichtbar werden kann." Aus all diesen bruchstückhaften und geheimnisvollen Aussagen vernehme ich das große Wunder, das sich da abgespielt hat. Gott nimmt unsere Schmerzen so sehr in sich auf, daß von nun an alles, was wir leiden, sein Leiden wird. Ebenso aber werden wir teilhaben am Triumph seiner Auferstehung. Einen sehr ähnlichen Gedankengang verfolgt der Petrusbrief, wenn es da schwungvoll heißt: ,,Sogar die Engel brennen darauf, etwas von diesem Geheimnis zu erfahren" (1. Petrus 1,12).

Es gibt zwei bedeutsame Stellen, an denen Jesus sich mit den Leidenden so sehr identifiziert, daß er gleichsam an ihre Stelle tritt und ihr Leiden mitträgt. ,,Denn ich war hungrig, und ihr habt mir zu essen gegeben; ich war durstig, und ihr habt mir zu trinken gegeben; ich war fremd, und ihr habt mich bei euch aufgenommen; ich war nackt, und ihr habt mir Kleidung gegeben; ich war krank, und ihr habt für mich gesorgt; ich war im Gefängnis, und ihr habt mich besucht." Und dann folgen die entscheidenden Worte: ,,Was ihr für einen meiner geringsten Brüder getan habt, das habt ihr für mich getan" (Matthäus 25,31–46).

Apostelgeschichte 9 wird berichtet, wie Christus dem Saulus erscheint, der unterwegs nach Damaskus ist, um dort die Christen zu verfolgen. Und Christus sagt: „Saul, Saul, warum verfolgst du mich?" Mich! Alle Geißelhiebe und Steinwürfe, die auf Christen gezielt sind, treffen Christus selbst. Wer wollte da noch fragen: „Warum läßt Gott zu, daß sie leiden?" Mir scheint da die Frage näher: „Warum läßt Gott sich selber geißeln?" Denn hier ist Gott ganz eins mit uns: im Leiden und im Schmerz.

Elie Wiesel hat also doch recht, allerdings in einem anderen Sinne, als er selbst es meinte: Gott hing da mit am Galgen, neben dem hin und- herschwingenden Körper des gehenkten Jungen. Gott hängt an allen Galgen, die wir errichten, und teilt alle Schmerzen, die Menschen leiden. Er ist mitten unter uns gewesen, starb für eine Tat, die er nie begangen hat. Und was damals dort auf Golgatha geschah, das spielt sich auch noch heute ab: Er ist bei uns, leidet mit, macht unser Leid zu seinem.

Der Teil des menschlichen Körpers, auf den ich mich als Arzt spezialisiert habe, ist die Hand. Nichts in der Welt kommt dieser wunderbar geschaffenen Hand gleich, weder an Kraft noch an Beweglichkeit, weder an Nachgiebigkeit oder Feinfühligkeit. Alles Schöne, was wir schaffen – Kunst, Musik, Schreiben, Heilen, Streicheln –, vollzieht sich über diese Hand. Liegt es da nicht nahe, daß ich, wenn ich an die Fleischwerdung und den Schmerz Gottes denke, die Hände Jesu Christi vor mir sehe?

Ich kann es mir kaum vorstellen, wie Gott da als Kind in der Krippe liegt. Und doch, es gab einmal eine Zeit, daß Gott so kleine und ungeschickte Händchen hatte wie ein Neugeborenes, mit winzigen Nägeln und zarten Runzeln um die Knöchel, mit so zarter Haut, die noch nichts ahnte von der Härte dieser Welt. „Dieselben Hände, die Sonne und Sterne gemacht hatten, waren jetzt zu klein, die plumpen Köpfe der Kühe zu tätscheln", schreibt Chesterton. Sie waren auch zu unbeholfen, sich selber anzuziehen oder sich Essen in das Mündchen zu stopfen. Gott erlebte es am eigenen Leibe, was es heißt, ein hilfloses Kind zu sein. Da ich selber als Tischler gearbeitet habe, kann ich mir gut vorstellen, wie die Hände Jesu aussahen, als er dasselbe Handwerk bei seinem Vater erlernte. Sie müssen dicke Schwielen aufgewiesen haben, Polsterstellen in den Handflächen. Und ich bin ganz sicher, daß er oft Schmerzen ertragen mußte. Denn er mußte ja mit scharfen Werkzeugen umgehen, an denen man sich leicht verletzen kann.

Und dann sehe ich da vor mir die Hände des heilenden Herrn. Er hat keine Massenheilungen vollbracht. Er nahm sich die Menschen, die Heilung suchten, einzeln vor. Er berührte mit seinen Händen Augen, die längst ausgetrocknet waren, und plötzlich sahen sie wieder Licht und Farben. Er rührte eine Frau an, die an Blutfluß litt, obwohl er wußte, daß er nach jüdischem Gesetz damit ‚unrein‘ wurde. Er rührte Aussätzige an, Menschen, die in jenen Tagen niemand zu berühren wagte. Und wenn er dies alles tat, so konnten die Leute fühlen, wie etwas vom Geist Gottes sie durchrann. Im Kleinen und ganz von Mensch zu Mensch brachte er zurecht, was in seiner geliebten Schöpfung fehlgelaufen war.

Auch in der Stunde der Entscheidung geht es wieder um diese Hände. Durch diese Hände, die so viel Gutes getan haben, werden Nägel getrieben. Wenn ich mir jene Szene vor Augen halte, wie Jesus da ans Kreuz genagelt wird, droht mir der Verstand stillzustehen.

Ich habe mein Leben lang als Chirurg Hände behandelt. Mit äußerster Vorsicht setzte ich das scharfe Skalpell an, durchschnitt behutsam Schicht um Schicht das zarte Gewebe, legte so das wunderbare Geflecht von Nerven und Blutgefäßen frei, von winzigen Knochen, Sehnen und Innenmuskeln. Ich habe in solchen chirurgisch geöffneten Händen nach intakten Sehnen gesucht, um Hände, die seit zwanzig Jahren unbrauchbar gewesen waren, wiederherzustellen. Ich weiß daher, was eine Kreuzannagelung für eine Menschenhand bedeutet.

Die Henker jener Zeit trieben die Nägel durch das Handgelenk, und zwar durch den Handwurzelkanal, durch den die Fingersehnen und der Mittelnerv laufen. Sobald man dort einen Nagel durchschlägt, verkrampft sich die Hand unweigerlich zu einer Klaue. Es gab keine Betäubung. Gott ließ zu, daß seine Hände gemartert, verkrüppelt und zerstört wurden.

Dann trugen diese Hände das ganze Körpergewicht, wurden noch mehr zerschunden, verloren noch mehr Blut. Es gibt kein Beispiel größerer Hilflosigkeit als Gott, der da wehrlos am Kreuz hängt. ,,Befreie dich doch und komm herab vom Kreuz!" höhnte der Pöbel. Und die Gesetzeslehrer machten sich lustig: ,,Anderen hat er geholfen, aber sich selbst kann er nicht helfen" (Markus 15,30–31). Die Jünger, die gehofft hatten, er sei der Messias, hielten sich im Dunkel oder rannten weg. Sie mußten sich geirrt haben, diese Jammergestalt da am Kreuz konnte nicht Gott sein!

Auch im Sterben ist Jesus ganz Mensch: ,,Vater, in deine Hände lege ich meinen Geist!" (Lukas 23,46) Damit endet die Menschwerdung Gottes, seine Selbsterniedrigung. Die Strafe war verbüßt.

Doch wir hören noch mehr über Jesu Hände. Er erscheint seinen Jüngern, als sie hinter verschlossenen Türen versammelt sind. Thomas ist bei ihnen, der nicht hatte glauben wollen, was die anderen ihm berichtet hatten. Nein, Tote stehen nicht auf! hatte er gespottet. Ihr habt einen Geist gesehen, oder es war pure Einbildung. Und jetzt tritt Jesus vor diesen ungläubigen Thomas. Er streckt ihm die durchnagelten Hände entgegen, diese Hände, die so viele Wunder taten. Die Nägelmale bezeugen es: Dies sind die Hände Jesu, der am Kreuz starb. Sein Leib hat sich verwandelt, geht durch Mauern und verschlossene Türen, wenn er zu den Seinen kommen will. Aber die Nägelmale sind noch da. Und der Auferstandene wendet sich an Thomas: ,,Lege deinen Finger hierher und sieh dir meine Hände an... und glaube, daß ich es bin!" (Joh. 20,27) Thomas kann nur antworten: ,,Mein Herr und mein Gott!" Dies ist das erste Mal, daß Jesus von einem seiner Jünger ganz direkt ‚Gott' genannt wird. Und das geschieht angesichts der Wunden Jesu.

Warum behielt Jesus Christus die Wunden? Es wäre ihm doch ein leichtes gewesen, einen fehlerlosen Körper zu haben oder auch gar keinen, als er sich anschickte, in die unsichtbare, geistige Welt zurückzukehren. Aber nein, er nahm die Erinnerungszeichen an seinen Erdenbesuch mit sich in sein Reich. Er will die Wundmale tragen, weil sie ihm stets die Zeit, die er hier bei uns verbrachte, vor Augen halten. Darum wage ich es auszusprechen: Gott hört und versteht unsere Schmerzen. Ja, er nimmt sie in sich auf, trägt sie mit. Er trägt die Nägelmale als bleibendes Bild menschlichen Leidens.

Er war hier mitten unter uns. Er nahm das Urteil auf sich, trug unsere Schmerzen. Nun sind alle Schmerzen der Menschen auch Gottes Schmerzen.

Was ist der Mensch?

Dr. Paul Brand hat als Chirurg und als Lepraspezialist Weltruf erreicht. Doch er weiß auch fesselnd zu erzählen: von seinem Wirken unter den Aussätzigen Indiens, von seiner aufsehenerregenden Tätigkeit im Leprahospital Carville, Louisiana, USA.

Fasziniert lauscht man, was er über Zellen, Knochen, Muskeln und Nerven berichtet. Über ihre Aufgaben und Funktionen, aber auch über die verheerenden Folgen, wenn sie versagen. Keine trockene Vorlesung, nein, ein spannender Bericht über die aufopfernde Arbeit eines Arztes, der es mit Aussätzigen, Gelähmten und Blinden zu tun hat.

Doch es geht um mehr als Krankheiten und ihre Heilung. Es geht um Menschen. Was ist der Mensch? Nur eine Ansammlung von Zellen? Ein Stück organisierter Materie? Oder ist er von Gott gewolltes Werkzeug? Abbild göttlichen Geistes?

Und plötzlich steht uns das Bild vor Augen, das der Apostel Paulus so großartig ausgemalt hat: die Christenheit als der Leib Christi auf Erden. Brand nimmt die Gelegenheit wahr, dieses Bild mit dem Wissen der modernen Medizin und Naturwissenschaft nachzuzeichnen. Wie die Zellen unseres Leibes haben auch wir Christen unsere ganz bestimmten Aufgaben im Leib Christi.

Philip Yancey, Schriftsteller, hat die Aufzeichnungen und Beobachtungen des Arztes Dr. Brand in jahrelanger Arbeit ausgearbeitet, sie literarisch in eine Form gegossen.

280 Seiten,
vierfarbiger Umschlag,
DM 24,80
Herausgegeben von
Alfred Salomon

Ein spannendes Buch, ein zupackendes Buch. Und zugleich mehr: Wer nach dem Sinn seines Lebens fragt, der findet hier eine klare und beglückende Antwort.

BURG VERLAG, UNTERE AU 41, 7123 SACHSENHEIM 3, TEL.: (0 71 47) 60 91